小倉和夫

フランス大使の眼でみた

パリ万華鏡

藤原書店

まえがき——パリの知的誘い

パリは魅惑の都である。

ノートルダム寺院やエッフェル塔といった観光名所、ルーブル美術館からオペラ劇場、ファッションとグルメの世界——。

しかし、パリの隠れた、真の魅力は、知的教養と感性への刺激を与える場所であるところにある。トルストイからヘミングウェイ、ピカソから藤田嗣治、レーニンから周恩来まで、パリは世界中の多くの人々の集まる場所であり、その足跡の残る所でもある。

そのパリに、国際機関への駐在官として、また在仏日本大使として都合五年余り在住した筆者は、多くの人々と出会い、いろいろと感じ、また考える刺激を受けた。とりわけ大使として在勤した期間中に出会った人々は、フランス、日本のみならず、各国の政界、財界、文化界と深い関係をもつ人々が多く、心にのこる知的遭遇が少なくなかった。

フランスのこうした隠れた魅力を察知して、「フランスの知性」を我が国に熱心に紹介された人の一人は、藤原書店の藤原良雄氏である。

筆者と藤原氏は、いわば、パリの知的魅力を通じてつながってきたともいえ、そうした意味での小生の友人は、故森英恵女史はじめ五指にあまる。

本書は、いわば、そうしたパリの知的魅惑の紹介書であるが、前半は、在仏日本大使として、主として公的用務を通じて接触した人々との対話やその折の感想文である。

他方、後半は、パリに足跡を残した日本人作家の体験と自分自身の体験を重ね合わせることによって、パリという都の、時代を越えた魅力と、それが個人個人に与えた衝撃を書き記したものである。そうすることによって、パリを万華鏡でみたことにもなると思った次第である。

最後にこの本の出版を快諾された藤原良雄氏、ならびに担当された山﨑優子氏に深甚の謝意を表するとともに、感想文に登場する友人、知人、関係者に、表現はじめ、筆者のいたらぬ点への寛容を願うとともに、本書を、妻はじめ、パリに愛着をもつ人々に捧げることをお許し願うものである。

二〇二四年一月

小倉和夫

フランス大使の眼でみた　**パリ万華鏡**

目次

まえがき――パリの知的誘い　1

I　駐仏大使のフランス体験――二〇〇〇年一月〜二〇〇一年二月

ヨーロッパはなぜ人権問題に拘るのか　17
久しぶりに体験するフランス生活の印象　18
パリのサムルロリ　19
フランスとグローバリゼーション　20
金大中大統領の仏訪問　21
ヨーロッパ文明の一貫性　22
パリ五輪招致　23
昨今の社会的風潮についての二つの論議　24
造幣局にも文化の香り　26
能楽の伝統継承と個人の性向　27
望月の宴とワイン選び　27
「シンデレラ」公演の夕べ　28
フランス現代小説論議　30
フランスらしさ（アイデンティティ）の行方　31
磯村邸でのフランス革命論議　33
「薔薇物語」の演出　35
パリはやはり世界のパリ　36
パンテオンで思ったこと　36
芸術とは……　37
フランス語の寄席　38
歌にこめる個性とは　39
モネの絵をみて思ったこと　40
伝統と現代人　41
森―シラク会談余録　42

ジュディ・オングさんとの一日　45
アカデミー・フランセーズ訪問　46
パリ市長との懇談に思ったこと　47
ハイテク犯罪の国際会議　48
ボルドーでの発見　50
あるユダヤ系のお金持ちの家で　53
新しい政治家像　53
シャンソンの会　54
日本式資金集めのコツ　54
さすがフランス？　55
沖縄芸能公演に思ったこと　57
ビジネスと情報発信　57
アルザスにおける過去の傷痕　59
日米欧音響機器市場の違い　60
トラウトマン女史との懇談　61
若い日本人の在仏修業　62
ある実業家の述懐　63
ブルターニュ事情あれこれ　63
バカンスの過ごし方　64
渡部恒三氏との時局談義　65
政治のある側面　67
ある夕食会の感慨　68
昨今の政治家気質　68
インドネシアの恨み　69
あるミュージカルの裏舞台　70
朝鮮半島統一の道はあるか　72
美術品収集をめぐる日仏の違い　73
率直な外交談義　73
ワインをめぐる小話　74
原発をめぐる日仏論議　75
日系工場の開所式に思ったこと　77
伊本氏のアトリエ　78
遺伝子組み換えと神の存在　78
藤田嗣治のアトリエ　79

中山太郎氏の思い出話　81
大使公邸の品格をどう維持するか　82
ジャック・ラング大臣との教育論議　83
フランスのお上至上主義　85
エヌキン次官の誕生祝賀会　85
リヨン市民の誇り　88
フランスの人種偏見　89
狂言のフランス公演　90
ウヴリュー元駐日大使を囲んで　91
縄文文化へのシラク大統領の思い入れ　92
カミカゼ論議　93
伝統と個性の相克　94
職人魂についての日仏対話？　95
河豚と天国　95
病院の雰囲気の違い　96
ブルターニュ地方と言葉　97
ブルゴーニュに捧げる情熱　98
日仏外交談義　100
オペラと京劇　102
渋沢・クローデル賞受賞記念午餐会でのエピソード　103
日仏文化交流政策論議――日仏の違い　104
死の芸術化　105
女性実業家の魅力　106
万博談義　108
日欧関係――近い関係になったか？　109
日仏中国問題論議　110
米人ビジネスマンの対仏観　112
日仏ビジネスマンの論評に学ぶ　113
パリから発した外務省改革へのささやかなアイデア　114
ある夕食会の合間に感じたこと　116
ある日の観劇日記　117
フランスのスト談義　119

時代の終わりと始まり　120
フランス女性の気質　121
言語文化の伝承　122
東芝音楽会に出席して　123
モネの庭園で考えたこと　124
ピカソ展が開きにくい理由　125
モンゴル談義　126
上院議員との懇談会　127
日仏環境問題会議　127
トヨタの工場開所式　128
「世代」の特徴はどうして出来るのか　129
仏経済界の関心事　131
日仏対話フォーラムの議長問題　133
フランスの対欧州外交　134
オペラの演出への疑問　135
階級社会のフランス　135
保守の社会党批判が低調な理由　136
「伊豆の踊子」という名の薔薇　137
国際会議の場所の選定をどうするか　138
ある俳優の美術作品を見て感じたこと　139
ジョスパン仏首相の「それとない」皮肉　140
小泉首相訪仏余録（その一）　141
シラク—小泉懇談余録（その二）　144
さまざまな世情批判　145
与謝野晶子は反戦詩人か？　146
ル・アーブル港にも文化の香り　150
ベトナム共産党首脳の真の父親は？　151
アジアの対日観様々　152
「過去」の哀悼（日独の違い）　153
過去の追悼（あるフランス人の見方）　155
「過去」の影に思うこと　157
フランス人とバカンス　158
フランス人気質の一面　159
神と人間　160

クローデルをめぐる新作能論評　161
ヴィルパン氏の政治外交観の一端　162
ヴェルサイユ宮殿での演劇公演　164
アルザスワインにこめた精神　165
シラク夫人との雑談　166
欧州での歴史教育　168
パリでの日韓会談――やはり「歴史問題」か　168
広島市長との平和談義　169
サルコジ夫妻との懇談　170
文化遺産の継承（平山画伯の話）　171
パリ市の課題　172
中国雑談　173
フランス人の政治気質の二面性　174
経済学者の「社会的」コメント　175
対仏投資奨励策如何　176
アルザスの職人魂　177
お祭り気分の日本―アルザス交流　178
アルザス魂　179
ホジンタオ（胡錦濤）氏のフランス訪問　180
日本とトルコの国際的協力　182
西欧文明と「他者」　183
効率第一社会の転換？　185
中道派の政見　186
欧州における社交界の表裏　187
ある英国人のフランス観　189
林芙美子の泊まったホテル巡り　189
ある大統領候補の政見　190

II　パリ徘徊――パリを訪れた日本人作家たちと共に

永井荷風とともに歩いたパリ　195

ル・アーブルからパリへ　195　墓地を訪ねて　201　〝醜い〟パリの魅力　213

パリの藤村を追って　218

逃亡先としてのパリ　218　ポールロワイヤル街の下宿　222　パンテオン　227　リュクサンブール公園　231　劇場めぐり　238　人々の中での孤独　243　フランスと祖国日本　249

パリの旅愁、旅愁のパリ――横光利一にとってのパリ　259

押し出された作家　259　さまよう魂　262　西洋文明の断面　268　横光と世界の作家たち　272　横光と藤村　276　『椿姫』のパリ　278　パリの孤独　281　彷徨　284　東洋への回帰　286　旅愁　289　伝統と現代の交錯するパリ――横光利一の描いたパリの特徴と横光の心理　290

与謝野晶子の詠ったパリを追って　294

燃える心燃えるパリ　294　花のパリ、花咲く心　300　ヴィクトル・マッセ

通り 302
凱旋門 308
コンコルド広場とレピュブリック広場 311
椿姫の墓 314
美の心、美の都 316
ロダンとの出会い 317
フランス女性について 323
パリの心、日本の心 328
晶子の描いたパリの特徴 335

岡本かの子のパリ体験をたどる 339

気楽な旅 339
妻にとってのパリ 341
踊り場に立っていたかの子 343
流動するかの子 344
官能の街で 348
食道楽 352
さめていたかの子 354
本当のパリ 358
ヨーロッパで得たもの 360
変身の舞台 362

林芙美子と「放浪する」パリ 367

夢と荒み 367
放浪の旅路 370
パリの放浪 374
転々とする下宿 381
「場所」への執着 384
夢 388
モンスリ公園 389
パリ郊外の散策 391
ポーズ 394
解放と発見 397
夢の向うの現実 402
再発見 405

フランス大使の眼でみた

パリ万華鏡

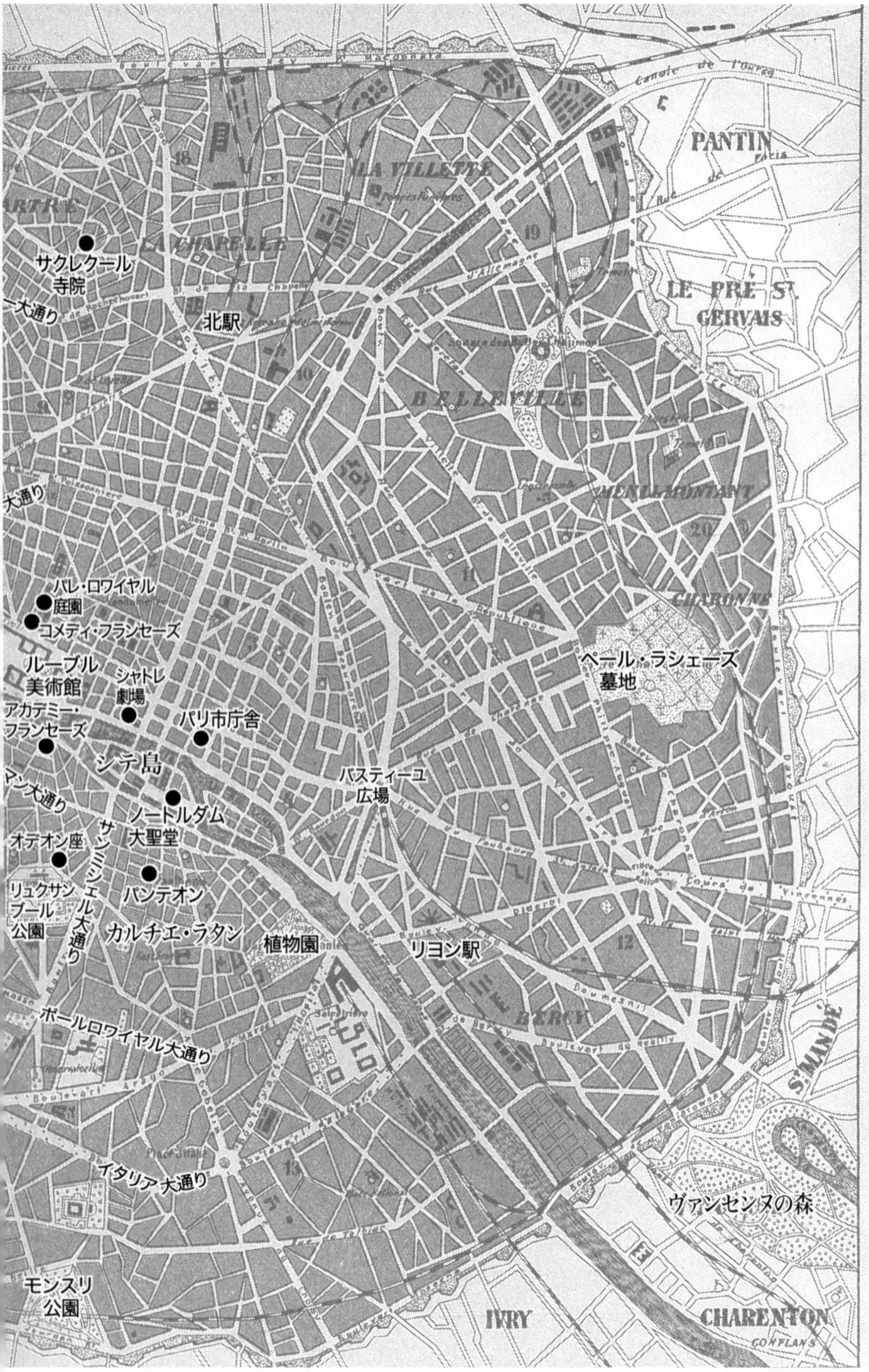
PANTIN
LA VILLETTE
LA CHAPELLE
LE PRE ST GERVAIS
BELLEVILLE
MENILMONTANT
CHARONNE
BERCY
ST MANDÉ
IVRY
CHARENTON
CONFLANS
サクレクール寺院
ー大通り
北駅
大通り
パレ・ロワイヤル庭園
コメディ・フランセーズ
ルーブル美術館
シャトレ劇場
アカデミー・フランセーズ
パリ市庁舎
シテ島
マン大通り
ノートルダム大聖堂
オデオン座
パンテオン
リュクサンブール公園
サンミシェル大通り
カルチエ・ラタン
植物園
バスティーユ広場
リヨン駅
ペール・ラシェーズ墓地
ポールロワイヤル大通り
イタリア大通り
ヴァンセンヌの森
モンスリ公園

本書関連地図

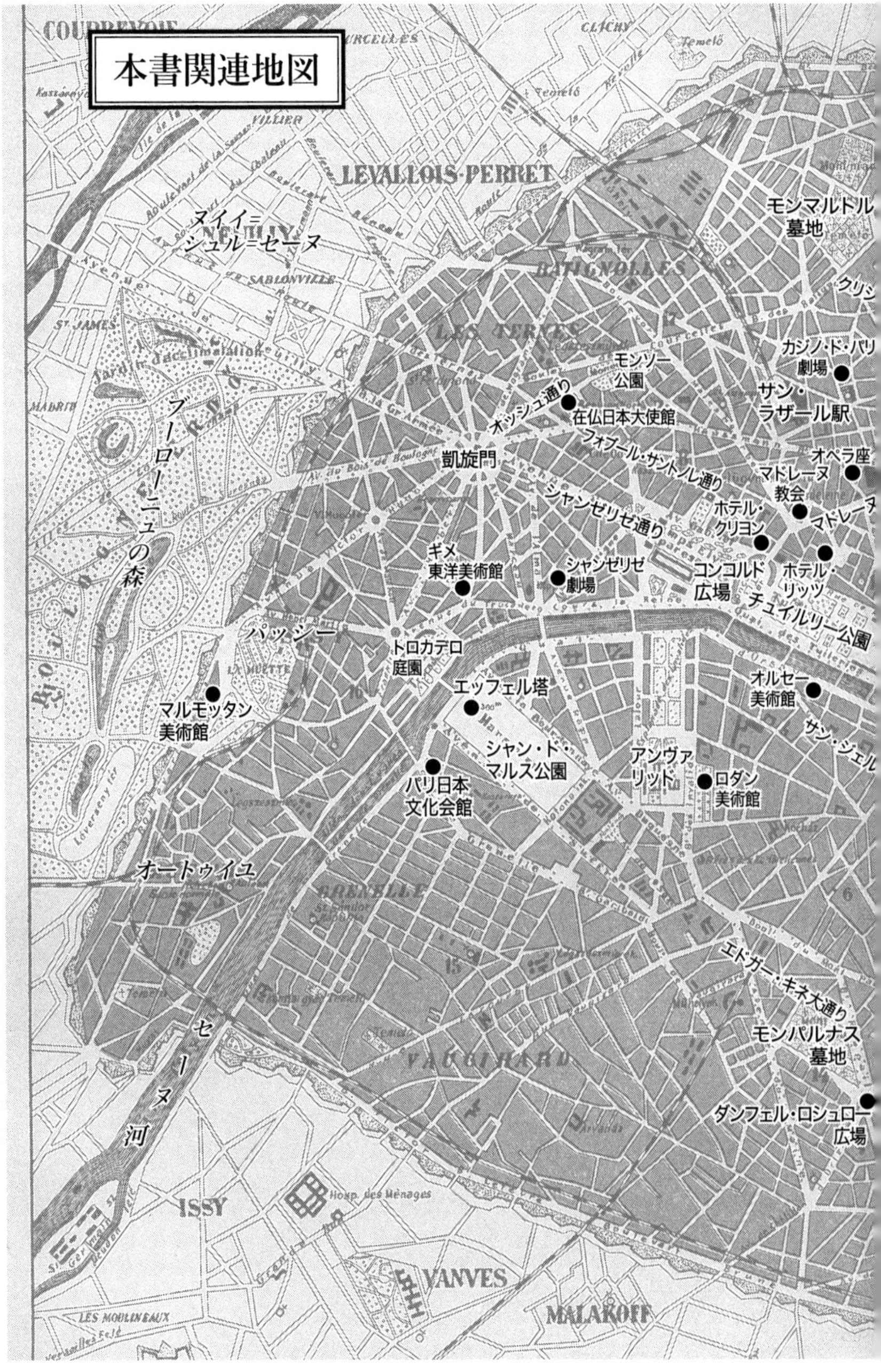
ヌイイ＝シュル＝セーヌ
ブーローニュの森
パッシー
マルモッタン美術館
オートゥイユ
セーヌ河
凱旋門
オッシュ通り
在仏日本大使館
モンソー公園
フォブール・サントノレ通り
シャンゼリゼ通り
ギメ東洋美術館
シャンゼリゼ劇場
トロカデロ庭園
エッフェル塔
シャン・ド・マルス公園
パリ日本文化会館
アンヴァリッド
ロダン美術館
コンコルド広場
チュイルリー公園
オルセー美術館
サン・ジェル
ホテル・クリヨン
マドレーヌ教会
ホテル・リッツ
マドレーヌ
オペラ座
サン・ラザール駅
カジノ・ド・パリ劇場
クリシ
モンマルトル墓地
エドガー・キネ大通り
モンパルナス墓地
ダンフェル・ロシュロー広場
LEVALLOIS-PERRET
CLICHY
BATIGNOLLES
LES TERNES
ST. JAMES
MADRID
LA MUETTE
GRENELLE
VAUGIRARD
ISSY
VANVES
MALAKOFF
LES MOULINEAUX
Houp. des Ménages

I

駐仏大使のフランス体験——二〇〇〇年一月〜二〇〇一年一二月

ヨーロッパはなぜ人権問題に拘るのか

オテルニッコー・ド・パリの二階の部屋、サロン・アポリネールで、中島嶺雄東京外語大学長とフランスの中国学者カダール氏との間で長年続いている、日仏中国問題セミナーの夕食会に妻とともに出席。カダール夫妻とパリで会うのは、一五年ぶりのことだ。一五年前に中国の経済問題についてレポートを出してこのセミナーに参加したときのことを思い出しながら、久しぶりに、生ガキと野ガモ料理を食べて懇談する。参加者のなかに、著名なフランスの人権活動家がいたこともあって、最近、ヨーロッパでなぜ人権問題が外交面でも大きく強調されるのか、が話題となった。その答えはまちまちだった。

東京の日仏会館の元館長だったバンドラメッシュ教授は、「アメリカの影響である」と言い、カダール氏は、「社会党政権の誕生と相前後して、ヨーロッパの各国国内で、人権についての関心が高まり、外交面でも一種の国内消費用のジェスチャーが必要になったのだ」と言う。

中国出身のカダール夫人は、これに対して、いかにも東洋人らしい感想を述べた。すなわち、ヨーロッパにおける人権問題への取り組みの裏には、ヨーロッパの人々の、過去に関する罪悪感というか罪の意識が働いているのだと言う。植民地政策や、奴隷貿易、そして最近はナチの残虐行為といったものに関する罪の意識が、人権擁護に対する人々の政治的情熱をかきたてるのだとの趣旨を述べた。フロマージュが出るころには、議論は大きなテーブルをはさんで、にぎやかになっていた。

（二〇〇〇・一一・二八）

久しぶりに体験するフランス生活の印象

大使としてフランスへ着いてから、約二週間がたった。公邸の手直し、荷解き、挨拶回りもあれば、挨拶を受ける方もある。車を買う、パリの最新の案内書を買う。その上に、同行して来た調理士の一人の入れかえの問題がおこる。当座のお金の工面、銀行口座の開設……。数えれば切りがない。そんな日程の合間をぬって、日仏議員連盟の会長のバラード氏、かつてサミット（主要国首脳会議）の各国個人代表として共に働いた同僚のレヴィット大統領府外交顧問を表敬訪問する。また、パリ日本文化会館に磯村尚徳館長を訪ねる。

こうしてあちこち回ってみると、フランスの人々が、かつてと比べて、より開かれた、気さくな感じになっていることに気付く。もっとも、それは、一面パリがやや安っぽくなったこととも関係しているように思える。現に、チュイルリー公園などは、昔のしっとりとした雰囲気をなくしてしまい、やたらに騒がしい、大衆的なものになってしまった。

しかし、その一方で明らかに人々の思考が深く、広く、真剣になっている面もある。オーストリアの新政権に右翼勢力が参加すると言って、あれほどフランス中が騒ぐのは（もとより、フランスのなかで、右派の台頭の危険性があるだけに、国際的包囲網に対する危惧やそれに反対する政治的思惑があるにしても)、やはりその一つの理由には、民族対立や移民問題に関する真剣な議論が、社会的に深く、広く、浸透しているからであろう。それに、フランスの人々の議論好きと、知的な取り組み方の深さと広さは相変わらずで感心させられる。もっとも、こうした知的水準の高さが、はたしてフランスの経済力や国際的影響力の向上にどこまで役立っているのかにはいささか疑問がある。知的なものを現実へ応用するということになると、とりわけ現代がアメリカ化した時代だけに、アメリカ化に知的に対抗しているフランスの意見は、たとえ評論家的にはおもしろくても、本当に明日の世界を作る上でのインプットを出しうるものなのか、いささか心もとない。もっとも、それだけにフランスの意見は傾聴に値するのかもしれない。

(二〇〇〇・二・一一)

パリのサムルロリ

大きなテントを張った、サーカスの曲芸場のようなしつらえ。暴風雨の後のため、樹木があちこちに倒れたままになっているヴァンサンヌの森の横の催事場で、韓国のキム・ドクス氏の太鼓サムルロリの公演を見に行った。天人の舞をはさんで、歌と音と踊りの演出には、韓国の民族芸能の力強さとある種の野暮ったさを合わせ持つ、現代的ダイナミズムがあらためて感じられた。とかく洗練さを尊びがちなフランスでの公演だけに、かえって、キム・ドクス氏の「野性味」が、新鮮さとダイナミズムを感じさせるのかもしれない。公演の半ばで、『沈清伝』の主人公、盲目の父親の目が奇跡的に開く場面を男女の歌手がかけあいで、パンソリを歌った。目が開いた父親に娘の沈清が感極まって「アボジ」（オトウサン）と叫ぶと、父親役の歌手がフランス語で「マ・フィーユ」（我が娘）と叫び、観客を笑わせたが、このあたりは、パンソリの庶民性と即興性を生かしたものに見えた。

韓国の伝統芸能を、韓国ではなく、パリ、それも野外劇場のような場所で鑑賞すると、かつて韓国に滞在していた折に感じた、どこか感傷的な味は薄れ、もっと明るい力強さだけが心に残った。

（二〇〇〇・一二・一五）

フランスとグローバリゼーション

妻典子とともに、英国大使公邸にジェイ大使夫妻を往訪する。ナポレオンの妹が住んでいたときの装飾をそのまま残した、豪華絢爛たる公邸だ。そこの一室、暖炉の火の燃える部屋で、なぜフランス人は、いつもモンデアリザシオン（世界化）をなじったり、批判的言辞ばかり吐くのか、ここには、ある種のフランンス人気質が潜んでいるのではないか、という議論になった。

するとジェイ大使は、フランス人が「世界化」に神経をとがらせるのには二つの理由があるとし、一つは、そもそもフランス経済は「ディリジズム」（規制主義）が強かったが、「世界化」はいわば市場原理の貫徹主義なので、フランス人の気持を逆なでしがちなこと、そして第二には、国家の役割は、自国の経済や文化、伝統を守ることにあるという観念がフランスでは強いからではないか、と「自由」を尊び、またあまり文化、文化とは言わない英国人らしいコメントをしていた。

（二〇〇〇・二・一六）

金大中大統領の仏訪問

パリ市庁舎に金大中韓国大統領の歓迎レセプションのため赴く。大きなシャンデリアが下がり、裸婦の彫刻が天井のそこここに飾られ、その間の石板に自由、平等、友愛と彫られた文字がくっきりと見える豪華なホールでの歓迎会であった。韓国とフランスの国歌が演奏され、外交団席の大使、韓国人、フランス人の招待客が皆一斉に立ち上がって国歌の吹奏にみじろぎせずに立っている姿は、あたかも、そこにいる人々すべてが、実は、巨大なドラマのなかのエキストラの俳優であるかのように思えてならなかった。

パリ市長の演説は、韓国とフランスの関係について述べたもので、特に、韓国の重要性に関連して、世界のなかで一一番目の規模の経済の国であること、日本と中国の間に位置し、戦略的に大変重要であることを述べていたのが印象的だった。一方、金大統領の方は、むしろパリ市の重要性、特に、文化の都としての重要性を述べ、その中で、ユゴーの言葉を引用して、「パリは、ひとつの世界であり、宇宙である」と述べたのが面白かった。ちょうど、同じ言葉を、自分も自著の中で引用したことがあるだけに、とりわけ印象に残った。

壇上から降りて帰りがけに、各国大使の前を一行が通る際、こちらは二列目にいたが、大統領の先導役を勤めていたのが顔なじみのキム・ハジュン氏だったので合図すると、幸いこちらに気付いてくれ、大統領と握手することができた。アンニョンハシムニカと挨拶すると、大統領も懐かしそうに手を差しのべてくれた。

（二〇〇〇・三・六）

ヨーロッパ文明の一貫性

妻とマドレーヌ教会のミサに行く。壮大な御堂の天井画、聖母と翼のある天使の巨大な彫刻などに囲まれて、フランス語のお説教を聞いているうち、ふと思った――ヨーロッパでは、中世も、キリスト教も、一九世紀の建築や美術も、やはり現代に生きている、ヨーロッパ文明だけが、今の世界で歴史的一貫性をもち続けて存在している、それに比べると、中東も中国も日本も、自己の文明を引き裂かれ、断片化され、一部は化石化されている。ヨーロッパがすっきりしているのは、その豪華さや近代性のせいではない。ヨーロッパからアメリカへと続く「西洋文明」の世界支配の中で、他の文明は引き裂かれた心を抱きながら、他者の文明の吸収と新しい自己の確立の努力に励んでいる。そこに非西洋文明の共通の悲哀とそしてまた闘争心が込められているのではあるまいか、と。

（二〇〇〇・三・七）

パリ五輪招致

パリ商工会議所の大きなホールで開かれた、パリ市の二〇〇八年オリンピック招致説明会に出席した。大阪も立候補する予定なので、いわば敵情視察に行ったわけだが、同じく立候補予定の北京をかかえる中国大使やこれも候補の一つのトロントをもつカナダ大使なども同席していた。フランスの実業人の一人は、ここはいわばスパイの集まりですなと笑っていたが、皆を堂々と招待して、いまさらながらのパリ礼讃をくりひろげるあたりは、フランスならではの自信とも思えた。

しかも、華麗なナポレオン一世風の大広間にボルドーのブドウ酒つきの立派なフランス料理をふるまうあたりは、それ自体がパリの魅力をアピールする、一種の招致運動になっているといってもよく、心憎いところがあった。もっとも、パリの長所として商工会議所の顧問たちが強調した点は、万人に知られているものであり、今更そう言われても、なぜわざわざパリにオリンピックをもってくるべきなのか、その説明にはならない。言いかえれば、立候補地としてのパリの長所こそパリの弱点なのかもしれない。

もっとも、こんな国際的な会合をわざわざ開き、各国の大使を招待して御馳走しているのは、ひょっとすると、パリ商工会議所としてオリンピックそのものよりも、招致過程における副産物としての広報効果、とくに外国人の投資のための宣伝に役立つと思っているのかもしれないと感じた。

ビジネスマンは、フランスのオリンピック招致委員会の上を行って、勝っても負けてもビジネスに得になるよう計算しているのかもしれないと思うと、いささか背筋がぞっとした。

また、こういう機会にフランス人がどういうワインを提供するのか興味があり、注意して見たところ、白ブドウ酒は、ピュイイ・フュッセ（Pouilly-Fuissé）九六年産、赤ブドウ酒は、シャトー・レゾルム・ドゥ・ペズ（Château Les Ormes de Pez）九九年産だった。赤ブドウ酒はちょっと苦味が勝ち、あまりいただけなかった。

（二〇〇〇・三）

昨今の社会的風潮についての二つの論議

エスプラナードのレストラン〈デヴレック〉で、広中和歌子議員と議員の令息と共に昼食をとる。一五年ぶりにウナギの稚魚を食べる。国際派の広中議員であり、また、料理がやや特異のものだったので、ワインの選択には気を遣った。レ・ザベーユ・ド・フュザル（L'Abeille de Fieuzal）の九五年ものを選んだが、幸い、あっさりとしたうえに上品さがあり、なかなかのワインだったのでほっとした。

席上の会話では、女性の出産談義になった。広中議員は、

「かつては、社会的にも、経済的にも、子供を持つことが利益と考えられた。労働力としての子供、家の伝統を継ぐべき人としての子供、といった概念が社会にしみわたっていた。しかし、今の女性

にとって、また社会全体にとって子供を持つことのメリットは何なのか、そこをもっと掘り下げて考えてあげないと、女性は子供を持ちたがらないのではないか」と、子供を育てた体験からくる、ある暖かさを交えた口調で語った。思うに、子供は、かつては、社会への授かりものだった、それが家庭への授かりものとなった後、今や子供は授かりものどころか負担になりつつある、それでは誰も子供を欲しがらない、まさに社会問題を通り越して、歴史的問題ではなかろうか。

夜、公邸で、佐藤禎一文部次官と懇談する。話が、渋谷を夜歩き回っている高校の脱落生に及ぶと、次官いわく、

「彼らが、大きな不満とか、不安をもち、そのために学校に行かず、夜な夜な歓楽街を妙な化粧を顔一杯に塗って、歩き回っているのなら、対策のたてようもある。しかし、実は、彼らは現状に満足している、別に不満や不安はない者が多い。そうとすると、今の生活の形から他の生活パターンに移してやることは、至難の業である」と。

世に不満と不平が充満すれば政治も張り切ってやるべきことを決めることはできるが、何のかんのと多少ぶつぶつは言っても、基本的には現状でまずまず仕方がないという人々のために何をするのかと言われても難しい。ヨーロッパの失業問題も、本質は、失業してもそれでいいと思っている人が多いからではないだろうか。

（二〇〇〇・三・一一）

造幣局にも文化の香り

モネ・ド・フランス（仏造幣局）で行われた金属の彫刻展に日本人彫刻家の作品の展示もあるというので見学しに行った。

主としてブロンズのこぶりの作品がほとんどだったが、写真や絵画の作品の展示もあって、作者の人柄や芸術的性向が分かるような展示会だった。

しかも、比較的若い日本人の作品を、年配のフランス人が解説してくれたのには驚いた。当の彫刻家のことばかりではなく、日本の現代彫刻界一般に精通しているのには二重に驚いた。

それにしても、さすが文化の国フランスというべきか、造幣局が、鋳造技術という観点から、世界の金属彫刻家との文化交流に一役買っていること自体、いささか驚きであった。展示された作品の中で特に素足とハイヒールと花瓶を組み合わせた作品がおもしろく感じられ、どこか男女の融合を表現しているようだ、とコメントしたところ、解説者が、「この作品の作者は、同性愛者だ」と言ったので、なるほど独特の感性の持ち主なのかなと思いをはせた。

（二〇〇〇・三・一四）

能楽の伝統継承と個人の性向

昼、観世あすか女史と昼食。先代の家元の急死によって、若くして観世流の家元を継承した清和氏の夫人として、必死に夫を支え、観世流を支えようと努力されてきたことが、いつの間にか裏目に出て、夫婦の間に亀裂が生まれ、今や家元は福岡で別の女性と同棲、子どもも生まれたという巷の噂を耳にしていたが、あすか氏にはあすか氏の、家元には家元の気持や事情があろうから、第三者が口を挟むことはできず、フランスの話をして時を過ごした。

しかし、観世流の重鎮の人々は、家元の私生活は関係ないと一切放置しているのか、それとも、伝統ある流派の浮沈にかかわるかもしれないと、密かに動いている人もいるのだろうか。もっとも、芸能界での男女関係は、マスコミ沙汰になっても、周囲の人間は一切介入しないという不文律があるのだろうか。どこかさみしげな、それでいて、どこか強靭さの滲み出ているようなあすか氏の横顔を見ながら、ふとそう思った。

（二〇〇〇・三・二〇）

望月の宴とワイン選び

夜、公邸に本野盛幸元駐仏大使夫妻、森英恵《はなえ》女史、全日空の東園常務、それにフランス柔道連盟のヴィアル夫妻などを招待。ちょうど満月の日だったので、典子が、メニューに「望月の宴」と名付けると言い出した。

そうなると、食事の際に供するワインも特別吟味せねばなるまいと思い、白ワインはコルトン・シャルルマーニュ九四年もの、赤ワインはシャトー・ラ・トゥール八三年ものを出した。コルトンはさすがに良い香りと味だったが、ラ・トゥールはまだ熟成が十分ではないような感じで、やや中途半端であった。ワイン選びも銘酒を出せばよいというものではないことを、あらためて思い知った。

（二〇〇〇・三・二〇）

「シンデレラ」公演の夕べ

森英恵さんの招待でオペラ座へバレエ「シンデレラ」を観に行く。一三年前のものの再演だが、あらためて森英恵氏が衣装を担当したという。バレエのストーリーは、シンデレラ物語に土台をおきながらも、ハリウッド映画界の歴史と「スター誕生」の映画のロケシーンをうまみに溶け合わせたものだった。いわば、アメリカ風のミュージカルを、フランスの伝統的バレエの技術を使って観客に見せるという趣向であった。マリリン・モンローの姿を映した大きな板のたれさがった舞台装置や、キングコングの模型まで出て来て、いささか、「はしゃぎ過ぎ」の感があったが、バレエそのものは悪くなかった。特に、シンデレラの継母役を、大柄の男性が女性の格好をして演じており、踊りや動作がうまいだけにかえって、どこか中性的雰囲気を漂わせ、継母の意地悪さをうまく出しているのが圧巻だった。森さんの衣装は、日本にわざわざ染色に出したというだけあって、きれいな、すっきりとした、着物の明るさを出した色で好評だった。

劇の後、オペラ座の二階の大広間で夕食会があり、シラク夫人も出席していた。もっとも、森さんは、やや遅くなってから席についたが、「出演者に楽屋の裏で挨拶していたもので」と言う森さんの言葉を聞いて、やはり彼女には芸術家魂が宿っていると改めて思った。

小生の席の右隣はフランスの女性記者で、ファッション関係の記事を書いている人ということだったが、大変感じのよい女性で来週日本の水戸へゆくのだと言っていた。水戸の納豆の話をすると、いっぺん試してみなくては、と笑っていたのが印象的だった。

左隣は、元駐日大使のロス氏の夫人で、なかなか落ち着いた、フランスの上流階級の夫人らしい上品さとそれに日本への善意にあふれた人柄に接して、時間のたつのも忘れるほどだった。見事なオペラ座の大広間で、フランスの社交界の人々と夜食を楽しむのを、日常の家事のように平然と、しかもにこやかに、それでいてどこかクールに堂々とこなしている森英恵さん。そうした姿を見ながら、日本人でも本当にここまで国際的になれる人もいるのだと感じるとともに、誇らしい気持になった。

因みに、この夕食会で供されたワインについては、白は、シャトー・ラリヴェ・オ・ブリオン（Château Larrivet Haut Brion）九五年もの、赤はシャトー・トロット・ヴィエーユ（Château Trotte Vieille）九〇年ものだったが、白はやや苦みが残った。一方、赤は若干甘い感じが漂うような、面白い味だったが、紫の深みのある色がとりわけ印象的だった。

(二〇〇〇・三・二四)

フランス現代小説論議

フランスで目下話題となっている書物の読書と批評会を行う。パリ大学の若い講師ドニさんに来てもらって、川上公一公使や林専門調査員、それに妻も加わって議論する。対象は、昨年秋、フランスで話題になった、ミシェル・ウエルベックの『素粒子』だ。どぎつい性行為の描写と家庭や夫婦関係の崩壊、それを、私小説風に、また、記録文書のように書きあげた小説だが、あちこちに現代の風潮に対する思想的コメントが挿入されている。しかも、男は皆インテリ、女は皆綺麗で、性欲と食欲とバカンス気分が至るところに出てくるのが印象的な小説だ。いかにもフランス的だとこちらが言ったら、ドニ講師は笑っていた。

講師が、「この本の著者は両親の離婚のため、はやくから母親の味を知らなかったと言われている」と解説すると、妻は、「そうでしょうね。この小説は、母を求めていますよ」とコメントしていた。ドニ氏も、この作品には、一種のノスタルジーがみなぎっており、家庭の愛や暖かさへの憧れがあると論じていた。

また、この物語はいつも、暑いとか夏だとか言っており、寒さのことや寒い日の出来事がないことも一つの特徴だと付け加えていた。

一人だけ若い世代に属する林さんは、どこかこの小説には共感をおぼえるところがあるらしく、あまり辛辣なコメントはしなかった。一方、妻は読むに堪えぬと憤慨していた。たしかに、これでもか、これでもかと、性行為の場面が次から次に出てくるのは、あまりにもくどいと思われた。もっとも、この小説の主人公たちの住んでいる社会は、フランスのある種のインテリの世界で、もともといささか視野が狭い世界ともいえる。その世界の論理だけをふりかざして、二一世紀の人類は、クローン人間だらけになるなどと言っているのは、いささか馬鹿げた知的ゲームのようにも思われる。しかし、こうした小説が三万部も売れるところは、やはりフランスだなと思った。

（二〇〇〇・三・三一）

フランスらしさ（アイデンティティ）の行方

韓国のＯＥＣＤ（経済協力開発機構）大使のヤン氏の住居（アパルトマン）で、ハン・ソンジュ元韓国外相、モンブリアール仏戦略研究所所長、それに、たまたま帰国中の韓国駐在仏大使レオ夫妻などと共に夕食会に招かれた。

久しぶりの韓国料理で、シンセンロやクジョルパンなどを賞味した。

アパルトマンの各部屋は、パリ在住の韓国の美術家の作品が飾られ、一種独特の韓仏混合の雰囲気を出していた。

食卓での会話のうち興味深かったのは、いわゆるグローバリゼーションについての、フランス特有の見方ないし意識、懸念についての議論だった。こちらから、この問題の根底には、フランス人のフランスについてのアイデンティティに関する意識の問題があるのではないかとコメントした。するとモンブリアール氏は、それを肯定するとともに、次のように述べた。

フランス人は、フランスのアイデンティティ（フランスらしさ）として二つの点を意識する、すなわち、一つは国家であり、一つは言語である。ところが、ヨーロッパの統合、そして、グローバリゼーションの波によって、国境はどんどん薄らぎ、国家をアイデンティティの対象として意識するのは流行らなくなった。しかも、国家をこえて、非営利団体や非政府団体が活躍し、農民運動家のジョゼ・ボヴェのように、国家に反逆的意識をもつ者も増えている。言語についても英語の氾濫で、フランス語は危機に瀕している。問題は、その結果、多くの人々が自己のアイデンティティの対象として、地域的なもの、たとえば、コルシカとかブルターニュといった地域を重視するようになっていることだ。こうした傾向が文化、風俗にとどまっていればよいが、政治運動化すると由々しい問題となりかねない、と。

こんな議論をききながら、ふと、ちょうど数日前、同じテーマについて、在仏イタリア大使と議論した際、イタリア大使が、モンブリアール氏と同じような論評をした上で、フランス人自身はあまり言わない点として、面白い指摘をしていたことを思い出した。イタリア大使に言わすと、この問題の背後には、フランスの映画産業や食品産業のような、アメリカ方式の氾濫で基盤をゆるがされているフランスの産業の自己防衛意識がからんでいること、それに加えて、フランスの労働者や一般大衆はむしろアメリカ式のやり方を嫌ってはいないのに反して、フランスのエリート層は、フランスのアイデンティティ論議を持ちだして伝統を守ろうとしており、ここにはフランス社会特有の階級意識の問題がみてとれるというのだった。

（二〇〇〇・四・三）

磯村邸でのフランス革命論議

パリ一六区のリュベック通り（Rue de Lübeck）に、磯村尚徳日本文化会館館長夫妻を訪ねる。大使館で作ってもらったメモには、リュベック二〇とあったので、二〇番地の大きな木のとびらを押すと、コード番号も押さないうちに扉がさっと開いた。なかは、車一台が楽に通れるような石畳の道が一〇メートルほど続く。右側にガラスのはまった大きな扉がある。その左に、ボタンのついた各階の住人の名前がはってあるインターフォンのようなものがある。しかし、指定された五階には、磯村さんの名前はない。まさか、他人のボタンを押すわけにもゆかず、ままよと扉を強く押してみるがびくともしない。携帯電話も持ち合わせてなかったので、ほかの客人が来るまで待つか、それとも近所で電話でも借りるかと思い始めた。その時、妻が、あそこは門番の部屋ではないかと、扉の左手の部屋を指さした。そこの部屋のガラスをトントンと叩くと、幸い門番が顔を出した。おそらくポルトガル人だろうと思われる、白髪の中年の親切そうな人だ。そこで電話を貸してもらい、ようやく大使館の矢野さんに連絡をとって確かめると、二〇番地ではなく、二六番地であるという。あわてて、二六番地へかけつけると、磯村夫人の手になるものであろう、「こちらがエレベーターです」といった張り紙まである。日本人の心遣いをパリであらためて感じたが、同時に、やはり、携帯電話を常に持って歩かないといけないことや、数字は二重、三重にチェックしないととんでもないことになることを、あらためて感じた。

食事は心づくしの和食だったが、フォンテーヌ氏やモアジ社長、それにラジオ・フランスの社長など、そうそうたる面々のお客さんたちで、話はフランスのことが多かった。なにかのきっかけで、こちらから、パリにはなぜフランス革命の記念碑がないのかという話になり、モアジ氏が、「革命二〇〇年祭の時すら、そんなことをやるべきでないという論争があったくらいで、やはりルイ一六世を殺してしまったことについての罪の意識があるからだろう」と言った。こちらから、あらゆる革命がそうであるように、フランス革命も創造というより破壊の行為であり、破壊の記念碑は建てにくいのではないかと、やや暴論を提起したところ、隣席のラジオ・フランスの社長は、「フランス革命が破壊とはね、素敵（formidable）」と言って、大笑いしていたのが印象的だった。

（二〇〇〇・四・五）

「薔薇物語」の演出

シテ・ユニヴェルシテール（パリ大学町）にある日本館の運営委員会を大使公邸で開催。その後、夫人方もまじえて午餐会を開く。

篠田勝英館長が最近、中世仏文学の研究成果の一端として『薔薇物語』を出版されたことを記念して、午餐会のメニューの名前を「薔薇物語」とした。ナフキンを薔薇の蕾《つぼみ》の形に折った他、デザートには薔薇色で薔薇の形をしたゼリーを出すなど、小林、山田両調理人に工夫してもらった。

赤ブドウ酒もフランスの中世を象徴するものとして、サンテミリオン地区産のものとし、白ブドウ酒は、『薔薇物語』の登場人物ジャン・ド・ムアンの誕生地であるロワール地方のワインであるヴヴレイにした。しかし、年代あるいは生産者のせいか、かなり甘さが目立ち、いささか戸惑った。

出席者は、館長はじめ、いたって真面目な気質の人々で、『薔薇物語』や、メニューに因んで冗談を飛ばす人もいなかったが、それだけに、どこかさわやかな雰囲気だった。薔薇というと日本ではとかく恋愛や情熱と結び付けられる傾向があるが、フランスでは、むしろ、さわやかな印象を与えることも多いのではと、ふと思ったものだ。

（二〇〇〇・四・六）

パリはやはり世界のパリ

公邸に韓国のホン中央日報社長夫妻を招待。ロンドンから昨日パリに着き、明日、韓国へ戻るという。脱税事件で告発され、政治的理由も手伝って召喚される憂き目をみたホン社長に久しぶりに会って、どう挨拶すべきか心を痛めていたが、いざ会ってみると、いつもの人なつこい、やわらかなほほ笑みを湛えており、奥さんも疲れた様子もまったくなく、ほっと胸をなでおろした。

なつかしい旧友の話をしていると、パリと韓国の間が急に近くなったような気がして心が和んだ。もっとも、パク・チョンス前外務大臣が、消化器系統のガンで、明日をも知れぬ状態と聞いて驚き、かつ、心が痛んだ。あれほど仲むつまじかった夫婦だけにイ・ボンチュ夫人がどんなに悲しんでいるかという思いが胸に迫り、早速お花と電報を送った。

ともあれ、やはりパリは、おもわぬ来客があるほど、世界の人々の集まる世界的都会であることをあらためて感じた。

（二〇〇〇・四・七）

パンテオンで思ったこと

フランスの偉人を祭ったというか、記念した殿堂ともいえる「パンテオン」を改めて見学した。

フランス革命が、実は、破壊行為だったことを象徴するかのように、この人民の英雄のために造られた建物は、もともとの意図であった教会の姿をその後復活させながらも、結局つまるところは、教会でもなく、革命記念堂でもなく、フランス革命とその反動と、そしてその過程の反省を刻んだ、なにか冷たい歴史の遺物のようになっているように見える。しかも、この寒々とした、がらんとした建物は、どこか、北京の人民大会堂に似ている。

革命とは、結局、破壊行為であり、それを記念することは、華やかなものではなく、どこか寒々としたものにならざるを得ないということなのだろうか。

（二〇〇〇・四・八）

芸術とは……

バスティーユの近くで開かれている、吉増剛造氏の写真展に典子と共にでかける。

大通りに面したガラス張りの画廊は、大使公邸のあるサントノレ辺りのしゃれた画廊を見慣れている目から見ると、どこか画材店のような庶民的な雰囲気が感じられる。一瞬、果たしてここが展覧会場なのかと疑うほどで、現に、ポスターなどもほとんど見られない。

中に入ると、中央の床に薄い、幅三センチほどの銅板をのせて、一人の男性がコツコツと彫金作業というか、文字を刻んでいる。その人が、まさに吉増氏だった。沖縄、韓国、フランス始め、旅の先々で自ら彫った銅板の作品をみせながら、「自分でもなんでこんなことをやっているのだろうと思いながらやっているのです。でもやらないと気が済まないのです」と氏は言う。そう言う吉増氏の眼は、どこか遠くを見つめているかのように、潤みがちに澄んでいた。

北海道の雪原に捨てられたままになっている古いバスの車体が「可哀想になって」米国コロラドの風景の写真の上に二重映しにして乗せたという写真、また、沖縄の細い路地で一匹の猫がこちらを向いてじっと佇んでいる写真などは、どこかに、暖かい温もりと親近感が感じられて、不思議な、独自の世界を演出していた。

それよりも、何よりも、コッコッと一見意味のないような文字を金属板に刻んで行く仕事が、実は、そのこと自体、ある種の芸術的表現であり作品ではないのか。そう考えると、建物や彫刻の永遠の美しさを誇ろうとする西洋の美的感覚を越えて、伊勢神宮ではないが、破壊と再生という行為そのものが実は芸術ではないのか、そうとすれば、展覧会場でコッコッと一見意味のないような文字を刻んでいる行為そのもの、その一瞬、一瞬が実は芸術ではないのか——そんな思いのした展覧会場だった。

（二〇〇〇・四・一〇）

フランス語の寄席

カルチエ・ラタンのギリシャ料理街の一角にある、小さな劇場へ、ニコラ・バターユの『東海道中膝栗毛』を観にゆく。落語と漫才と紙芝居と仮面劇のテクニークをふんだんに使い、その上、軍

右がニコラ・バターユ氏。大使公邸のサロンで

歌や流行歌、たとえば、「ここはお国を何百里」だとか、「恋の季節」の替え歌をフランス語で歌うあたりは、おかしくてたまらぬほど上手だった。残念なことに、五〇人は入れそうな劇場に、観客はわずか七、八人だったが、それだけに、終わったあとの拍手は心のこもったものだった。

これだけ、日本のいわば「大衆芸能」をみずからのものとし、しかもそれを土台にフランス語のしゃれた小歌劇をつくりあげるとは、フランス文化に流れる「創造性」の源流をかいま見るような気がした。

（二〇〇〇・四・一八）

歌にこめる個性とは

モンマルトルとサン・ラザールの間にあるレストランで、シャンソン歌手の芦野宏氏夫妻、音楽評論家のフォヴェール（Fauvert）氏、歌姫のマラン（Marin）嬢などと会食。

話題は、自然、歌の話になる。芦野氏は、ビング・クロスビーの例をあげて、普段話す調子をそのまま歌にもちこむ方が自然であり、無理に声や調子を作って歌おうとするとかえってうまくゆかない、と話してくれた。また、フォヴェール氏は、歌手の個性なるものについて、歌手の欠点がかえって個性を作ってゆくので、あまり音楽的に完璧であれば、かえって個性を作りにくいものだと言っていたのが、面白かった。

（二〇〇〇・四・一九）

モネの絵をみて思ったこと

マルモッタン美術館へ、モネの大きな展覧会の開会式（ヴェルニサージュ）に出向く。有名なル・アーブル港の日の出の絵や、サン・ラザール駅の描写、パリの雪景色など、人口に膾炙した絵のほかに、これまた有名な「睡蓮」の連作がずらりとならべられ、圧巻だった。

しかし、こうして一堂に並べてみると、天下のモネといっても、作品に出来、不出来があり、力のない作品などは、素人の絵に近く、妻とふたりで、これなら我々の絵とたいして変わらない、私たちもやれば、相当のところまでゆけるはずだ、と妙な自信を感じたりした。さすがに、「睡蓮」の連作は迫力があり、やはりモネは、「睡蓮」の絵のなかにあらわれた、水と光と空と花の調和のみごとさにモネらしさがある、とあらためて感じた。

老年になって、目が不自由になったあとの作品は、それだけにかえって、ある種の底光りを感じさせるものと、子供か素人の絵のような、雑な荒っぽさだけが目立つものとの二つにはっきり分かれ、そこに、モネの人生のある種の悲劇的ムードを感じさせるものがあるように思われた。

（二〇〇〇・四・二六）

伝統と現代人

木内昭胤元フランス大使が会長をしている、アクサ日同保険会社の一行のために、フランスの親会社のベベアール社長が、アクサの本社内で晩餐会を催すというので、出席する。

フランス革命の前夜、ルイ一六世が、フレンゼルの手引きでヴァレンヌに逃亡したのは、まさにこの部屋を通り、あのドアをくぐって行ったのだという、いわくつきの部屋で夕食を食べた。同時に、そこに置かれた黒塗りの大きな棚は、かつてパリ郊外マリリーの城に飾ってあったものであるといった類いの解説を聴くと、フランスの歴史が、現在の事業活動の中にも脈々と流れていることが感じられた。日本側も、負けてはならぬというわけか、浅野家の紋章のついた大きな甲冑をベベアール会長に贈呈し、大きな拍手を得ていた。

歴史を誇り、歴史のなかに今を位置づけることの出来る国民は幸せである。フランスは、まだそういう習慣が幅広く残っているが、我が日本はどうであろう、歴史教育などと言っているうちに、肝心の歴史的・文化的伝統を、現代人は理解出来なくなってしまってはいないであろうか。アクサが所有しているという、ボルドー地方ポメロルのブドウ酒を飲みながら、自問自答する日だった。

（二〇〇〇・四・二七）

森―シラク会談余録

オルリー飛行場へ森喜朗総理一行を出迎える。総理は風邪をひかれたとかで、やや鼻が赤く、顔色も一抹冴えなかったが、さすがにかつてラグビーの選手として鍛えた体格と体力のせいか、長旅にもかかわらず、けっして不愉快そうな表情をうかべることなく、淡々としている様子が印象的だった。そういうこともあって、車の中やホテルに着いてからの「勉強会」ないし現地状況の説明会では、当方から、「日仏関係は大変良好であり、シラク大統領以下、首脳陣も日本通か、日本に最近行って来たばかりの人達なので、事務レベルの作った発言要領などはあまり気にせず、政治家として人柄が滲み出るように、自由闊達にお話しいただきたい」というような趣旨をかいつまんで説明した。総理は、苦笑いしながら、外務省の連中がひどい日程を組むので、これでは殺されてしまうと冗談を言われていた。

公式会談は、まず、ジョスパン首相からだった。セーヌ川左岸の首相府へ行くのに、時間調整もあって、学生街のようなところを、ひとまわりして行った。会談は、緑の庭を見下ろす、例によってフランスらしい、天井の高いルイ王朝風の部屋で行われた。ジョスパン首相は、丁寧に森総理の言うことに耳をかたむけながらも、沖縄サミットについての、首相の考えを述べた。特に、これはと、注目をひくコメントはなかった。

こちらから二度にわたって教育問題に言及し、しかも、沖縄ではインフォメーション技術と教育のありかたについて議論したいと考えていると、森総理が述べたにもかかわらず、反応がなかったのが気になった。思うに、サミットについては、そもそもシラク大統領が主役であり、保革両勢力が、大統領職と首相職を分け合うという政治的コアビタシオン（同居）の状況を踏まえて、自分が出席しないサミットについては寡黙だったのかもしれないとも思った。あるいは、フランスにおける教育問題は、教育関連大臣の更迭に発展するほど、現在あまりに国内で激しい政治問題になっているので、なにを言っても、うっかりプレスに洩れると、誤解を招きかねないと判断したからとも思えた。いずれにしても、ジョスパン首相の慎重な人柄がうかがい知れた。

続いて、大統領府でシラク大統領との会談と夕食会に移った。会談は、「大使の間」と言われている部屋で行われた。執務用の机が置かれ、しかも、シラク大統領が今力を入れている原始美術の作品がいくつか飾られていた。首のない動物のテラコッタや、犀の彫刻が目を引いた。総理と大統領が長椅子に座って、半分横を向きながら話をするという形式の会談だった。後ろには大きな飾りがかかっている。よく見ると、ドン・キホーテの物語からの絵で、ドン・キホーテの「愚行（folie）」を賢者（sagesse）がたしなめる光景であった。

会談はもっぱら沖縄サミットの話だった。シラク大統領は、事務方のあげたものらしい、白いメモを見ながら、細かに議題ごとに整理されたコメントをした。一方、森総理はメモなしに、沖縄サミット全体に通ずる理念や抱負を述べた。森総理はさらに、沖縄で開くことの意味に関連して、学生時代の同僚であった小渕前総理のことに言及した。小渕氏が、若かりし頃、小遣いをはたいて沖縄へ渡り、沖縄と本土との感情的軋轢を心にとめ、なんとかその溝を埋めようと決心したこと、それが、総理として、沖縄をサミットの場所に選んだ大きな動機であること、すなわち、言って見れば、沖縄の人々の感情をも含めた、本当の本土復帰を実現したかったのだとしんみりと述べた。シラク大統領や、かたわらのファビュウス大蔵大臣の顔にも、感動の色が浮かんでいた。

夕食会は、隣の「肖像の間」で開かれた。言葉通り、八人の歴史上の人物の肖像画が、高いところにかかった部屋だった。食事中も、沖縄サミットの話が続いたが、やがて、文化談義になった。シラク大統領は、盛んに各国固有の文化を守る努力が必要で、そのためなら、関税も輸入制限も必要だと強調したのが印象的だった。

森総理も、郷里の加賀の文化の話をし、大阪城の石垣の石には、みんな加賀の名が刻まれていることから始まって、九谷焼や、輪島塗の話などをされた。途中から、礼儀こそ日本文化の神髄にある精神であると言いつつ、スポーツマンらしく、柔道の例をひきながら、挨拶や礼の意味を説いた。さらに、扇子を自分の前において、相手に礼をするのは相手を一段上におく象徴であると解説して、日本通のシラクさんも感心する文化論をぶち、頼もしかった。ただ、やや言葉が走って、最近の日本の女性は、ジーンズなんか着て、着物を忘れ、礼儀を知らないと嘆かれたときはちょっとハッとした。

しかし、シラクさんは、まあジーンズまで悪いとは言わないが、伝統は守りたいですねと、うまく相槌を打ってくれたのでほっとした。小生は大統領の隣に座っていた関係から、大統領が、今日のメインの料理は自分の故郷の羊で、しかも七時間も煮たものだ、とささやいてくれた。早速そのことを、総理に披露すると、総理の隣席のファビウスさんが、そうそう、こうした料理も文化のひとつですよと相槌を打ってくれた。

因みに、ブドウ酒は、赤はサンテミリオンのシャトー・キャノン（Château Canon）、白はサントネイ（Santenay）だった。双方とも、なかなかの味だった。白はすっきりした味で、また、赤はサンテミリオンらしい、コクの中にも、飲みやすさが加わった、どこかモダンな感じのするものだった。

（二〇〇〇・五・二）

ジュディ・オングさんとの一日

シャンゼリゼーのトヨタのショールームで行われている、ジュディ・オングさんの版画展に妻と出掛けた。京都や川越の旧家を黒、白、灰、ウスネズミ色をうまみに使って、光と影をたくみに演出しているのは玄人の画家なみだった。ユリの花などの植物には、女性らしい繊細さがあふれていて、これも面白かった。強いて言えば、多色刷りのものにはやはりちょっと全体の調和に一抹の物足りなさがあるように感じられた。

夜、ジュディさんのご両親もふくめて夕食をともにする。華僑の人々の良き国際性といったものを、あらためて感じさせられた。

(二〇〇〇・五・三)

アカデミー・フランセーズ訪問

アカデミー・フランセーズのルクラン教授に、アカデミーのなかの教授宅へ招待される。何々男爵、何々伯爵といった人々に、作家、それに駐仏ギリシャ大使が相客だった。教授夫人は、かつてOECDに勤めていたそうで、大変社交的な上、朗らかなインテリだった。

エビのニンニク風味のソテーに羊の焼き物で、ワインも九〇年代のものとはいっても、飲み頃のものが選んであり、さすがフランスの家庭は違うと思った。帰り際に、ルクラン氏が、のぞき窓のようなところから、マザランの肖像のあるアカデミーの会議場を見せてくれた。そして、後の扉を開けて狭い階段を指さしながら、

「これは、王妃、アンヌ・ドートリッシュのための秘密階段です。ここを通って王妃はこっそり上ってきて、愛人のマザランの会議場での活躍ぶりを眺めていたんですよ」

と解説してくれた。その瞬間に何百年の歳月は飛んで、あたかも自分が、王妃やマザランになった

ような感覚にとらわれた。

（二〇〇〇・五・四）

パリ市長との懇談に思ったこと

パリ市庁にチベリ市長を表敬訪問した。巨大なホールのような市長室には、女性のブロンズ像が置かれているだけで、会談用の椅子を除けば、ガランとした感じの部屋だ。

市長は、東京とパリ、京都とパリとの姉妹関係に触れて、京都とはとても意志疎通ができているが東京とはいささか、と口をにごしながら、東京都のパリ駐在事務所が閉鎖されることでもあり、大使館が積極的に仲立ち役をやって欲しいと述べた。思えば、暫く前、在京フランス大使が、いくら表敬訪問の要請をしても、東京都知事は応じてくれないと不満をもらしていたことが想起される。そのうちに、石原慎太郎知事の第三国人発言があって、ヨーロッパの大使が連名で抗議したので、いまや、欧州の在日大使は、石原知事になかなか会うこともできなくなっていると聞く。あれほどフランス好きの作家であった石原氏が、予算の緊縮や「政治的」発言のせいで、東京都とパリ市の関係をこじらせることになってしまったとしたら残念なことだ。しかし、そんなことが起こるのも、日本全体が、そして特に保守派の政治家のメンタリティーが、全体としてどこか内向きになり、寛容性が薄れてきているせいなのだろうか。

折も折、昨日の朝、とある東北出身の若い参議院議員の語ってくれた話が思い出される。その議

員曰く、

「いまや比例と小選挙区の二つのどちらかとなったので、政治家は、いわば這いつくばるようにして、選挙区の小さな会合にまで出なければならない。そうでなければ、比例の基礎となる団体の利益に奉仕しなければならない。どちらにしても、天下国家を考えたり、勉強する暇はなかなかない。二世議員は悪いという人がいるが、二世議員のように地盤が固まっている人なら、広い視野で議論もできる。だから、そういう人の存在はある意味では貴重ですよ」と。

パリ市長との会談の別れ際に、二〇〇二年は、東京都とパリが姉妹都市関係を結んでから、ちょうど二〇年になるので、なにか記念行事でもやれないかと、来年の市長選挙に立候補しているチベリ市長の反応を試す意味もかねて尋ねた。すると、市長は、「それは良いアイデアだが、次の市長が自分かどうかははっきりしないので、とにかく事務的に準備を進めて行こう」と、あっさり応じてくれたのが印象的だった。

（二〇〇〇・五・五）

ハイテク犯罪の国際会議

二日間にわたって、クレベールの国際会議場で、ハイテク犯罪に関するG8の国際会議があった。日本が沖縄サミットを主催する関係もあって、フランスのシャラス大使とともに共同議長を務めた。G8の国々の司法省、警察関係者に加えて、各国の産業界の代表が参加した会議で、それだけに会議の運営もいささか気を遣わねばならないところがあった。特に、産業界からみれば、政府の規制や取り締まりに協力せよと言われる会議だとの認識が強く、参加者のレベルも専門家ばかりで、経営陣の参加はなかった。専門的知識をかなり要する会議で、議事運営も楽ではなかったが、いろいろと感じるところや、学ぶところがあった。

一つは、この問題に関する各国のお国柄の違いである。たとえば、英国では、産業界自身が、自己規制のようなガイドラインを打ち出し、それに政府が協力するという形をとっているようだった。フランスは、お国柄、政府主導の取り締まりという立場に近かった。いずれにしても、取り締まり当局の主導する会議だけに、取り締まりの対象とその有効性をどう確保するかに多くの政府関係者の関心が集まりがちであった。

たとえば、インターネット犯罪と言っても、インターネットの情報網を毀損するような犯罪を頭に置いた議論もあれば、ロシアのように、むしろ、インターネットを使って、麻薬やポルノの犯罪が行われることを問題とする国もあった。産業界からは、追跡やデータの保存のコスト負担の問題、負担の公平の問題（すなわち、ある企業が一所懸命保存や追跡調査に協力すればするほど、犯罪者はほかの企業のサービスに乗り換えようとするであろうから、皆が一緒でなければ効果は上がらない、といった主張）が強調された。さらに、もっと基本的には、そもそも通信の秘密ということは商売の基礎であって、これが侵害されるようでは、商売自体が成り立たないといった見方もあった。また、産業界は、対策がたてられた際に、どこまで企業に責任が及んでくるのか、その程度と態様、特に保存したデータの改ざんの責任を気にしているように感じられた。いずれにしても、これらすべては、結局のところ、国民の間のコンセンサス作りに帰着する。そしてそれこそ、政治家たちの責任の問題であろう。

こうした難しい問題は別にして、時折、はっと思うこともあった。たとえば、鉄仮面ではないが、名前を隠すという行為は犯罪者の常套手段だが、同時に、名前を一々明らかにしないからこそいろいろな情報がやり取り出来る面があり、この無名性（anonymity）と犯罪性（criminality）との関係は難しいと感じた。また、サイバー空間の犯罪は、サイバー空間から発生するが、その被害は、サイバー空間にとどまらず、実態社会におよぶという、非対称性（アシメトリー）があるといえるような気もした。また、最近、青少年の犯罪も多いが、パソコンゲームに慣れた青年たちは、サイバー空間と現実の空間との区別がつかなくなってきているのではないかという声もあちこちで聞かれた。犯罪も主にサイバー空間で行われるような時代になるのであろうか。

（二〇〇〇・五・一七）

ボルドーでの発見

二日間にわたったボルドーへの旅をふりかえってみると、いろいろな「発見」があった。一つは、人間の発見だった。地元出身のバラード上院議員は、いつもはゆったりとして、どこか捉えどころのはっきりしないような態度の人だと思っていたが、親しくこうして地元のリラックスした雰囲気で話して見ると、なかなか鋭い、観察力のある人で、日本大使公邸などについても、率直にその調度品のひどさを感じていることがよく分かって驚いた。また、ネーグル名誉総領事は、一人でわざわざ自分の車を運転して、モンテスキューやモンターニュの城めぐりに付き合ってくれるなど、実にゆきとどいた人であることがひしひしと感じられた。最後の晩を共にしたレング元駐日代表部大使は、大きなお城のような旧家を完全に改装して、ボルドーの町の住宅街に住んでいたが、ゆったりと引退気分を楽しんでいるかと思いきや、いまなお活躍する意欲十分であることを発見して驚いた。

もう一つは、「人間の知恵」についての発見だった。ブドウ畑のわきにボルドーでは、よくバラの樹を一列に植えていることがあるが、なんでバラを植えるのか、ただ小ぎれいに見せるためかと思っていたが、実は、ハチはブドウよりバラが好きで、こうしておくとハチがバラの方に集まり、ブドウの手入れをする人々を刺さないのだという。

また、モンテスキューのお城の図書室の棚が、樫の木で出来ているのは、樫だと虫がつかないからだということだったが、やはりここでも自然の利用にまつわる人間のいわば原始的な知恵の存在を感じた。

香水の見本市へ向かう途中、消防士のデモがあったが、あとで考えて見ると、ボルドーでは森が多く、その火事をどう食い止めるかは、昔からの課題だったことが思い出された。モーリヤックの小説『テレーズ・デスケルー』でも、火事がこの物語の一つのクライマックスと連動していることも思い出した。

最後に「歴史の発見」もあった。ボルドーの町のまんなかに立つジロンドの記念碑は、フランス革命におけるジロンド党の活躍と犠牲とを記念したものだが、これを見て、なぜフランス革命の記念碑がパリにないのか、その理由が分かったような気がした。革命は、ある意味ではフランスの内戦だったのだ。アメリカに南北戦争の記念碑がなく、ベトナムに抗米戦争の記念碑がないのと同じく、内戦の記念碑は、国内の関係者間の敵対感情をかえって助長することになりかねないからなのではないだろうか。

もう一つ、歴史に関する「発見」は、人間の五感の歴史的発展に関係するものだった。香水の見本市で、香水のききわけの専門家が言った言葉だ。すなわち、こちらから、「人間の目や耳の感覚はそれほどすぐ疲れないが、鼻の嗅覚は疲れやすいといわれるがなぜだろうか」と聞いたときの返答である。

「いや、古代の人間は、各種の動物のなかから自分の敵を見分けたり、食物の毒性を見極めるために、嗅覚は非常に発達していた、それが人間社会の進歩につれて、人間が嗅覚を使わなくなったので嗅覚が衰えただけで、再訓練すれば、現代人の嗅覚も決してすぐ疲れたりはしない」ということだった。

香水の匂いをかぎわける名人も訓練の賜かもしれない。

（二〇〇〇・五・二九）

あるユダヤ系のお金持ちの家で

リュクサンブール公園のそばの、ヴェルネイ（Vernay）さんの自宅によばれる。シモン・ヴェーユ氏の姉を妻にもち、父親は医者、祖父は有名な美術収集家で、ナチにとられた絵画だけでも一三〇点に上るという。サクレクールをはるかにながめ、エッフェル塔をみはらし、パリ中心部の公園を見下ろす素晴らしい場所のアパルトマン。そして、ボナールやドンゲンなど、所狭しと並ぶ絵画を見ていると、フランス、特にユダヤ人社会の奥の深さを感じさせられた。

（二〇〇〇・六・三）

新しい政治家像

緑の党系のヴォアネ環境大臣を昼食に招待して、環境問題の話をした。

水色の、うす手のセーターを気楽に着て、会うや否や、ボンジュールと気さくに話しかけ、終始リラックスした感じの若い環境論者の女性政治家を見ていると、これからの政治家像が目の前に展開しているようだった。伝統的タイプの保守派の政治家や形に縛られがちな外交官の、形式張った、いかにも貴族的雰囲気が昔風に思えてならなかった。

（二〇〇〇・六・三）

シャンソンの会

大使館付属の文化院で、フォヴァールさんという歌手のシャンソンの会があった。最後に、「日本はわが夢」という、自作自演の歌を歌ってくれたが、北斎や広重、東京や京都といった名前がとびだし、あたかも日本人のパリへの憧れを、ちょうど裏返しにしたような格好のシャンソンになっていて面白かった。

その後の第二部は、日本人の女性による、日本の歌のフランス語版と、フランスのシャンソンの日本語版だったが、深い声のシャンソンはフランスの味が出ていて聞かせたが、日本の歌は残念ながら余りいただけなかった。やはり、相手に合わせようとする芸は、本人の能力とは関係なく、最後は味が出ないものではないか。自分に忠実で、ある意味ではひとりよがりのところがないと、本当の芸にはならないのかもしれないと思えた。

（二〇〇〇・六・四）

日本式資金集めのコツ

話があるというので、昼食にルーブル美術館の館長夫妻を招待した。聞いてみると、「Les Amis du Louvre（ルーブル友の会）」という一種の資金集めの団体を日本につくりたい、ということのようであった。そして、誰をそうした団体の長にお願いしたら良いかが話題となった。こちらからは、何人か思いつく財界人の名前に言及しつつ、むしろ、問題は誰を選ぶかではなくて、誰とまず相談するか、そのプロセスが問題ではないか、ということを指摘した。しかし、学者出身の館長は頷きつつも、こちらの言っていることの本当の意味、すなわち、日本では誰から声がかかってきたかということが重要であり、その意味で、中身よりもプロセスのほうが重要だという点が分かってもらえたかどうか、やや危なげに見えた。

もっとも、同席した館長夫人は、ロスチャイルド家の出身で、弟がラフィット・ロスチャイルドのワイン園をもっているとかで、大変ものわかりの早い、実務的能力と人間関係についての洞察力の持ち主のように思われたので、こちらの意図も理解したであろうと思って、まずは安心した。

（二〇〇〇・六・五）

さすがフランス？

パリの西、車で一時間ほどの距離にある、シャトーブリアンの建てた大きな邸宅で、寸劇の催しがあり、弁護士のマンデル夫妻の招待で見に行く。森に囲まれた広大な敷地に、比較的こぢんまりと建てられている家の一間での公演だった。

かつてこの邸宅で文化人の集まりがあったときによくここに来訪したという女流詩人を主人公に

した、二人の俳優だけによる、会話形式の劇が上演された。さすがに、来ている人達は、年配者がほとんどだったが、このような場所で、夜の八時半からしゃれた寸劇を行っているとは、さすがフランスだと感心した。

劇のなかでは、コクトー、コレット、プルースト、バレスなどの当時の文学者との電話での対話や付き合いの様子が、主人公の口を通じて語られた。期せずして、過去の文学サークルの雰囲気を作り出す効果があった。しかも、主人公の女流詩人が、自分の父親の時代のパリを懐かしむ台詞をはくことによって、もう一時代前、即ち、ユゴーやシャトーブリアンの時代を、観客に想起せしめるなど、パリの現在と過去とそのまた過去とを三重映しにしながらの寸劇で、そこが特に興味深かった。

劇の後、もう真夜中に近い頃、シャンゼリゼーの〈フーケ〉で夜食を食べた。知的所有権の裁判を担当しているマンデル夫人に、最近のフランスでの肖像権をめぐる、ややゆきすぎとも思える主張について聞いてみたが、やはり、個人の権利やプライバシーを重んずるフランスと報道の自由を重んじる英米の価値観の違いがあるようだ。同じ人権といっても、いろいろな側面があり、フランスの独自性をあらためて感じさせられた。

（二〇〇〇・六・一三）

沖縄芸能公演に思ったこと

日本文化会館に沖縄音楽のショウを鑑賞にゆく。皆、一生懸命で、とくに沖縄の衣裳の色合いの素晴らしさは印象的だったが、あまりにもプログラムが総花的で、獅子舞から三味線から民謡、太鼓に漁民の踊りと目まぐるしく、それに妙に現代風で、全体として沖縄の何を観客に訴えようとしているのか、はっきりしなかったのが残念に思えた。沖縄芸能をとにかく人に紹介しよう、宣伝しようという意識があまりにも強すぎて、沖縄本来の「自然な」精神がどこかで希薄になっているように感じられた。

（二〇〇〇・六・一四）

ビジネスと情報発信

ロダン美術館で『フォーチュン』誌主催の夕食会があり、日本の財界人も参加するというので、夫妻で参加。パリの最高級の三ツ星のレストランのシェフ三人が、一つのメニューの部分、部分を分担して料理をつくるという趣向であった。しかし、そのわりには、別にとりたてて美味しいと思われるものはなかった。なにせ、三〇〇人以上の客に一度に同じ料理を出すのであるから、そもそも、このような試みに意味があるのか、一種の人を驚かす演出にすぎないようにも思われた。

それにしても、いまや、ヨーロッパの自信は相当なもので、ソニーの社長さんが日本からわざわざ来ているのにもかかわらず、ヨーロッパはいずれアメリカに情報産業面でも追いつくなどと、大見得をきった演説がなされ、しかも、日本やアジアのことには全く言及がなかった。

食事中、古い、なつかしいシャンソンが歌われたが、ロダンの彫刻とあいまって、ヨーロッパの良き伝統を印象づけながら、ヨーロッパの現代の「力」を宣伝しようとしているところは、なかなかの演出だった。もっとも、同席していた曙ブレーキの社長さんが、「アメリカは強いといっても、たとえば、小型車をみるとフォードもクライスラーも、今やその生産の中心はヨーロッパに移っており、ヨーロッパ市場で勝てない車は、もはや世界で勝てない時代に突入している、日本のメーカーのヨーロッパ進出やヨーロッパとの提携も、実は生き残りをかけた激しい戦争の一環なのだ」と、説明してくれたのが印象に残った。

同時に、そうして戦っている日本のビジネスのために、自分たちが何をなすべきなのか、こちらも必死に頑張らねばならぬ、と思いを引き締める夜であった。アメリカとヨーロッパを向こうにまわして勝ち抜くことは、単にビジネスの世界だけではなく、外交も政治も、そしてなによりも情報の発信が大切である。

『フォーチュン』誌が、これだけの大掛かりな夕食会を、アメリカならぬヨーロッパでやってのけることの意味を、日本はもっと考えねばならぬ。日本の雑誌や新聞のなかで、これだけのことを海外でやれるものがどれだけあろうか。

（二〇〇〇・六・一五）

アルザスにおける過去の傷痕

ストラスブールへ妻とともに出張する。オルリー飛行場は、三五時間労働制の導入をめぐる労使の対立で、管制業務がうまくゆかず、飛行機に乗ってから離陸するまで、四〇分も止まったままであった。しかし、乗務員は平然としており、乗客に対して申し訳ないという態度は全くなく、また、乗客もいたってのんびりしていた。いかにもフランスらしい。

ホテルへチェックインした後、在ストラスブール総領事とともに、市内のレストランでリエス(Ries)前市長と会食。氏は、今は副市長の座にあるが、現市長のトラウトマン(Trautmann)女史と対立関係にあるようだ。それというのも、トラウトマン市長が、かつて大臣になった際、一時市長の座を譲られたリエス氏が、その後、自己の業績をたてに、市長の座に居座ろうとしたためだ。今は副市長ではあるものの、両者の対立の根は解けず、そのため、小生との会食も別々となったものだ。

リエス氏は、落ち着いたインテリ風で誠実な人柄の人で、氏とはアルザスの過去の話をした。その際、氏は、かつて自分の父親はドイツに心ならずも兵役に召集され、ドイツ軍の一員として戦ったと、ぽつりと語った。

そのような人を「脆弱な我々(maigres nous)」と呼ぶそうだ。そうした人の多くは、ロシア戦線で戦ったが、なかにはフランス国内で動員され、ドイツ軍の残虐行為に与《くみ》したとして、戦後裁判にかけられた者もいると言う。有名なケースは、オラドール・シュール・ジャンヌ（Oradour-sur-Glane）というリモージュの近くの村の虐殺事件だと言う。こちらが、ふと何の気無しに、先日、「協力者の子供たち（Les Enfants de Collabos）」という映画を見たがと言うと、リエス氏は、一瞬色をなし、「大使、maigres nous と collabos とを一緒にしないでほしい」と強く言った。こちらは、勿論そんなことは十分分かった上で、たまたま最近そういう映画を見たことを話題の一つとして出しただけだった。しかし、リエス氏にしてみれば、自分の父親の話がでた後だけに、万が一相手に誤解があってはと、強い口調で言ったもののようだった。ともあれ、アルザスの過去の複雑さをあらためて思い知った。この美しい、川と野原に囲まれ、ワインと美食と経済的繁栄に満ちている地方の人々の心に、未だ暗い過去の影が沈殿していることをあらためて深く感じた。

（二〇〇〇・六・二七）

日米欧音響機器市場の違い

午前、ヤマハの工場を見学。かつて、ヨーロッパでの日本製コピー機へのダンピング税を回避するために投資されたコピー機工場だが、いまや、ハイファイの生産基地になっているという。しかも、同じヤマハの中国の工場からの出荷や、他の新興国の競争から身を守るため、修繕やデザインといった分野での工夫やサービスを拡充しているという。

今、日本はＭＤとパソコン時代であり、ＣＤを小さな部屋でサラウンド方式で聴くために、ミキサー（mixer）というか、レコーダーを開発するより、若者志向のMDやパソコン用のものに力を入れなくてよいのだろうかと質問すると、意外にも、ヨーロッパは、まだまだCDの時代で、自分のもっているCDや借りたCDをレコードする人が多い。それに比べると、アメリカではレコーダーは流行らず、新しいCDを買う人が多いという。日、米、欧それぞれ違いがあるということだった。

（二〇〇〇・六・二八）

トラウトマン女史との懇談

昼、トラウトマン市長を市庁に往訪、その後、近くのレストランで学者のご主人とともに、約二時間懇談。こちらから、フランスでは創価学会などが「セクト」に指定されたことを念頭において、「セクト」に対する規制は信教の自由に反しないか、と尋ねると、市長は、フランスの「ライシテ（laïcité）＝政教分離」という概念を持ち出して、信教の自由も、市民の安寧という「共和主義（républicanisme）」の精神を守らねばならないのだ、と言っていた。

また、こちらからアルザスの過去との関係で、ドイツとフランスの間の和解は、フランス国内の和解のためにも必要であったのではないかと言うと、直接否定はせずに、フランスとドイツが歴史的にどんなに密接な関係にあったかを説き、その一例として、ドイツのフライブルク市のお祭りでは、11という数字を大事にする、なぜなら、ドイツ語のELF（11）は、Égalité Liberté Fraternité の略だからだ、などと面白い話をしてくれた。

（二〇〇〇・六・二八）

若い日本人の在仏修業

ブレスト空港から約一時間、灰色の雲の垂れ込めたブルターニュの野原を車で走ってホテルに着く。一ヶ月ほど前に出来たばかりという小さなホテル。海に突き出た場所にあり、絶景を楽しめるはずのところだが、前方にこのあたりの土地の所有者の大きな個人住宅があって、景色をかなり塞いでいるのが難だと聞かされる。

調理人が出て来て、歓迎の挨拶をしてくれた。日本へ旅行してきたといい、日本料理の洗練されたところが好きだ、といった話が出た。アシスタントでフランス料理の修業に来たという、若い小柄の日本人にも会う。こんなフランスの「田舎」まではるばる日本から修業にくる意気込みに感心した。

きびきびした感じのフランス女性が、受付業務などをしているようなので、「マダムも日本へゆかれたのか」と聞くと、「〝アソシエ〟で四〇年近く一緒にやっているが、女房ではない」という。その言葉の調子にどこか諦めたような調子がこもっており、日本人アシスタントが、「またか」とでもいいたげに苦笑していたのが印象的だった。この若い日本人も、期せずして料理のみならず、フランス人の男女関係のありかたも勉強しているのではと思えた。

（二〇〇〇・七・一四）

ある実業家の述懐

夜は、ブルターニュ地方の「投資局長」と名乗る人も加えて、著名な実業家で日本との経済関係の促進にも熱心なオルトリ氏と夕食をとる。

オルトリ氏は、いろいろ思い出話をしてくれたが、とりわけ次のような述懐が興味深かった。「何か決断したとき、その当時は、歴史的決定を下したと思ったものだが、後から振り返ってみると、実は時の流れというか、成り行き上、もともとそこに落ち着くべきものであったにすぎず、自分の『決断』がことを動かしたわけではないと思えて来るものだ」と。

（二〇〇〇・七・一四）

ブルターニュ事情あれこれ

朝七時、同行してくれた大使館員、それに妻も加えて、三人で昨夜とおなじ食堂で朝食をとる。昨日の「マダム」がサービスしてくれる。しかし、我々が一一時頃夕食を終えて引き上げた頃、まだ数組客が食堂に残っていたことを思うと、「マダム」は五時間程度しか寝ていないのではないか、疲れた様子はないかと、「マダム」のメガネをかけた細面の顔をちらと盗み見たが、それほど疲れた様子は見えない。それでも一言と思い、「いつも忙しそうですね」と声をかけると、「このホテルには私自身投資しているので働かねばと思って。それに、今ブルターニュ地方は人手不足で働き手がいないので」と、真顔でこぼした。そして「あの日本人アシスタントはよくやっている」と付け加えたあたり、さすが、客商売の人の気の遣い方が出ているように思えた。

海洋技術研究所での「日本の対仏投資セミナー」で簡単な演説をしたのち、プレストで、四年毎に開かれる「帆船祭」に参加して、湾内を船で回る。途中、債権者に差し押さえられて話題となっている、大きなロシアのヨットを見る。どこか悲哀を感じさせる。回遊の途次、突然バーンと大きな音がしたので、何事かと甲板に出て、案内役の女性に問いただすと、近くの船が祭りにあわせて空砲を打っているのだという。ちょうどオルトリ氏に出くわしたが、写真を撮りまくっており、「船の好きな孫にみせるのだ」と言ってにっこりしていた。氏の好々爺の側面を垣間見た思いだった。

（二〇〇〇・七・一五）

バカンスの過ごし方

パリの町はすっかりバカンス気分だが、大使館の仕事はそうはいかない。

指揮者の大町陽一郎氏と夫人を招いて公邸にて夕食会を開く。フランスに留学中の歌手の篠崎さん、ピアニストの竹田さんに来てもらって、室内音楽会をやる。プーランク、ルッセル、ドビュッシーなどバラエティに富んだプログラムだった。やはり、パリにはこのように前途ある日本の若い芸術家がかなりの数、修業していることが改めて心強く感じられた。

それにしても、フランス人のバカンスにかける、ある種の特別な感情には、あらためて感嘆する。保守党のシラク大統領が、アンティールで高級ホテルに泊まり、いわば、「古い」かたちの休暇を楽しんでいるといった週刊誌の記事が出ると、それが、格好の話題となって、今度は、ブルターニュで開襟シャツにジーンズ姿で奥さんと手を組んで海辺を散歩している社会党のジョスパン首相の写真が、あたかも大統領との対照的休暇のパターンであるかのごとく報じられる。休暇のとりかたそのものが、政治的話題になるところが、いかにもフランス的だ。

他方自分は、バカンス時期になると、なにか趣味の活動を盛んにしたくなって、昨日から意を決して、ブルトン語をバスク語とならんで勉強し始める。また、シャンソンも歌だけでなく、簡単なものは、ピアノで弾き語りができるように練習をはじめる。しかし、なにか、難しいことにチャレンジしないと心が落ち着かないようでは、とてもバカンスを楽しめまいと自分につぶやいた。

(二〇〇〇・八・一八)

渡部恒三氏との時局談義

飛行場の特別待合室で、これからスウェーデンに向かう渡部恒三衆議院副議長と一時間余り懇談する。

「橋もできた、道路も、体育館もできた、文化施設すらある。政治家が地元の要望を受けてやれることはほぼ全部やってしまって、さらにやれることがなくなりつつある。自民党の伝統的、利益誘導型政治は終わりだ。そういう政治を行う政治家は必要なくなっている。では、なにが政治に求められているか。確かに、福祉だ、育児所だ、いろいろある。しかし、それは、地元の利益代表が頑張るといった性格の事業ではない。だから、選挙も既成政党より、新しいイメージを売り込んだ方が勝つ。選挙が、一種のイメージとムードの争いになっている。政界再編について言えば、その契機になるのは、やはり、来年の参議院選挙だろう。自民党はかならず負ける。それからが始まりだ。負けることがわかっているから、自民党の次の総理候補の人たちも簡単に森総理を引きずり下ろそうとはしないのだ。今、引きずり下ろして政権をとっても、来年の選挙で負けてその責任をとらされるのなら、元も子もない」。

趣旨からいえば、そんな話だった。ある種の直感力と鋭い政治感覚が、雄弁とも訥弁とも、どちらにもとれる口調のなかにこもっていた。また、東北あるいは福島弁の、不思議な迫力と温かさと鋭さをまじえた口調がいつまでも耳に残った。

こちらから、

「ヨーロッパには夢がある、ヨーロッパ統一という夢がある。韓国も朝鮮統一という夢がある。中国は強国になる夢がある。アメリカは、そもそも夢の国である。日本には、夢がない、政治家も国民もそこを考えなければ……」

と言ったところ、「なるほどその通りだ、夢がない日本だ」ときっぱり言われたのには、なにか心強いものを感じた。隣に臨席している若い代議士が、そんな先輩政治家の意見をどうとらえているか聞きたかったが、ぶしつけな質問もできかねて、そのままになってしまった。

（二〇〇〇・八・二一）

政治のある側面

空港に、古賀誠自民党国対委員長はじめ、各党の国対委員長を出迎える。

古賀委員長には、セダンの車、残りの人々はバスを用意したが、古賀氏は、「自分も皆といっしょにバスに乗る」と、他党への気遣いをみせた。また、ホテルでも、ほかの党の議員の部屋が一階であることが分かると、「騒音などでうるさくないか調べるように」と指示するなど、きめの細かい気の遣い方だった。国会対策の大きな部分は、やはりこうした人間関係の上に出来上がっていると思うと、外国における大使館の便宜供与なるものも、できるだけ気を遣ったものにしなくてはならない、と改めて思った。

こちらへのお土産も、他の人の前だと、自分だけいい子になっていると思われるのは困るということで、あとで、秘書からそっと手渡された。その気の遣いようには、政治というものの、ある側面を目の当たりにする思いであった。

（二〇〇〇・八・二二）

ある夕食会の感慨

在フランスのセネガル大使夫妻の参加も得て、セネガルに赴任する古谷大使の送別会を行う。折から、セネガルの河村大使もパリに滞在中だったので参加してもらう。河村大使は、ちょうどホテルのチェックアウトの際に、ブリーフケースをすりかえられたというので、警察へ立ち寄った由にて、やや遅れて参加。フランスにおける盗難の激しさと巧妙な手口にあらためて驚く。

在仏セネガル大使の夫人はブラジル人、アフリカ勤務経験のある在仏大使の医務官の奥さんはオーストラリア人ということで、国の話をすることより、個人の意見を交換することが、いまや国際社会の社交の常識になっていることをひしひしと感じさせる一時だった。　(二〇〇〇・八・二三)

昨今の政治家気質

夜、公邸に原田義昭委員長以下、衆議院予算委員会の議員を招待。磯村日本文化館館長、横山日本人会会長、小鹿野日本人学校校長にも参加してもらう。甘利明議員の誕生日にあたるということだったので、ケーキを用意。また、ムードをもりたてようと、フランスで修業中の瀬崎、吉瀬両嬢に、バイオリンとチェロの合奏を頼んだ。昨今は、議員も趣味の豊かな人も多いのか、中村喜四郎議員は音楽が始まるや否や、あっチェロだなと叫び、また、食後のお酒を飲むために隣室に移った時、ピアノを見つけると、やおら「ハッピー・バースディ」を弾きだしたのには驚いた。

食中のワイン談義でも、ドゥクリュ・ボカイヨーなど、そう日本でよく知られてもいない銘柄をすらすら口にする議員もおり時代の変化を感じた。

また、委員長から、軽装でといわれていたので軽装で来た自分たちはよいが、同席した磯村氏たちには失礼にあたらないか、と囁かれた。そのあたりの政治家の気の遣い方は、大使館の気の回し方とはまた違った面があり感心した。

（二〇〇〇・八・二七）

インドネシアの恨み

韓国、中国（臨時代理）、ASEAN各国の大使を招待して、沖縄サミットとASEM（アジア・ヨーロッパ経済会合）について議論する。インドネシア大使が、「かつて七年前、スハルト大統領が非同盟の一〇〇前後の国を代表してG7の国々と対話しようとしたとき、ヨーロッパ諸国は、G7であり、ロシアすら入っていないと息巻いていた『傲慢さ』は困ったものだ、議長の日本が頑張ってくれたのは評価するが、ヨーロッパはロシアには良い顔をして、アジアにはお説教ばかりしているのはいただけない」と、声を上げた。

インドネシア大使の言うことには、やや誇張や誤解もあるが、インドネシアの誇りと自負の強さ、そして、それを傷つけられたことへの深い怨恨とそれが未だに尾をひいていることにあらためて思いを深くした。

（二〇〇〇・八・二八）

あるミュージカルの裏舞台

カジノ・ド・パリ劇場（Theatre de Casino de Paris）へ、ダヴィンチをテーマにしたミュージカルを見に行く。このミュージカルの背景画を描いた日本人画家の戸井田夫妻の招待。

「何年も、このミュージカルの製作にかかわって来て、明日を最後に終わるのかと思うと、ちょっと空しい思いがする」

と戸井田画伯は言う。

「今日は、ニューヨークの劇場関係者も見に来ているので皆張り切っている、やはり乗ってますね、わたしなどこれで三〇回も見てますから、わかります」

そう言って、画伯は歌のかわるごとに盛んに拍手をしていた。若い製作者と出演者、それも、主役が喧嘩して、最初の五日間は演出者みずから、楽譜を片手に歌わなければならなかったそうだ。それに、出演者同士の仲がうまく行かない。うまく行っていると思っていると、若い者同士で、恋のさやあてなどがある。あまりばらばらなので、すしを四〇人分取り寄せて皆にふるまい、酒を飲んでようやくなんとかまとまりが出来てきた――そんな苦労話も聞いた。隣席にいた画伯の奥さん

が、

「画家は、いつもは自分だけと向き合っている孤独な存在ですから、こうして、初めて、ミュージカルの仕事をして、いろいろな方と仲間になって仕事をしたこと自体が、主人にとってはとても嬉しかったのだと思います」

と言っていた。その言葉の裏に、画家の夫をささえる、温かい、そしてしっかりした夫人の気持と気構えを感じ取って、胸を打たれた。

帰りがけに、このミュージカルに一億五〇〇〇万円もの資金を個人で提供したという福島氏に会った。きどらない、それでいて、しっかりと地面に足をつけているような感じの人で、有田焼を世界に売っているのだという。こういう人が、陰で日本を世界に売り込んでいてくれるのかと思うと、こちらは、もっともっと努力せねばならぬと自然に頭が下がった。

劇場を出る寸前に、日本人の歌手で、最後まで演出家の厳しい言葉に耐え抜いて残ってやっていると言われている柘植ヨウコさんに会う。彼女の朗らかな、生き生きした顔をみて、日本と世界の溝は、こういう人たちのお陰で最早なくなりつつあるのではないかとも思えた。

（二〇〇〇・八・二九）

朝鮮半島統一の道はあるか

折から、フランスの在外駐在大使を一同に集めての大使会議が、パリで開かれているので、旧知のグルドモンターニュ駐日大使夫妻、レオ韓国駐在大使夫妻、それに、ギメ美術館のジャリージュ夫妻を招く。レオ氏と久しぶりに韓国談義をした。レオ氏は、「南北朝鮮が、平和的に統一に向かうのは難しい、それというのも、これ以上早い速度で経済や文化交流を南北で進めると、北の政権の崩壊につながる、なぜならば、北とあまりに近いところに、韓国という光り輝くショーウィンドウがあり、開放に一旦踏み切れば、一気にその道をつき進んでしまうからである」と言った。

こちらから、

「しかし、ベトナムの例では、資本主義の南を共産国家が一気にとりこんでも崩壊しなかったのだから、北朝鮮もうまくやれる余地はあろう」

と述べたが、レオ氏は依然訝し気だった。

（二〇〇〇・八・三〇）

美術品収集をめぐる日仏の違い

東洋美術の収集で名高いギメ美術館の館長ジャリージュ氏と、美術品収集についての話をした。氏は、

「フランスで、中国の美術品を収集している人は他人にみせたがるので、どこに誰が、なにをもっているかを知るのは比較的やさしい。ところが、フランスにおける日本美術の収集家はそうではない。かれらは、こっそり大事に美術品をしまいこんで、一人で楽しんでいることが多い。これは、日本美術には他人に見せるためではなく、自分で楽しむものであるという精神がこもっていて、それが、自然と収集家にも移っているのではないか」と語っていたのがおもしろかった。

（二〇〇〇・八・三〇）

率直な外交談義

公邸にて、米田忠則、吉田六左ェ門、渡辺喜美、中川昭一議員と会食。当方から、「日本は夢がない、ヨーロッパもアメリカも中国も夢がある」と述べたところ、ある議員が、「そう、日本の夢は小さい、それに大きな夢を持てないように、第二次大戦後洗脳されてしまったのだ、他の国は、

世界の一番になろうという夢がある、日本は一番になろうという夢はない、そこも問題だ」と述べていたのが興味深かった。

また、朝鮮半島が統一すると、反日の一大朝鮮ができて、日本に不利ではないかという議論になったが、その一方、いやいや、五ないし一〇年単位ならいざしらず、三〇、五〇年の単位でみれば、中国との間のある種のバランサーないし重しとしての朝鮮半島の意味が、日本にとって存在するのではないか、という議論もあった。

南京虐殺について話が及んだ際、東京裁判において、はっきりした証拠もないとされている事実を、あまりにも日本人は知らなすぎるのではないか、といった意見もあった。

帰りがけに、公邸の庭で吉田議員の音頭で、大使万歳と言われ、外国に駐在する者としての責任感というものを、あらためて深く感じさせられた。議員夫人の皆さんも、控えめながら、ぴりっとして、すがすがしさがあった。吉田議員は、シアトル国際会議のときアメリカで売っていたという、各国の旗のついたネクタイをしており、日の丸が真ん中にくっきりと出ているのが壮観だった。

（二〇〇〇・八・三一）

ワインをめぐる小話

昼、ジャクリーヌ・ピジョー教授の受勲祝賀会を行う。谷崎の『陰翳礼讃』を訳した人なので、「陰翳礼讃」という題のメニューの昼食会にした。まずロウソクのかたちに折ったナプキン、それに、「Château Lumière」のワインを出し、光りと影を演出してみたが、妻が不在のため、あまり巧くいかなかった。

夜、夕方に帰任してきた妻とともに、心臓医の太田先生ご夫妻と娘さん夫婦を招待して夕食。ブドウ畑のまわりに、なぜバラが植えられているのか、という話になり、バラがブドウより先に病虫に喰われると、それを見て、ブドウ畑をどう病害から守るかを考えるために植えてあるので、いわばテストないし観測の役をバラが果たしているという説と、ブドウ畑にハチが入るのを防ぎ、働く人を守るためという説の両説があるとの話になった。その際、太田氏は、ブドウとバラは、植物として科目が違うので、病気の種類も違うであろう、したがって、バラをみていれば、ブドウの病虫害をいち早く予防できるというのはおかしいと述べていた。いかにも、因果関係について敏感なお医者さんらしい見方に感心した。何といっても、医者にとって、一番大事なことは、病気の原因とその結果ではないか、といういわば当たり前のことをあらためて強く感じた夕べだった。

（二〇〇〇・九・一）

原発をめぐる日仏論議

古屋《ふるや》圭司委員長以下、衆議院商工委員会のメンバーの訪仏チームと、フランスの原子力関係者を公邸の食事に招待して懇談する。

近年フランスで起こった原発関連事故をどう思うかと、ある日本の議員が聞くと、フランスの原子力庁長官は、あえて率直に言えば、と断った上で、「あの事故では二人しか死んでいない。しかし、他の産業の事故では、もっと人が死んでも、だからといって、その産業の存廃問題にはならない。たとえば、フランスではかつて、ある水力発電所の工事現場で、何百人もの人が死んだりケガしたりしたが、水力発電をやめてしまえという議論にはならなかった」と述べた。

これに対して、原子力の事故は、放射能もれといったことが起こると、何十年も健康に不安が残ったり、また、日本では原発事故のあと、原子力に関係の深い東海村出身の女性との婚約がとり消されたりした例があり、他の産業の被害とは違うとの意見も出た。

原子力庁長官も、たしかに、将来への不安という要素は、原子力産業の大きなアキレス腱だという趣旨のことを付け加えていた。あまり会話が固くなったので、デザートのとき、バイオリニストの瀬崎さんに、マスネーの「タイスの瞑想曲」を弾いてもらった。皆楽しく聞いて、アンコールまであったが、委員長始め議員団には音楽に趣味のある人たちがいただけに、会が盛り上がった。各議員の趣味を調べて、今日の催しを企画した甲斐があったと当方も心が和んだ。(二〇〇〇・九・七)

日系工場の開所式に思ったこと

ル・マン市の近くの、ＴＮＴという、車のトランスミッションを作る会社の工場の開所式に出席する。社長の伊藤氏は、古武士のような、しっかりとした指導力のある経営者のように見受けられた。また、工場の直接の責任者の佐波氏も、精悍な中に、如才なさのある人物のようで、日本もこういう人たちがいるかぎり、世界に発展して行ける、日本経済の先行きを憂慮する必要はないのではと、心強く思った。開所式では、長いスピーチのあとで指名されたので、即興で日本語を交えながらやった。それというのも、日本の工場だというのにフランス語ばかりで日本大使が挨拶するのは、いかがなものかと思われたからだ。日本人は、とかく、外国に迎合し、それをもって友好親善と思いがちだが、みずからをもっと主張することこそ、真の国際理解への道ではあるまいか。

開所式のあと、地元の知事の公邸での昼食会へ招かれる。日本の投資をあれほど熱心に誘致しているわりには、日本礼讃の声は聞こえない。そのあたりは、いかにもフランスらしい。しかし、昼食会はフランス的な精一杯のもてなしだった。すなわち、一九世紀にナポレオンが知事職を設けて以来使っているという、豪華な、お城のような知事公邸、きちんとしたテーブルに赤、白のワインと料理にチーズ、それにシャンパンの乾杯。そして知事からのお土産まであった。フランスの「おもてなし」の典型は何かを示唆するようなひとときだった。

（二〇〇〇・九・八）

伊本氏のアトリエ

ル・マンへの出張の帰り道、彫金の芸術家、故伊本淳氏のかつての別荘に立ち寄り、未亡人からお借りする彫刻を選んでパリまで運ぶ手配をした。「パリのアパートからこちらへ移ったばかりで」と言う夫人の言葉通り、室内は雑然としていた。しかし、それが何となくそこに未だ伊本氏が生きておられて仕事をしているような雰囲気を感じさせており、そうした雰囲気を、未亡人も残しておきたくて、わざわざ散らかし気味にしているのではないかと思いやられて、胸が痛んだ。

（二〇〇〇・九・八）

遺伝子組み換えと神の存在

若林正俊参議院議員一行と公邸で懇談。農林関係の議員一行なので、食事の前にフランス各地のワインとチーズを並べて賞味する試みを行った。その一覧表は、別表の通り。

食事中は、農業の多角的機能の問題や、フランスの農民運動家ジョゼ・ボヴェのことなどが話題に上った。

若林氏は、いわゆる遺伝子操作が農産物に及ぼす影響の問題について意見を述べた。すなわち、「こ

別表　フランスの代表的地方のワインとチーズ

地　方	ワイン	チーズ
①シャンパーニュ地方	ビルカール・サルモン・ロゼ (Billecart-Salmon Rosé)	シャウルス (Chaource: 牛)
②ノルマンディー地方	シードル(リンゴ発泡酒) (Cidre sec)	ポン＝レヴェック (Pont-l'évêque: 牛)
③ロワール地方	サンセール1996 (Sancerre)	クロタン・ド・シャヴィニョル (Crottin de Chavignol: 山羊)
④ジュラ地方	ヴァン・ジョーヌ1990 (黄色のワイン)(Vin jaune)	コンテ (Comté: 牛)
⑤プロヴァンス地方	コトー・デックス1998 (Côteaux d'Aix)	アーヴル・ド・ガリッグ (Avre de Garrigue: 山羊)
⑥ブルゴーニュ地方	モレ・サン・ドニ1996 (Morey-Saint-Denis)	ラングル (Langres: 牛)
⑦南西部地方	シャトー・クテ1988 (Château Coutet)	ロックフォール (Roquefort: 羊、中身青かび)

の問題について、フランスは予見可能性ということを盛んに主張しているが、その背後には宗教的考えが潜んでいるのではないか。そもそも生物の生育というか土地から生まれ出るものには神聖なものが宿っていると言う、自然の無限の力ないし神の概念があり、農業はこの神の概念とどこかで結ばれているという思いがあるのでは。だからこそ、遺伝子の操作は、神への冒瀆とみられがちなのではないか」と。

なかなか穿った見方だと感じた。

（二〇〇〇・九・一二）

藤田嗣治のアトリエ

パリ郊外、約一時間ほどの距離の所（Villiers-le-Bâcle）にある藤田画伯のアトリエの修復が完成したというので、その開所式に妻と出掛ける。

田園風景ののどかな小さな町の道にはみ出すように

建っている農家風の家だった。その壁には、大きなSの字が書かれているので、出迎えてくれた県知事に、あれは何のシンボルかと尋ねると、「壁が崩れないように鉄をはめたものでどこの家にもある、ただこの家は、Sの字体とその位置が、あたかもなにか装飾のように見えるだけだ」と言う。

藤田夫人もあそこにいると言うので、道路の反対側をみると、車椅子にくずれるように身を曲げて、すすり泣いているように見える老婦人がいる。高齢の上に、旅の疲労が重なり、思い出の場所にきて感極まって、神経がたかぶっておられるようだ、と回りの者が言う。お大事に、とだけ声をかけて庭の方にまわる。

県が、隣人から買ったという土地はなだらかな傾斜になっており、松ぼっくりが幾つも落ちていて、いかにも静かな田園の雰囲気をかもしだしている。アトリエをはさんでもう一方の庭は、対照的に明るいバラの花壇になっており、モダンな作りで、これはもともとなかったが、藤田の愛したバラを近所の庭師が植えて世話しているという。

修復にたずさわった女性の案内で、一階から三階のアトリエまでみてまわる。一階は台所と食堂で、この家が建てられた一九六〇年代としてはモダンな作りだが、流しのまわりにはやや古風な台所用具や、藤田自身の作った陶芸の皿などがおかれている。食堂は天井の低い、人が四人も入れば一杯になりそうな狭い部屋だ。スペインから藤田がとりよせたという大きな棚が、ある落ち着きを部屋にあたえている。二階は、書斎というか居間と寝室。暖炉をふさいだ板に描かれた、影絵のような子供の姿がいじらしい。レコードをかける電蓄のなかには、よく見ると美空ひばりの歌のレコードが入っている。三階はアトリエ。正面にはランスの教会の壁画の下絵になったものが、見事に復元されている。それに、おびただしい筆と絵の具や墨。藤田がいかに東洋と西洋双方の材料を使ったかが、よくわかる。それに、ミシンや陶芸の手ろくろ、藤田の多才な側面と、どこか無邪気な、工作をする小学生のような純な気持が伝わってくる。

そして、ローランサンやコクトーが藤田に贈った絵は、藤田の交友関係の広さと心のあけっぴろげなところを象徴しているようだ。あの、玄関先で泣きくずれていた夫人と藤田はここで、なにを語り、なにをしていたのであろうか。変わり行く時代への思いと青春の思い出のなかで、藤田はフランス国籍を取得し、カトリックの洗礼をうけた。それは、晩年の藤田が、自分の青春を育ててくれたのはフランスであり、またこれからの老年の心の幸せを支えるのは、カトリックの信仰であると感じていたことを意味するのであろうか。

（二〇〇〇・九・一四）

中山太郎氏の思い出話

公邸に、中山太郎元外務大臣以下、憲法調査会のメンバーを招待。同時に、声楽家の篠崎さんや、日本人ピアニストなど、パリで活躍中の音楽家、それに、建築家の早間玲子さんにも声をかけた。

中山元大臣は、さすがに経験豊かな政治家だけに、話も興味深かった。天皇陛下の主席随員としてミッテランに会ったとき、ミッテランは千年以上も続く天皇家をフランスにお迎えできるのは、自分の大変な光栄であると言ったのが耳に残っている、また、天皇が、ご健康はいかがですかと（当時世上伝えられていたミッテランの健康問題を念頭に）質問されると、ミッテランは「人生はいずれにしても戦いである」と言ったのが印象的だったという。

隣席のある代議士が、食事中「中山さんの奥さんの名前は特別だ」というので、皆が一瞬首をかしげると、中山氏の名前は太郎、奥さんは花子で、太郎、花子夫婦だと披露した。すると、中山氏は、そのため最初は「あなたの妻にはなりたくない、太郎に花子だなんて」と言われたと言って微笑していた。

（二〇〇〇・九・一六）

大使公邸の品格をどう維持するか

早間玲子さんは、フランスの建築家シャルロット・ペリアンのいわばお弟子のような建築家で、ペリアンが、一九六〇年代、今の在仏日本大使公邸の建築にたずさわった関係から、早間さんもこの公邸には思い入れがあり、昔の思い出話をしてくれた。

その話によると、この公邸もできたときは、それなりの品格と味と統一性があったが、その後、広間の緞帳が破れて取り外されたり、勅使河原蒼風さんの彫刻が壊れて取り払われたりしているうちに、統一性が失われてしまった。しかも、三〇年前はモダンであった全面ガラス張りのデザイン感覚が、いまや、安っぽい感じにすらなっているという。

やはり、建築は、最初の味を必死に守ってゆくか、さもなくば、どんどん改築してゆくかであって、いいかげんな維持の仕方をしたまま、改築も応急措置的なものでは、本来の良さが失われるだけだということがひしひしと感じられた。

（二〇〇〇・九）

ジャック・ラング大臣との教育論議

大島文部大臣とともに、ジャック・ラング教育大臣を往訪。学校におけるモラル教育の問題が話題となった。

スタインウェイが100年以上前に製作し、在仏日本大使公邸に収めたピアノの絵

「家族の崩壊、テレビの影響、その上での倫理教育のありかたを考えねばならない」、そう言った後、ラング氏は、続けて、

「しかし、もっとも大事なことは、大人の人々の生き方である。大人が子供に対して、良い見本を示せないのなら、いくら子供に学校で教育してもだめであるという態度と責任が大切である」と言った。

思えば、昨日、熊本の松岡利勝代議士と日本のありかたを議論したとき、松岡氏が、「だらしない格好をして、ぼんやりしている若者を、猪苗代湖の湖畔の野口英世の記念館に連れて行くと、出てくるときには、みんな頭を垂れて、うつむいて、考え込んでいる、一人の偉人が、無言のうちに教えることは、一〇〇人の教師の雄弁な教えにまさる」と言っていたことを思い出した。また、知識の伝達より、考える能力の育成が、教育の上で大事になっているという議論になったとき、ラング氏は、

「知識は忘れたり、時代遅れになったりするが、考える能力は、一旦日本人にしみこめば、長く残るものだ」

と言った。

会談を通じて、改めて、翻訳の限界ということを深く感じた。たとえば、ラング大臣は、外国語教育に関連して、langue étrangère vivante という言葉を使ったが、これを単に「生きた外国語」と訳しても、一〇〇%までは真意が伝わらない、なぜなら、それには、ラテン語やギリシャ語を学ばせていた、かつてのフランスの言語教育に対する、無言の反省の意味もふくまれているからだ。また、civique という言葉も、「道徳」とか「公民」と訳しても、日本人にはピンとこないであろう、それには、市民という観念に対する、フランス人の歴史的感情がこめられているからだ。

それにしても、ラング大臣が、「自分は、当初、文部大臣と科学大臣を兼ねるよう首相に言われたが、ある党派に大臣ポストを一つ割り当てなければならないことになって、兼任をやめ、科学大臣のポストは別の人にしたいと数時間後に首相から言われた経緯があり、このことから分かるよう

に、教育と科学の分担は、組織であれ、人の任命であれ、政治的都合できめられることが多い」と、文化人らしい皮肉なコメントをしていたのが印象的だった。

（二〇〇〇・九・一九）

フランスのお上至上主義

オテル・ニッコーの日本料理店「弁慶」で、ユネスコの着物ショーのため来訪した日本ユネスコ協会の関係者や民族衣装普及会の人々と会食。同席の磯村尚徳氏が、目の前にそびえるラジオ・フランスの大きなビルを指しながら、

「あそこになんと二〇〇〇名の人が働いている。ＮＨＫのラジオ担当者はせいぜい数十名である。ラジオ・フランスは、未だに公営企業の非能率を受け継いでいる。その裏にはフランス特有のお上至上主義がある。お上と繋がっているものをありがたがる風習は歴史的なものといえる」

と、磯村氏らしいコメントをしていたが、さて日本では？

（二〇〇〇・九・二一）

エヌキン次官の誕生祝賀会

エヌキン外務次官の六〇歳の誕生日を祝う会を、夫人、令嬢、在日時代の友人夫妻を招いて開く。最初にニコラ・バターユ氏のフランス語による寄席をやってもらった。落語、演歌、漫才の三部

作で、弟子格のルクレク氏がギターで演歌をやった。招待者は、あらかじめ、落語の催し物があることを通知されてはいたが、まさかフランス語によるものとは思っていなかったようで、びっくりしていた。それに加えて、内容もおかしさに加え、最後の漫才などは、自分の死体を浅草の路地で拾って運ぶという筋で、なにやら超現代的寓意すら感じられて面白かった。ちょうど、エヌキン次官の令嬢が歌の勉強をしている高校生だったこともあって、大変熱心に聞いていたのが印象的だった。

漫才が終わって数分間、前もって予告があったので待っていると、ヴェドリーヌ外務大臣が来訪。先般のニューヨークにおける日仏外相会談が大変うまくいったこと、一二月には内閣改造が予定されていることなどが話題となった。外相は、井本氏の彫刻を興味ありげに鑑賞し、来客の一人一人と握手して帰っていった。

夕食会の席上、ある参加者は典子が書いた、和紙の上の和歌の筆跡に感激し、せっかく竹とあしらってささやかな飾り物にしてあるのに、それを解き、持って帰りたいというので、典子も仕方なくうなずきつつ、苦笑していた。

来客の顔触れに鑑みて、白ワインは、コルトン・シャルルマーニュ、赤ワインは、シャトー・マルゴー、それにシャトー・ディケムをデザートとともに出した。同席のロス元駐日大使が、盛んにワインを褒めてくれたが、こちらの心遣いを見抜いて、これにぴったりと反応してくれるあたりは、さすがロス氏の人柄だと思った。

席上、フランス革命記念碑がパリにないことについての話になると、ロス氏は、「いや、パンテオンのなかに、あのときの人権宣言などを記念した碑が建っているはずだ、ただ、あまり人に知られておらず、いわば、ひっそりと隠されている」と笑いながら教えてくれた。

また、エヌキン氏が、奥さんに「マリー、vous（貴方）」と呼びかけるので、「あなたの家では、夫婦でも、tu（君）ではなく、vous（貴方）でお互いに呼び合っているのか」と尋ねると、そうだというのでびっくりした。その理由を聞くと、次官は、「自分はボルドー生まれだが、育ちはブルターニュで、大変厳格な家庭に育ち、そこでは、常にvousを親子でも使っていた」という。ただ、さすがに今のエヌキン家では、子供たちも誰もそんな呼び方はしていないそうだ。「夫婦の間も、一時はtuでやろうとしたがしっくりこないので、今はvousにしている。もともと自分が新聞記者として働いていたころ、記者仲間同士はtuが原則だったが、そうなると特別の親しみが感じられなくなり、vousの方にある種の親近感が感じられ、その辺は微妙なものがある」と述べていた。

食後、用意しておいたアルマニャックの六〇年ものをエヌキン次官に供し、あらためて還暦を祝った。あとで聞くと、ヴェドリーヌ大臣は、盛んに還暦の意味を聞いていたそうだ。

（二〇〇〇・九・二二）

リヨン市民の誇り

午前、リヨン郊外の光洋ステアリングの工場見学。竹田社長の案内で、施設内の工程や国際的生産体制について説明を受ける。ステアリングを油圧式ではなく、電気モーターで行うことを開発したとのことで、日本企業の頼もしさを改めて感じた。

一九九一年にルノーから工場を買い取ったそうだが、当時は、労組が社長室に座り込んだり、「ユーロイズム」をもじって、「日本コロニアリズム」などというビラを撒かれたりしたという。

そこで、労組の幹部を日本に連れてゆき、酒を酌み交わしながら、いろいろ話し合ううちに、段々と意志疎通がうまく行き、このところストはないという。現場の主任格の仏人に、生産ラインでのチームスピリットをどう育成しているかと尋ねると、「パシアンス、パシアンス（忍耐、忍耐）」という答えが返ってきたのが印象的だった。

帰途、地元のハイヤーの運転手が、ソーヌ川の対岸を指さし、「あそこはラ・ムッシュと呼ばれている。パリの有名な川下りのバトゥ・ムッシュという呼び名はここから出たものだ」と言った。思えば、昨夜、地元の有力者を招いての夕食会で、ある列席者が、「ボジョレーなどを重宝がるのはパリの連中だけで、ここリヨンではもっと上等なボーヌのお酒を飲む」と笑いながら言っていた。

考えて見れば、リヨンの市民の誇りは、京、大阪など関西の東京に対する対抗意識にも似たものがあるように思えた。

（二〇〇〇・九・二九）

フランスの人種偏見

リヨンに出張してＴＧＶ（高速鉄道）でパリへ戻る。

リヨン駅構内で運動の為とプラットフォームを散歩していると、ジーンズをはいた若い男が近寄ってきて何やら言う。何ですかと問いただすと、昨日から食事をしていないという。ばからしいので無視して通り過ぎると、通りすがりに、sale race（汚い人種）と、かなり大きな声で叫んだ。思わず振り向くと、向こうもこちらを指さして、何やら品のない仕草をする。思わず、ぺっと、ツバをはいてやった。

フランスでも、やはり、人種偏見が相当あるのだな、それも、パリのような大都会では一見目立たないが、こうした地方の大きな町あたりだと、かえって目立つのかもしれぬ、と思った。しかし、後で考えて見ると、あの雑言や仕草は、人種偏見というより、乞食の真似をして、まったく無視された自分自身に対する、どうしようもない屈辱感をあんなかたちで表したものかもしれぬ、そうだとすれば、ツバをはくより、むしろ、ああいう連中を哀れんでやらねばなるまい、と思った。右の頰をうたれたら、左の頰を出せという教えは、まさに、このように侮辱されてもそこに相手に対する憐憫の情を持つ必要を説いたものなのではあるまいか。

（二〇〇〇・九・三〇）

狂言のフランス公演

パリの日本文化会館で、野村万之丞さんの狂言の解説と「六地蔵」をみる。扇子を、あるいは刀に、あるいは箸に、あるいは槍に、あるいはまた開いて盃にと、多種多様に用いるやり方、西側から役者が登場するのは、西が死者の世界だからだといった能舞台の解説まで実に分かりやすく面白かった。

他方、狂言の精神は何かといった精神的な面についても、フランス人は結構興味を示すので、そのあたりについての解説が、もう少しあってもよかったのではないかとも感じた。「六地蔵」は、なかなかの熱演で、やんやの喝采だった。演者の台詞のなかに、「magnifique（マニフィック、すばらしい）」といったフランス語を入れる工夫もあった。ただ、最後、観客の歓声にこたえて、舞台に再び役者が登場したが、あれはご愛嬌にしても、プロの人のやるべきことではないようにも思えた。

フランス語といえば、昨日リヨンで、中村勘九郎氏の「棒縛《ぼうしばり》」という狂言からとった歌舞伎をみたとき、やはり、勘九郎が、いいところで、「Je ne comprends pas（分からないね）」とフランス語を交えて、やんやの喝采を受けていたことが思い出される。それに、あの「棒縛」で、棒が真ん中からぽきっと折れ、後見役が新しい棒に代えるまでの間、五分ばかり、勘九郎は折れた棒を背中で両手でつなぎ合わせながら、平然と演技を続けていたが、あの落ち着いた態度には感服した。

（二〇〇〇・九・三〇）

ウヴリュー元駐日大使を囲んで

公邸にウヴリュー元駐日大使、その義弟のペロー経済局長、それに、フランス駐在の韓国大使などを招待。韓国、日本、フランスの夕べを催す。

隣席のウヴリュー大使夫人といろいろ話す。同性愛の人が、一時韓国駐在フランス大使に任命されそうになったが、周囲の反対でつぶれ、そのかわりに、ペロー氏が任命されたこと、あるいは、夫は詩を詠むのが好きで、新婚旅行中にもいくつか詩を詠んでくれたが、あまり長いものを詠み退屈したのでそう言うと、それから詠んでくれなくなった、などと、興味深い話をしてくれた。

その隣の席のヤン駐仏韓国大使は、日本が西欧化の先兵として、アジアの模範を示してくれたことについて、韓国人は表向きそうは言わないけれども、自分は高く評価されるべきものと思う、と率直な感想を述べてくれたことには感銘をうけた。

帰り際に、現在防衛関係の仕事をしているウヴリュー氏と、日本の防衛庁長官の訪仏について、その実現のため、共に努力しようと話し合った。

（二〇〇〇・一〇・四）

縄文文化へのシラク大統領の思い入れ

アフリカや南太平洋諸島の原始美術（アール・プリメール）などに特別の興味を抱くシラク大統領は、日本の縄文文化に人一倍関心をよせていることも一つの背景となって、パリで「埴輪展」が開かれ、日曜日に大統領がこの展覧会を見に来られるというので、こちらも参観した。

国立博物館関係者のほか、日本文化会館関係者など多くの日本人も大統領を取り巻いていたためもあって、国立博物館の首席研究員松浦氏の解説も十分聞き取れなかったが、関係者が作成した記録を読むと、シラク大統領は「すばらしい（シュペルブ）」といった感嘆詞を連発したほか、随所で博識あるいは関心の深さを裏づける質問やコメントをしていたという。たとえば、「この埴輪は東京でも見たが、そのとき、埴輪には鏡がついているという説明があったが、鏡がどこについているのか分からなかった。一体、どこについているのか」との質問、あるいは、「宮内庁の管理する古墳は発掘できないと聞いているが、幾つくらいそうした古墳はあるのか」との質問、（群馬で出土した動物の埴輪の説明を聞いた後）「埴輪は大和でうまれても、良いものは結構関東にもあるということですね」といったコメント、「埴輪が作られた目的は、『日本書紀』によれば殉死をやめて、それに代わるものとして作られたというが本当か」といった質問、さらには、「素焼きの埴輪に黒ずんだ部分が見えるが、そこは焼く際に酸素が足りなかったからではないか」といったコメントなど、ま

わりの日本人も驚くものが多かったという。　　（二〇〇〇・一〇・九記す。大統領の参観日は一〇月七日）

カミカゼ論議

ケドルセー（仏外務省）で森英恵女史を囲んでの夕食会があった席上、エヌキン外務次官とアフガニスタン情勢について懇談したが、その際、自爆テロに関連して〝カミカゼ〟という言葉の問題についてやりとりがあった。

小生から「仏の新聞、テレビなどで、米国における連続テロ事件について〝カミカゼ〟攻撃という言葉を使っているが、奇異に感じる日本人も少なくない。カミカゼ攻撃はそもそも軍艦など軍事力に対するもので、民間施設や民間人をまきこむ無差別テロとは違う。加えて、〝カミカゼ〟は神の風を意味しており、オサマ・ビン・ラーディンが、対米攻撃を神の意志と主張していることとあわせ考えると、フランスのジャーナリズムは、ビン・ラーディンの主張に同調しているように響き、問題ではないか」と、わざと冗談まじりの口調で指摘した。

エヌキン次官は、「日本を良く知る自分は、日本人が奇妙に感じるであろうことはよく分かる。他方、フランスでは長年、中東などでの自爆テロ行為をそう呼んで来た風習があるため、今やこの言葉に日本人が感じるようなものを感じ取る人はほとんどいないと思う。便宜上の言葉になってしまって原点を思い出す人はいないといえよう」と苦笑しながら述べていた。　（二〇〇〇・一〇・八）

伝統と個性の相克

野村萩市長始め、パリで萩焼展示会のために来訪した山口県の関係者と昼食を共にする。席上、萩市が建設予定の博物館の名称をめぐって、陶芸家と市当局との間に意見の相違があるとの話が披露された。

市当局としては、「萩焼」という言葉を付けた博物館にしたいのだが、陶芸家たちは萩焼という言葉を嫌い、萩陶芸博物館という名称にこだわっているという。その背景には、「萩焼」というと、そこには一定の伝統的イメージがあり、それに引きずられるおそれがある、伝統にこだわらず個性的芸術作品をつくるのが真の陶芸家であり、そうした人々の作品の展示場所でなければならないという考えであるという。しかし、そうなると、一体「萩焼」の伝統をどう守るのか、また守れるのかという問題がある、というのである。

伝統の継承と、時代時代の個性の発揮という二つの流れをどう調和させるかは、フランスにおいても問題であるはずだが、パリではとかく個性の発揮に、そして日本ではとかく伝統の継承に傾きやすいのだろうか。

（二〇〇〇・一〇・一七）

職人魂についての日仏対話？

日仏両国の経済人の親睦会である「日仏フォーラム」のメンバーを招待して懇談した。ユーロ通貨の問題、ジョスパン内閣の目玉政策である三五時間労働制の問題、日本経済の先行きなどが話題となったが、議論の過程で、トヨタの錫村氏から、下請け企業の問題と関連して、日仏の中小企業間の接触、交流も重要であるとの意見が出され、同時に、職人魂あるいは職人精神の問題について、日仏間でもっと対話があってよいのではないかとの、興味ある示唆があった。

たしかに良いポイントだが、とかく公的機関を重視し、また、インテリの多いフランスの企業風土の中で職人魂といった概念について、実の有る議論ができるのかどうか、やや不安を感じた。

（二〇〇〇・一〇・一八）

河豚と天国

数週間前に訪日したばかりのルボル上院議員とそのスタッフを招き、日仏科学交流の議論をする。ルボル議員はブルゴーニュの著名なブドウ酒の産地出身で、さばけた感じの議員だった。議員の出身地に因んで、ブルゴーニュ産のマルカッサン（猪の子）を特別に取り寄せて供した。

議員のスタッフのマダム・コジイや顧問格のルボ教授は、しっかりした人達であるのみならず、日本について相当知識が深く感心した。

話が河豚《ふぐ》に及び、日本や韓国では、時としてフグはフク、すなわち幸福につながると言って食べる人もいるという話になったところ、ルボ教授は、「フグを食べれば、この世の幸福がえられ、毒にあたって死ねば天国で永遠の幸せをうるということかな」と冗談をとばした。しかし、フグの毒にあたったにせよ、天国にゆけば幸せという冗談は、カトリック教徒でないと出てこない発想ではないかと自問自答した。

（二〇〇〇・一〇・一九）

病院の雰囲気の違い

ヌイイーの「アメリカン・ホスピタル」の日本デイに出席。数年前、日本の経済界が二〇〇〇万フランに近い寄付金を集め、これが病院の歴史上、単一の寄付としては最大だったといわれ、また、それも契機となって、日本人医師やスタッフが派遣されるようになったという。

会合はアメリカ的で、おおらかなうちにも実務的であり、日本人医師の岡田ドクターから、アメリカン・ホスピタルの「特徴」が説明された。すなわち、日本の病院と違って常勤の医師はおらず、四〇〇人近い専門の医師が、患者の要請に応じてこの病院に出向いてきて、診療するという「オープン・システム」だという。それだけに、待ち時間といった無駄は少ないが、診療代は高くなるようだ。しかし、医師と患者との関係が、日本に比べると、いわば「パーソナル」な要素が増えるためか、病院全体の雰囲気がどこか家族的で、とかくとりすましたような雰囲気の強い日本の病院とはどこか違う空気がただよっていた。

（二〇〇〇・一〇・二三）

ブルターニュ地方と言葉

いささか病み上がりでふらついている今日、先週訪れたブルターニュのレンヌでの体験を思いだす。

もともと日系の工場の開所式に出席することを主眼とする出張だった。式典での挨拶ではブルターニュ特有の言葉で「工場の開所おめでとう」と発言したりしてみたが、これも地元の日本企業誘致への熱意に答えるつもりでしたことだった。事実、地元のフランス人の挨拶を聞いていると、昔は産業のなかったこの地方に、今やこれこれの工場ができ、といった言葉が飛び出してくる。地元の雇用促進という観点もさることながら、工業化による地域全体の活性化という考えが、ブルターニュでは根強く、地域への愛着が一際のように思えた。

他方、受付で案内に出ていた若いフランス人女性に、貴方はブルターニュ人かと聞くと、そうだというので、では、これこれの言葉の意味をブルトン語でどういうかを教えてほしいというと、いや、自分はしゃべれない、ということだった。隣のもう一人の若い女性が、少しなら分かるというので、「おめでとう」というブルトン語の発音をきくと、そこのTの字は発音しないから注意しなさいなどとは言ってくれたが、自分から積極的に発音するわけではなく、あまり自信なさそうだった。若い人の間では、もはやブルトン語は理解されていないという実態が、はからずもよく分かった。ブルターニュの地方色を維持するという気持は、言語にまでは及んでいないことは、いかにもフランス語を大事にするフランスらしいと感じたが、若干寂しい気もした。

他方、ブルターニュでは、みんなが英語をしゃべることには他の地方のフランス人とやや違って抵抗感がなく、ごく自然に話しているようにも見えた。このあたりには、英語に近いところもあると言われるブルトン語の歴史的影響かもしれないとも思えた。

（二〇〇〇・一一・三）

ブルゴーニュに捧げる情熱

ブルゴーニュ地方のオタン市に足を運んだ。ブルゴーニュでは、あらためて、フレスコ画の修復に取り組んでいる高橋氏夫妻が、いかに地元の人々に敬愛されているかがよく分かった。埼玉出身の高橋氏なかりせば、川越市とオタンとの縁もできなかったであろう。高橋氏が買いとって、そこにいずれ壁画を描こうとしているユルスリーヌの塔といわれている城館は、かってブルゴーニュ侯爵が一種の牢屋として建てたものだそうだ。

もともとは西方に塔があったが、今は塔が一つ残っているだけで、全体が城壁のように見える建物である。その後、修道院に使われていたせいか、塔の上には人間の背丈を優に越す、大きなマリア像が建てられているが、そのゆったりとした衣のひだの流れ具合は、実に優雅であった。また、マリア像の頭のところに雑草が生え、像全体もひなびた形のまま、夕暮れせまる秋の青い空にすっくと立っている姿には、どこか仏教的無常観を感じさせられた。

遺跡といえば、日本から送った桜の木が植えられている小高い丘のそばに一見奇妙なものが見える。ピラミッドのような石を積み重ねた三角の塔だ。ゴール人の造ったものらしく、死者を祀るものとされてはいるが、なかに遺骸はなく、また、エジプトのピラミッドのように、きちっとした三角形にはなっておらず、どちらかといえば、石を泥でかためながら積み上げたような形だった。

それにしても、この種のものは、フランス中に三つしかないという。翌日の朝、ヤヌスの塔という遺跡を見たが、大きなカラスともハトともつかぬ鳥が、何十羽も周囲を回っていた。朝の霧のなかで、なかば壊れた塔のまんなかにぽっかりと口を開けた巨大な穴があったが、ヤヌスの目とも口とも思え、やや不気味であった。典子は、すぐ前に並ぶ民家を指さしなら、こんなところに自分は恐ろしくてとても住めないけれども、あそこの人たちはどう思っているのかしら……と、つぶやいていた。

そして、高橋氏の率いる文化センターともいえるユルスリーヌセンターの開所式に出席。

塔のなかには、高橋氏の油絵、庭には地元のパジェス夫人の彫刻が並べられ、そこで、平家琵琶の演奏と、川越市長夫人の日本舞踊の披露があった。パジェス夫人の彫刻は、ブドウ畑を耕したとき、そこから出てきた石を使って、自由に彫刻したものだと聞いた。この石はコルトン、これはシャサーニュから出たものと、有名なブドウ酒の産地の名前をいわれたので、その作品を手で触ってみたが、六〇メートル下まで根が届くことがあるというブドウの栽培の秘密に触れたような気がした。なぜか、高橋氏のブルゴーニュにささげる情熱の深さを想起させるようなものが感じられた。

(二〇〇〇・一一)

日仏外交談義

エヌキン外務次官と朝食をともにしながら、世界情勢や日仏関係について、率直な意見交換を行った。その内容を、東京の外務本省に報告したが、大要は次のとおりだった。

米国の大統領選挙結果は、今日の時点では明確でなかったが、ゴアとブッシュ両候補者について議論した。当方より、どうもフランスではゴアに対する選好が強いようだが、これはブッシュの欧州への戦略的関与の仕方に懸念があるからなのか、と尋ねた。

これに対して次官は、そういうこともさることながら、基本的には、ゴアはその人柄がフランスでは良く知られており、また、外交政策の継続性という観点からも、民主党政権が続けば安心感がある、それに対してブッシュは、いままで三回しか外国へ行ったことがないと言われており、その外交政策もなかなか予測し難いところがあり、人柄もいまひとつ明確ではない、そういった漠たる不安感があるせいだろう、と言っていた。

そこで、当方からさらに、ブッシュの政策アドバイザーの顔触れを見ると、パウエル、アーミテイジ、ゼーリックはじめ、国際的にも良く知られた、優秀な人材がそろっており、友好国との関係でぎくしゃくするようなことは考えにくいのではないかとコメントした。

すると、エヌキン次官は、ヨーロッパでは、かつて共和党のベイカー国務長官時代に米欧関係は若干ぎくしゃくした思い出があることも心理的に影響していよう、と述べていた。

もっとも、エヌキン次官は、共和党は戦略的に動く傾向にあり、あの反共産主義のニクソンが米中関係改善に踏み切ったように、ブッシュも、台湾問題などで過度に中国を刺激するような態度には出るまい、とも付言していた。

北朝鮮問題については、今月末、フランス外務省ジラールアジア局長がヨーロッパ連合のミッションとして北朝鮮へ赴く予定と聞いているが、これは仏が北朝鮮との外交関係樹立へ動く兆候なのかとこちらから質問すると、北朝鮮には、核問題のほか人権問題もあり、仏の慎重な態度には変わりないと言っていた。そして、米国は、これまで北朝鮮を「悪者」呼ばわりしていたくせに、ここのところ、急に「問題児」という表現に変え、北のナンバーツーともいえる要人の訪米を受け入れ、国務長官が北朝鮮を訪問するなど、急に態度を変えており、そうした性急な態度変更は理解しがたく、日本側ともよく意見交換したいと述べ、対米不信感を吐露していた。

また、日本とヨーロッパとの対話について、こちらから、最近日欧間の既存の「知的対話」フォーラムの議論が、やや形式的なものにながれている気配があり、もっと具体的問題に絞り、かつ、学者や評論家もいれて、たとえば、グローバリゼーションが文化、社会に及ぼす影響や中国の台頭の国際的影響などについて議論してはどうか、と示唆した。これに対して、エヌキン次官は、たしかに既存の経済人の対話フォーラムや政治家同士の日仏フォーラムなども、メンバーが固定化して仲良しクラブ的になり、また議論の内容も政府間の対話や通常のビジネス上の話し合いと重なるものが多く、内容的にも問題がある上、議論の内容が世間に公表、発信されず、記録も十分ではない、このままでは政府の予算的支援は難しいところまできていると、かなり辛辣なコメントをしていたのが印象的だった。

（二〇〇〇・一一・七）

オペラと京劇

シャトレ劇場で、ベルギーの楽団のオペラ「冬物語」を観る。演出は、例によって極めてモダンで、氷と雪の舞台装置はまず良いとしても、バスケットボールのボードや、大きなドラム、果てには、スクーターまで登場する。それに、相変わらず昨今の習いで、殴ったり、倒れたり、スカートを意味もなくめくったりするシーンが多く、いささか安っぽいアメリカのミュージカルでも観ているような感じだった。

数日前に観た中国の京劇と思わず比べてしまう。前線で死んだ息子に代わって、自ら娘たちを率いて戦地に向かう一〇〇歳の女性を描いたオペラだった。家の伝統を守り抜こうとする老婦人のいきごみ、老夫人の息子の嫁が、姑の老婦人の誕生日のお祝いの気分をこわしてはならぬと、犬の死の悲しみを必死に隠そうとする気持。そういった、一見、封建的な古い価値や伝統が今の中国で復活している。

片やフランスのオペラでは、いまや、全く家族や夫婦や親子の絆が感じられないような演出になっているという、歴史の皮肉をひしひしと感じた。また、一見幼稚に見える中国オペラの中のサーカス的な演技の部分も、よく考えて見ると、戦地での戦闘のありさまを暴力的なものから昇華して、武道なり、舞踊のようなものへ転化したかたちで演出しているといえる。フランスのオペラの、なまなましい暴力シーンに比べると、もっと芸術的ではないかとも思われた。（二〇〇〇・一一・七）

渋沢・クローデル賞受賞記念午餐会でのエピソード

渋沢・クローデル賞を授与されたドダン夫人はじめ、クローデルの子息、孫、それに賞の審査委員などを招待して昼食会を開く。小生の挨拶のなかでは、クローデルの有名な *L'Oiseau Noir dans le Soleil Levant*（「昇日のなかの黒鳥」）をとりあげた。なぜクローデルが、自分の日本滞在記をそう名付けたかといえば、「クローデル」という名前が、日本語だと黒鳥（クロドリ）の発音に近いからだと、クローデル自身が言っていることをあらためて引用した。その上で、ドダン夫人のプレノン（名前）

はクレールだが、日本語で発音すると「暮れる」すなわち「le soleil couchant（日暮れ）」となりますといって、受賞者のドダン夫人をやや牽強付会ながらクローデルに結びつけて紹介した。夫人は、与謝野晶子の研究で賞を受けただけあって、これからは、林芙美子や、岡本かの子がパリでなにをし、どういう影響を受けたかを研究したいと言っていた。実は、こちらも、同じようなことに興味をもって研究を少し始めていると言ったら、びっくりした顔をしていた。研究者らしい、真摯な態度ながら、どこかはにかみがちで、女らしい、なんとなく東洋的雰囲気のある女性だと感じた。

席上、妻が隣席にいた、元OECD担当のフランス外務省関係者に、折からパリで開かれているニジンスキーの展覧会に触れて、「彼の晩年は、いささかfolle（狂気）の状態だったと聞いている」と言い、すぐさま、形容詞を男性形に訂正して、「いや失礼、fouだった」と言い替えた。すると、元外務省の高官は、「いや、いや、マダム、彼は女か男かわからぬようなところがあったから、マダムはわざとfolleと言われたので、間違いではない」と、しゃれた冗談をとばしていた。さすが、フランスの男性は侠気に富むと思えて面白かった。

（二〇〇〇・一一・七）

日仏文化交流政策論議――日仏の違い

パリ日本文化会館の運営委員会に出席。委員の人の意見を聞いていて興味深かったのは、フランス側の委員には、文化会館の広報の必要性や幅広い対象、特に女性や若者への展開を主張し、同時に、知的対話、精神的（例えば、禅についての）対話、詩の交流といった、精神性に着目した交流推進の主張が多かったことだ。

それに対して、日本側は、仏側委員にはいないような年齢の若い人々がいたせいもあるが、やや言うことが違っていた。日本側からは、伝統文化と現代文化はその境界が、いまやはっきりしなくなってきている、それというのは、伝統文化活動もきわめて現代的手法を使って、伝統を再評価して再表現しているものが出て来ているからだという意見が出た。またフランス側が、テレビや新聞の活用を唱えたのに対して、いまや、映像と文字、テレビとパソコンは一体化しつつあり、これにどのように答えるかが、広報のかなめであるといった主張が日本側から出された。

議論を聞いていると、日仏の情報文化への微妙な違いが感じられた。すなわち、日本では、いまや情報技術と文化は一体化しつつあるのに対して、フランスでは、まだ情報化は伝統文化に対する侵害であるかのように感じられているように思われた。

（二〇〇〇・一一・一七）

死の芸術化

今井俊満画伯と画伯のフランス人の友人を招待して昼食。アンドレ・マルロー夫人やウヴリュー大使夫人なども出席。挨拶に立った今井画伯が、「自分はガンがあちこちに転移している、余命いくばくもない、これが最後のフランス訪問になるだろう」と、白く化粧した顔を真っすぐ前に向け、やや薄くなった赤毛の髪を払うようにしながら、そして冗談とも衒いともつかぬような苦笑いを浮かべながら、自分の死のことを平然と語ったのにはいささかびっくりした。しかも、これが最後とばかりに、出席した人、一人一人の姿を大きくクローズアップした写真をみずからとって、午餐の間に手伝いのものを走らせて急遽現像させ、昼食の終わりには皆にその写真を配るという離れ業をやってのけた。死も芸術である、というアルザスのことわざをひしひしと思い出させる一幕だった。

帰り際、階段を今井画伯の最も親しい友人のひとりである、ポンピドーセンターのプイヨン夫人と歩きながら、「今井さんに、また一つの生きがいを与えてあげたい、来年、パリに画伯が来られるようになにか企画したい」というと、夫人は大きくうなずきながら、「精神的目標があれば、人は結構元気を保つことができるものですよね」と言った。初めて会った人、それも、フランスの婦人と、死期せまった日本の画家の生きがいの話をしている自分自身を、心の中で不思議な感慨をもってかみしめた日だった。

（二〇〇〇・一一・一七）

女性実業家の魅力

夕刻、公邸に、小泉清子氏以下、日本商工会議所の婦人連合会の人々を招待して懇談。パリ在住の日本人の婦人で、独自に活躍している人々六、七人にも来てもらう。商工会議所の婦人には、積極的に名刺を出してみたり、自分の知っている外務省関係の友人の話をしてくれたり、さすが、なかなか気配りのきく人や積極性のある人が少なくない。小泉氏は八二歳とは思えぬ若さで、ぴんしゃんしておられるのには驚いた。

夜、三井物産の中川支店長夫妻のなかだちで、リキュールの「カントロ」で有名なカントロ一家の女性社長とその父君に招待され、Guy Savoy で食事。なぜコニャックは年代ものがなく、アルマニャックはあるのかとの話も出た。コニャックは、二度蒸留する上、古いものと新しいものを混ぜ、ある品質をいつも保つよう特別の専門家がまぜぐあいを常に慎重に研究する、ところがアルマニャックは、一回の蒸留で古いものとまぜないから、年代によって品質にかなりの差がでるのだという。

フランソワ一世が好きだった、アイの赤ブドウ酒はどうなったかも話題となった。現在は、アイという場所の近くで名の知れた赤ブドウ酒というのなら、ブジーがこれにあたる、アイの村自体で出来る赤ブドウ酒は、カントロ社が買い取って Gosset のシャンパンのピンク色をだすために使われているのだそうだ。いろいろ面白い問答が繰り広げられたが、最後に、シャンパーニュ地方の二種類のコニャックを賞味し、どちらが美味しいか品評することになった。意外にも、典子と女性社長は、同じもの、こちらと父君は別のものが良いと言い、男性、女性の差が酒の好みにあるのだろうか、ということになった。中川氏はにこにこ笑って、どちらも旨いと両方の顔をたてていた。

ともあれ、女性実業家には仕事だけではなく、人付き合いの上でも相手をそらさず、魅力的な人が多いことを感じた一日だった。

（二〇〇〇・一一・二〇）

万博談義

愛知万博についての万博委員会の承認が二月に迫っていることから、その支持要請のため、委員会に執行委員を出している国の大使を昼食に招待し、日本の執行委員の堀江正彦公使から、環境問題でもめたあとの日本側の対応を説明してもらった。あわせて、終わったばかりのハノーヴァー万博の成果について、ドイツ大使から披露してもらった。

ドイツ大使からは、途上国からの参加を確保するために特別の援助をしたこと、入場料（四〇ないし五〇マルク）の決め方がむずかしかったことなどが説明された。列席の各国大使から、若者や女性むきのプログラムを組むことの重要性が唱えられた他、パックを組んだ観光旅行の企画などのアイデアも出された。イタリー大使からは、現在、万博がどこの国でも、自然環境の破壊の有無といった観点からとらえられがちなことは残念である、そもそもパリをみても、広いスペースや展覧会場など、万博の遺産は町にとって貴重なものとなっており、こうした万博の都市インフラに残る大きな遺産をもっと宣伝すべきではないか、という意見が述べられた。さすが歴史を重んずるヨーロッパ人らしい発言だった（なお、最後まで出席すると言っていた南アフリカの大使は現れず、また、それについてなんら釈明の電話もないことは、外交常識として驚きであった。そういう人を、大国フランスの大使に送り込んでいるとは、南アフリカもいささか頼りない国だと感じた）。

（二〇〇〇・一一・二〇）

日欧関係——近い関係になったか？

小林陽太郎代表幹事始め、茂木友三郎キッコーマン社長、鳥海巌丸紅会長、福井俊彦氏、小笠原敏晶氏など、旧知の人も多く含まれた同友会の代表団と会食。場所がパリのせいもあってか、この種の代表団としては珍しく、夫人同伴の人が多かった（代表団のなかにも、手納美枝デルタポイントインターナショナル社長が女性として参加していた）。

せっかくの大型代表団なので、こちらから歓迎の辞をのべた際、「自分は二〇年振りに欧州に赴任したが、その間、欧州にとって日本は相当近い国となった。ここパリにも日本文化会館ができ、シャンゼリゼーを歩いても日本企業や商品の進出が目立つ。しかし、日本にとって、この二〇年間の間に欧州が一層近くなったかどうかについては、疑問なしとしない。ぜひ、欧州との関係強化についてもご尽力賜りたい」と挨拶した。多くの日本の企業人の目がとかくアメリカばかりへ向きがちなことを思い、敢えて欧州との関係強化を訴えたつもりだった。ところが、さすがこの一行は欧州に関心があって、小林氏も「多様性を重んじるようになった現在、選択の幅をひろめておくためにも欧州は大事だ」と述べられていたのが心強く感じられた。

（二〇〇〇・一一・二四）

日仏中国問題論議

慶応大学の小島麗逸教授ほか、日本側の中国問題の専門家と、ドメナック氏などのフランスの専門家の会議が、大使館事務所の前にある「外交会館」で行なわれた。面白い論点と思われたものをあげると次のとおりだった。

一　中国経済

（1）中国は、目下、開放政策の進展にともなう矛盾の劇化という問題と、開放政策の効率的実施を阻む古い体質の問題という、二つの問題に同時に直面している。これは、中国が、開発途上国として、発展途上にあるという面と、社会主義から市場原理への転換という、二つの命題を同時に果たさねばならないからである。

（2）発展にともなう矛盾の劇化については、公的資金の使用効率（ケインズの乗数効果）が低下していること、そして、農村が土地の集中化などのせいで雇用を吸収できなくなってきていること、などが重要な要因である。

（3）古い体質については、市場が地方毎に分割されたままであること、農村経済の商業化がいまだに遅れていること、物の流通は自由になってきているが、労働と資本という生産要素の流動性が乏しいことなどが深刻である。

（4）そうしたすべての結果として、中国経済は、一部の沿海州の都市とそのほかの地域との二重構造になっている。そのどちらに重きをおいて中国を見るかによって中国経済のイメージは相当異なる。

二　軍事

経済の開放化にともなって、軍も近代化、すなわち職業化がおこなわれているが、そのせいで、軍が「党の軍隊」から、「国家の軍隊」になり、そのため、軍内の忠誠を維持する思想として、愛国主義が表面に出てきている。

その結果として、軍が、政治に対して中立的になるという側面と、同時に、軍の愛国主義が、政治の世界に入り込み、政治をナショナリスティックにするという側面の双方があり得よう。

三　政治

中国共産党は、自らの正当性を守るために、経済開放政策の下で利益を得ている資本家ないし起業家を党の中に取り込もうとしている。しかし、同時に、経済発展の利益から疎外されている人達を取り込まなければならない。共産党支配である限り、こうした疎外者の救済は特に大切である。

この二つのどちらに重点を置くかをめぐって、権力闘争が発生する可能性もあるが、その「ぶれ」は、かつてと比べると小さいであろう。なぜなら、党そのものの存在が問題になりつつあるとの意識が党員に深まっており、権力闘争を激しくすれば党の崩壊につながることが分かっているからである。

（二〇〇一・一・一二）

米人ビジネスマンの対仏観

公邸に在仏アメリカ商工会議所副会頭のコザード氏を招待して、アメリカの対仏投資とフランスの投資環境について講演してもらい、在仏日本人ビジネスマンとともに意見交換を行った。

面白かったのは、コザード氏の次のような見方だ。すなわち、「フランス人は、創造力豊かで、三五時間労働制度や、職場でのいじめ（harcèlement moral）の問題や解雇（licenciement）の制限など、つぎつぎと企業経営者にとって困ることをしているが、さりとて投資環境が悪化したわけではない。実は、フランス人の創造力によって、そうした新たな規制をうまくくぐりぬける方策を生み出せるからだ。現に、トヨタは、三五時間制にもかかわらずフランスに進出した」と。

また、「企業内での品質改善への労働者自身のイニシアチブ発揮について言えば、要は、従業員に職場に対する誇りを感じさせることが重要であり、そして、自分の会社に誇りを感じさせることができるかどうかこそ社長の務めである」とも言っていた。

（二〇〇一・一・一六）

日仏ビジネスマンの論評に学ぶ

ここ数週間の間に、何人ものフランスと日本のビジネスマンと会って、いろいろ感じるところがあった。一つは通産省出身でトヨタに入社した中川取締役の言葉である。

「たしかに、豊田市は、あれだけトヨタが税金を収めているにも拘わらずインフラがそれほど整備されておらず、また、本社の建物も粗末なものである。本社を訪れる外国人も、あぜ道のようなせまい道路の末に粗末な本社を見て、これが世界のトヨタかと驚く人が多い。しかし、トヨタには華美をきらう三河精神のようなものがあって、こうした、いささかダサいところを是とする風潮がある。だから、社風も、そこに働く人の考え方も日本風であり、かつ田舎っぽいところがあって、とても国際的とは言いがたい。ところが、その一方で、現場の技術者や工員をみると、一家に二台は車があり、郊外に住んで、スーパーで買い物をし、ゴルフや旅行を楽しんでいる。そうした人達が外国のこれまた大体、田舎にあるトヨタの工場に赴任すると、言葉の問題をのぞけば、生活は同じようなものであり、違和感がない。外国の工員との関係も、言葉の不自由はあっても、基本的に同じ仕事をしているのですぐ親しくなる。言ってみれば、国際的人物が育っている、この辺をどう解すべきか、むずかしいところである。却って、重役などのほうが、外国というと肩を張ってしまうところがあるような気がしないでもない」

といささか冗談まじりに言っていたのが印象的だった。

他方、別の機会に、サルコジ、フランス経団連副会長を朝食会に招待して、パリ在住の日本人ビジネスマンと懇談する機会を作った際、サルコジ氏は、興味深いコメントをしていた。

「労働組合の組織率が低いということは、経営者にとって良いこととは限らない。なぜなら、少数のメンバーの労働組合となると、会社の大多数の社員の利益を代表しなくなる結果、かえって組合が先鋭化して、経営陣との信頼関係ができにくくなるからである」と。

また、「昨今、企業に対する社会のイメージが悪く、あたかも、大企業は社会の敵であるかのような論調が後を絶たないが、これは、もともと左翼的体質のメディアが現在社会党政権下ということで、勢いを得てますますそうした傾向を強めているからと思われる」とのことだった。


（二〇〇一・二・二〇）

パリから発した外務省改革へのささやかなアイデア

外務省情報工作費ともいわれる「報償費」の会計事務を取り扱っていた職員が、会計をごまかして派手な個人的飲食に流用したりしていたことがあきらかになり、そこからいわば芋蔓式に情報工作費の使い方、ひいては、外務省の内部組織のありかたが問われ、外部の有識者による諮問委員会がつくられることとなり、同時に、外務省内部でも、改革についての考え方を検討すべしと、在外公館にも意見具申するよう指令があった。在仏大使館からも、館内の意見を取りまとめたものは本省に送られたが、大使個人としても、アイデアを出すべきと考え、おおよそ次のような意見を別途送付した。

今回の事件の背後には、会計や庶務的事務をとりあつかう職員、いわば裏方の職員の側に、いわゆる外交事務を行うエリート官僚に対する不満、義憤、距離感が存在していたという事情があったと思われる。いいかえれば職員全員が、一致して国家的目的のため働くという共同意識が弱くなってきているのではないか。会計や庶務を担当し頑張っている「裏方」を報償する制度（たとえば、大臣、次官などとの会食、懇談の設定）あるいは、局長室や大臣室を一定時間開放して、裏方の人や、若手職員との懇談会を開くといった試みもあり得よう。

また、今回の事件を契機に、社会一般に全面的な外務省批判が広がった背景をよく認識すべきである。すなわち、外交事務はとかく国民一般から離れがちとなりやすい点である。そうした溝を少しでも埋めるため、在外大使の帰国時に地方へ出向き任地事情を講演したり、あるいは、幹部が折をみて出身地に出向き対話集会をひらくことが望ましい。また、在外のポストの三割程度は、民間人も含め外務省以外の出身者をあてることにより、組織を一層「開かれた」ものにすることも検討すべきである。

（二〇〇一・三・三〇）

ある夕食会の合間に感じたこと

公邸で、チャン、ハン、両韓国大使（駐仏およびＯＥＣＤ大使）の歓迎会を、フランスの元韓国駐在大使や、フランス外務省のアジア局長夫妻などを招待して行った。庭の照明も初めてついたので、その具合を試し、また、新しく新調したテーブルにブドウ酒のしみがつかないか気にしたりしながらの夕食会であった。

韓国のチャン大使と我が方の堀江公使は、先般訪仏した北朝鮮の外務次官と仏側との会談の様子についての話し合いを、コクテルの合間に行っていたようで終始真剣な顔付きだった。食事の前に、若い二人の日本人音楽家の歌の披露があった。ドイツ語とフランス語で見事にソプラノとメゾソプラノを歌うのには感心した。フランス語はほとんど出来ないという二人の歌手が、フォーレの歌曲をフランス語で歌うのを聞きながら、韓国語を十分マスターしないままに、パンソリを必死に習い覚えたときの自分自身の苦労をしのんで、なんとなく、苦労を共にしているような気になった。

食事では、隣のウヴリュー大使夫人と、フランスにおける、個人生活と公的生活の区別の厳しさについて話した。この地では、個人的なことは新聞も一切書かず、人々もあまり話題にしない、また、フランスでは、会社や官庁でなにか個人的癖を持つ人が、その癖ゆえに他人にかなり迷惑を掛けていても、そのことを公にして、会社の上司に告げ口するような人は、逆に同僚から嫌われるといった、フランス人気質が話題になった。こちらから「フランス人は、個人の自由を重んじ、自由に対する外部からの干渉を最も嫌うので、個人が、その個人の責任のもとに行っていることに対しては寛容というか、干渉しないという考えなのであろうか」と言うと、回りのフランス人たちから、その通りといった反応があった。フランス人気質談義は尽きなかった。

他方、シラク大統領の日本への知識が深いことを誉めたつもりで、「日本の首相には、むしろ日本文化の話をシラクさんとするより、フランス文化の話をしないと、負けてしまいますよとアドバイスしたい」と冗談半分に言うと、隣のフランスの友人が、それは、シラクさんが、フランス文化にあまり通じていないという皮肉か、とつっこんで来たので、あわてて訂正した。ちょっとした冗談も国際的にはかえって皮肉ととられたりして、きわどいところがあるものだということ、そして、特にフランスでは、半分冗談めいたことでも、聞き流さず、反論や皮肉のひとつも言うのが風習であることを、あらためて思い知った。

（二〇〇一・四・一七）

ある日の観劇日記

「ブッフ・パリジャン」というオペラ座の近くの劇場で、ジャン・ジュネ原作の『女中たち』を劇化したものを鑑賞した。

隣は小さなホテル、前はレストランで、町のなかにちょこんと嵌まったような可愛い劇場であった。

冒頭、紺の制服を着た一人の女中と、その妹で、同じ家に居るもう一人の女中が奥様の真似をし、めかした姿で舞台中央に立っている。姉の方は奥様に変装した妹の着替えを手伝わされ、侮辱的命令や仕草を受ける。しかし、こちらもこちらで、奥さんの靴にツバをひっかけたりして、日ごろの不満をはきちらす。二人の行動は、二人の女中の心の中にある奥様への憧憬と羨望を一方とし、憎しみと軽蔑を一方とする感情を表している。そのうち、二人はともにベッドに入る。二人が実は、性愛の関係にあることがこれで分かる。そこに、奥さんが登場。なんと、男の俳優が、化粧とマスク（仮面）と変装で女になっている。姿はなかなか粋だが声が深い。その「女」がやがて服をぬぎ、化粧を落としてゆくので、男であることが誰の目にも明らかとなる。それは、二人の女中の心の中に、ある種の男性への性的欲望があり、それが、実は同性愛という、他の女への性的欲求に変形していることを象徴するもののように見えた。しかも、奥さんへの羨望と憎しみは、女中たちにとって、男への羨望と憎しみの二重写しであり、それが、とりもなおさず、同性愛の根底にあることを暗示しているように見えた。いずれにしても、いまや、ある種の性の倒錯こそが、フランスの演劇の中心課題になっているような気がした。

ある家庭の婦人が二人の女中に毒殺されるという、現実に一九三〇年代に起こった事件を基にした作品だった。しかし、劇の上では奥さんが殺されるのではなく、奥さんを殺そうとはしたが結局果さなかった二人の姉妹が、姉は女中の制服のまま、妹は奥さんの衣装を着たまま、自ら毒を仰いで死ぬことになっている。こうした、現実の事件とそれを基にした作品との違いにいかなる芸術的意味があるのか、必ずしもよく分からないまま、劇場を去った。

劇の始まる直前、「どんな人たちが見にきているのでしょうね」と妻が言うので、回りを見渡してみたが、ほとんど、今はやりのボボかインテリ風の若い観客層だった。これも、劇の内容よりも場所柄のせいかもしれないと思った。

（二〇〇一・四・一七）

フランスのスト談義

ある会合で、最近対日投資関連の仕事をしているトルジマン氏の夫人と、フランスのストの話になった。「フランス人だから、フランスのことを批判してもかまわないでしょう」と、彼女はまずそう言った。外交官出身の夫に随伴して各国を回って来た婦人らしく、ある種の外交的言い訳かもしれないと思ったが、話してくれた個人的体験は、いささか驚くべきものだった。

トルジマン夫人の八三歳になる母親が、南仏のペルピニオンまで飛行機でゆくのを、パリ・オルリー空港に見送りにゆくと、ストで車椅子が使えない、車椅子の係は飛行機会社と別の会社が行っており、それがスト中だという。あっちこっちに聞いて、ようやくセキュリティの係のところで車椅子だけはなんとか貸してもらったが、押す人がいない。そんなことをすれば、スト破りと見なされて酷い目に遭うというのだ。止む無く自分で車椅子を押してゆくと、今度はパスがないから、飛行機までは連れ添ってゆけぬという。それをなんとか交渉して機側まで行った。出発時刻の一時間半前に飛行場に着いていたから良かったが、そうでなければどうなったかと、冷汗をかきながら入り口に戻った、すると、車椅子の老人が一人ぽつねんとしている。どうしたのかと聞くと、もう二時間も車椅子を押してくれる人がいないので待っているのだと言われて唖然としたそうだ。

その話を聞いて、「日本では、公共サービスでストが起こると世論がついてゆかぬ、要は、フランスの世論に問題があるのではないか」と言うと、夫人は「それでもフランスの世論も少しずつ変わりつつありますよ」と、自らをなぐさめるように言っていた。

（二〇〇一・四・一九）

時代の終わりと始まり

小泉内閣誕生と田中真紀子外相の登場は、ある時代の始まりとも、ある時代の終わりとも思えた。外交の専門家たちが、いろいろな要素を考え、国際社会の声にあわせて日本をひっぱろうとし、そうした政策を政治家と力を合わせて、あるいは世論を説得し、あるいは、世論を啓発し、あるいは、世論を抑えてやってきたという戦後の外交政策の決定過程そのものが、崩壊しようとしているようにも見える。

これからは、もっと、国民の生の声にあわせた外交が要求されよう。

しかし、その国民は、国際社会について果たして成熟した考えをもちうるのであろうか。国内の、いささか狭い社会特有の感情が今まで以上に国際社会へ投影されがちとなると、国際社会と日本との亀裂はもっと広がらないだろうか。国民の意識と国際社会の現実との間のギャップを、政治は果たして埋めきれるのであろうか。そして、外交にまったく素人の政治家を外交政策策定の中枢に起用するということは、所詮、現代の外交は内政であって、国際社会なるものの知識やそこでの経験、造詣は、あまり必要ないということになるのであろうか。

ともあれ、こちらが海外に住む間はお手並み拝見というところか。

（二〇〇一・四・二六）

フランス女性の気質

公邸に西川均さんをお呼びして、日本舞踊のデモンストレーションを行ってもらい、同時に、アヴィニオン演劇祭監督アルシュ氏他、劇場の関係者を招待したときのことである。

隣席の、日本語の上手なアルシュ夫人と、近頃フランスで流行のフランス女性の「精神分析医詣で」の話をした。夫人は、そういうところへ行くのは、主として満たされない中年の婦人であり、夫が若い女と浮気しているのに、自分はなかなか若い男と関係を持つわけにもいかないことからくるフラストレーションが原因だという。

どうして女同士で集まってフラストを解消しないのかというと、フランスの女たちはみんな嫉妬深いので、女同士集まって女だけで話をするということはあまりないのだという。そういえば、日本と違って、レストランなどで女ばかりの団体客というのは見たことがない、こんなところにもフランス人気質があるのかと思った。

（二〇〇一・四・三〇）

言語文化の伝承

男爵夫人の肩書をもつドイツ大使夫人が右隣り、左はカンボジア王国のシアヌーク殿下の子息、テーブルの回りは一人の学者を除いて、全て、侯爵、男爵、プリンスの肩書をもつ人ばかりという夕食会を開いたときのことである。

隣席のドイツ大使夫人と、最近の言葉遣いの乱れの話になった。大使夫人は、自分の息子たちですら、ドイツ語のなかに妙な英語をまぜるので、いつも夫と二人で眉をしかめていると言う。カンボジアの「殿下」は、ユネスコ大使をしているだけに、文化にも造詣が深く、カンボジアの王室ではいまなお特別の宮廷言葉をつかっており、タイでもそうであると言う。

考えて見ると、言葉遣いというのは、文化の基本である。貴族階級のもつ階級としての誇りが、特定の言葉遣いや、特定の文化の伝承に大きく役だってきた面もあるのではないか。そうとすれば、階級無き日本のような社会での文化の伝承、とりわけ言葉に深く絡む文化の伝承について、あらためてどうすべきかを考えさせられる。社会の民主化ということと、ある種の文化的価値を担った階級制度、たとえば家元制度などの維持とは自ずから別なのではないか、ちょうど、アメリカで各民族の固有の文化や言語を維持することと民主化とが矛盾しないように。人類の進歩とは、固有の文化を守ることと、進歩による画一化との競争なのであろうか。

（二〇〇一・五・二）

東芝音楽会に出席して

東芝フランスの社長、アラン・プルナ（Alain Prenat）さんの招待で、東芝の社員の人達で構成するオーケストラの公演を、サルプリュリエールへ聞きに行った。思いがけなく、佐波元会長にお会いする。事前に佐波氏の訪仏についてはは全く知らされていなかったが、そのあたりはやはり、フランス人の社長だと日本の人間関係を必ずしも良く知らないという問題があるような気もした。他方、これだけの日本人社員の演奏会を、パリの超一流の音楽会場を満杯にして開催するというのは、プルナ氏もなまじの手腕ではない、と感心した。

演奏曲目は、ベートーヴェンの「レオノーレ」と「第九」だった。日本人の素人音楽家が、いくらプロの指揮の下とはいえ、何百人のフランス人の合唱団と共に、ともかくも「第九」を一応みごとに演奏するのを聞いて、しかも、それが日本を代表する企業の社員であることを見て、明治以来、一〇〇年の間に、とうとう日本の西欧化もここまできたのか、という思いを抱いた。

同時に、西欧文化の「世界化」を目の当たりにした気がした。国境を越えたこの種の文化交流のすばらしさに打たれながらも、いつの日か、日本固有の音楽が世界の人々に鑑賞される日が来るのだろうか、とふと思いを馳せた。しかし、考えてみれば、柔道のようにオリンピック種目となり、完全に世界化した結果、柔道古来の精神がいささか失われてしまったように見えるとすれば、固有の世界の中には、また、それなりの誇りと意地があってしかるべきであり、いたずらに国際的になることが良いとは限らないのかもしれないとも思えた。

（二〇〇一・五・四）

モネの庭園で考えたこと

パリ郊外のモネの住居跡のジヴェルニーの庭園美術館で、恒例の春の昼食会があった。ジヴェルニーの主ともいえるファン・デル・カンプ（van der Kemp）夫人は、例によって、洒落た帽子をかぶった可愛らしい雰囲気で、とても八〇を越えた女性とは思えない。ご主人も去年は病院に入院中で出席がかなわなかったそうだが、今年は車椅子に乗って、洒落た上着にポシェットを大きくふくらませ、いかにもどかんと座っており、堂々としていた。出席していた人たちは、ベタンクール・オリオール社社長夫妻、パリ伯爵（コント・ド・パリ）、シャトーブリアンの生家の城主、何々伯爵夫人、侯爵夫人というわけで、パリの社交界の貴族的サークルをそのまま持ってきたような雰囲気だった。あらためて、フランスにおける「社交界」の存在を実感した。

ここへ我々夫婦が招待されたのも、モネと日本の浮世絵との関係もさることながら、多くの日本人観光客がここを来訪するせいのように思われた。日本の経済力は、こうして、あるいは文化遺産の保護、あるいは観光といったかたちで、フランスのあちこちに見えない勢力を張っているのかと思う一方、フランスの社交界とのつきあいは、単にお金や地位だけではなく、文化的素養がなければならないことをあらためて深く感じた。

（二〇〇一・五・一四）

ピカソ展が開きにくい理由

友人のマージェリー氏のパリ一六区にある住居で、奥さんの生家であるタタンジャー家の人々に出会った。その中の一人である一六区の区長を勤めているタタンジャー氏は、絵画のコレクションに関連して次のようにコメントした。

「絵画そのものの偉大さは、画家本人の問題だが、その絵が後世どのコレクターの手に渡り、美術界でどういう地位をしめるかは、画家の子供たちが、賢いか賢くないかによる。ピカソなど、三〇〇〇〇点近い作品を子供に残したが、子供たちはそれを切り売りしたためピカソの作品全貌をほぼカバーできるようなコレクションはほとんどなく、ピカソの作品の美術展も、大掛かりなものはやりにくい」と述べていた。いかにも、富豪の家系らしい、面白いコメントだと思った。

（二〇〇一・五・一九）

モンゴル談義

モンゴル駐在の花田麿公《まろひと》大使がパリに来た機会に、ひさしぶりにモンゴル談義をした。

昨今は、ウランバートルの若い女性たちも、スリムになろうと節食したりしているというのはいささか驚きだった。また、アメリカが、モンゴルの電力部門への投資を考慮しており、モンゴルの電力会社が早く民営化されるよう働きかけているという。そのため、米国は、モンゴルの電力部門への他国の経済協力、とくに公的資金による有償の協力は止めるべきだと強く主張しているとのこと。しかし、日本は、この部門で政府ベースの経済協力を行う方針なので、この件についての国際会議の際、日本代表は折からカリフォルニアで電力危機があったことにふれて、「モンゴルの人々は、停電したりするのと、料金が安いのと、どちらを選ぶか」と言って、会議参加者を説得したという。

また、北国モンゴルでは、ことさら春の到来が心を打つという話になったが、その際、モンゴル語の上手な花田氏は、次のようなことを教えてくれた。すなわち、モンゴルでは、木の芽が生えて成長するということを一言で表す言葉があるが、それというのも、モンゴルでは今まで雪や氷で白かった壁が、一日のうちに緑のツタでおおわれるようになるほど、あっという間に芽が生え、一斉に芽吹くからだという。

（二〇〇一・五）

上院議員との懇談会

上院議長の招待で、上院のなかで昼食をかねて、上院議員との懇談会があった。当方から、小泉首相がしきりに話題とする、山本有三の『米百俵』の話をしたが、フランスの議員各位にはあまりピンとこなかったようだ。忍耐の精神というのは、どうも、フランス的ではないのかもしれぬし、この話を本当に理解するには、明治維新の精神とか、あるいは、お米というものに日本人が持っている、ある種の特別な感情を理解しておかないとだめなのかもしれぬと思った。（二〇〇一・五）

日仏環境問題会議

T副大臣の訪仏にあわせ、フランスの環境関係者を集めた朝食会を行う。ダイオキシンの被害に関連して、氏は、「新聞があまり事を大袈裟に書くと、ダイオキシン対策をたてること自体ができなくなって、ただ抗議や補償運動だけが広がる傾向があり、政治的に難しい問題だ」とコメントしていた。

また、「パリでは、紙も生ゴミも、プラスチックも分別せずにトラックで運んで焼却しているようであるが、あれでは、ダイオキシン対策にならないのでは」と、T氏が、失礼にならないように言葉を選びながら質問すると、フランスの関係者もそう、そうなのです、と困った顔をしていた。いまや、日本は、環境問題のある面ではヨーロッパをこえた「先進国」になったのかもしれぬ、と思うと感無量であった。

なお、会議のあと、氏と二人だけで、世間の注目を引いている田中真紀子外相の話をする。自民党の領袖が、皆、父親の田中首相を離れていったとき、真紀子さんはたった一人で父親を守った、その経験から、自民党の有力政治家への不信と、そして、頼れるものは自分一人だという信念が固まったのではないか、それが彼女の可哀想なところでもある、それを理解してあげれば、根は純真な人なのだ——かつて田中家に出入りした温厚かつ芯のある政治家T氏は、いかにもT氏らしくそう語っていた。

（二〇〇一・五）

トヨタの工場開所式

北フランスのヴァレンシェンヌでのトヨタの自動車工場の正式オープニング式典に参加した。工場見学では、「自動化をあまりやりすぎると、事故があったときに、全部が止まってしまい、直すのに大変なので、ある程度自動化を故意に押さえてある」といった説明が興味を引いた。また、工場内部で職業訓練がおこなわれ、ボルトをしめる作業の早さを、教える方が計測している光景を見た。工場内部での職業訓練には政府が補助金を出してはいるが、フランスでは極めてめずらしいということだった。また、女性が男性に混じり、生産ラインで忙しく働いている姿は、なぜか頼もしく感じられた。

小生の演説では、トヨタの三河精神のこと、日本経済、とくに製造業の未来は、決して暗いものではないこと、新内閣の構造政策への取り組みなどについて、かいつまんで述べた。いわば、日本経済についてPRしたつもりだった。

他方、ジョスパン首相の演説は、もっぱら、雇用創出効果に焦点をあてたものだったが、首相は、小生が演説の終わりに日本語を入れて「トヨタ、がんばって、ボン・クラージュ（Bon courage）」と言ったことにひっかけて、「今日は日本語を一つ学んだ、『頑張って』という言葉だ」と言って、演説を終えたのには、思わずみんなが拍手喝采した。

帰りがけに、フランスの実業家の友人が、日本では、政治家は企業活動に口を出さないが、ここでは、やれ雇用だなんだと口を出すのは良くない、と暗に社会党政権を批判するような口ぶりであったのが耳に残った。

（二〇〇一・六・六）

「世代」の特徴はどうして出来るのか

大使館のメンバーの勉強会という趣旨もかねてフランスの週刊誌の記事やフランス社会のちょっとした傾向を論評する小規模の会議を恒例化したが、ある日のそうした会議でいささか興味ある論議があった。

近年、きちんとした演出によらず、その場その場で、役者なり演奏者が即興でやるという趣向が人気を集め、ジャズ演奏の即興のようなものが、他の分野にも広がっていることが話題となった。その理由として、この館内会議にいつも出席しているフランス人の講師格の友人は、芸術家における自由へのあこがれが、自分自身の芸のありかたにまで影響していること、人間の肉体が、芸術的表現の手段としてますます重要視されていることを挙げた。そして、ロックの大会などの影響もあって、観客と演者との間に、ある種のコミュニケーションが成立することが大事になっており、それは単に、見る者と演ずる者という分別ではなく、ある種の観客の「参加」を、演ずる方で先取りした形でとりいれているからであろう、といった説明があった。

しかし、よく考えると、能などでも観客と演者とのコミュニケーションにはしっかりしたものがあり、昨今の即興の風潮はむしろ、演者が個人主義、ミーイズムに陥り、他のものを顧みず、何でも一人でやろうとする傾向があることへの反動ではないかとも思えた。それが証拠に、劇を見ていても、各演者の微妙な掛け合いというよりも、個人個人の演技ばかりが目立つようになっている。野球などでも、チームワークの妙というより、個人の記録が重視されすぎてはいないか。集団での演技という観念そのものがいまやある種の心理的抵抗にあっている時代に突入しているような気がする。そうした議論もあった。

その後、最近の若者は、なんでも、お祭りさわぎのような集会が好きで、それもインターネットなどで、急にどこどこへ集まろうなどといって集会を開いて、訳もなくさわぐ現象があることを報じた週刊誌の記事が話題となった。なぜ、若者はそういう行動をするのだろうか。フランスの中年の人々は、一九六八年の学生革命とか、あるいは冷戦の緊張とか、ヨーロッパ連合の産みの苦しみといった政治的、社会的変動のなかに生き、それなりに、若さのエネルギーを集団的に発揮出来る機会と、集団的な自己確立（self identity）をつくりあげる機会に恵まれてきた。すなわち、かつては集団的あるいは世代的に self identity のある人々が存在していたが、今の時代の若者は、幸か不幸か、世代として自己を確立するような事件や境遇にめぐまれていない、そのことがお祭り騒ぎの心理に結びついているという説明があった。何となく分かったような、分からぬような説明ではあったが、ある強烈な経験を特定世代が、世代として体験を共有することの意味を、あらためて考えさせられた。

（二〇〇一・六・八）

仏経済界の関心事

フランスの経団連ともいえる組織メデフの幹部セリエール氏、オルトリ氏などと懇談した。その際先方が質問したこと、あるいは特に関心を示した事柄は、事項別にわけるとおよそ次のようなもので、そのこと自体、こちらにとって興味ある点であった。

日本の政治については、なぜ小泉内閣の支持率がこんなに高いのか、とりわけ、日本経済の消費も伸びず、経済的に人気が出る理由もあまりないように見えるのになぜか、という点。経団連と日経連の統合の動きについては、経営者団体の有り方という観点から、仏経営者としても多大の関心があるとのことだった。

（当方からの質問への答えとして）三五時間労働制の導入、失業保険の充実などの仏社会党の政策は、今景気がよいので企業側も受け入れているが、長期的にはその付けが回ってくるであろうから、他の欧州諸国の経済動向とあわせて、仏経済の動向次第では企業も注文をつけることになるかもしれない由。

もっとも、この点については、仏企業の態度もさることながら、仏社会党の政策が日本企業の対仏投資活動などに及ぼすべき影響の方を気にしている様子であった。

面白かったのは、懇談の合間に、セリエール氏が「ところで、日本にはトロツキストはいるか」と半分笑いながら問いかけてきたことである。これは、最近社会党のジョスパン首相が、自分もかつてはトロツキストだったと述懐したことが、フランスで話題になったことをふまえての質問だった。こちらは、日本にも共産党員は沢山いるが……とだけ答えたが、セリエール氏の質問には、ジョスパン氏に対する間接的ながら、ある種の敵視にも似た感情があるのかもしれないと思えた。

（二〇〇一・六・一二）

日仏対話フォーラムの議長問題

日本側中曽根康弘元首相と、仏側バール元首相が議長役をつとめる「日仏対話フォーラム」については、そろそろ議長の交替問題が、両議長の意向もあって関係者の間で話題になりつつあるので、長年このフォーラムに関与してきたロス元駐日大使に、次期議長について仏側の感触を打診した。

するとロス大使は、バール氏の後任の選定は非常に難しい。それというのも、バール氏は共和党系とはいえ、誰とでも折り合いが良く、その意味で適任であった。しかし、その後任となると、現在フランス政界には、現職の人は別として、かつて首相クラスの地位を占めたことのある人物で、日本に関心のある人としては、バテジュール元首相を含め数人念頭に浮かぶが、いずれも政敵があり、折り合いに問題がある。また、フランスの政界人のなかには、ジュッペ氏を推薦する向きもあるが、ジュッペ氏は多忙の上、これから首相の座につく可能性もあり、このようなフォーラムの議長職は引き受けないであろう、いずれにしても、明年の国政選挙の結果をみて考えるのが適当であろう、とのことだった。

よって、当方から、総理の仏訪問時には、この問題について議論することは控えるよう、東京へ意見具申した。

（二〇〇一・六・一二）

フランスの対欧州外交

ヴィルパン仏上院外交国防委員長と、公邸にて余人を交えず懇談した。その際、フランスの対欧州外交についてヴィルパン氏が述べたことは、欧州の今後について考えさせるものであると同時に、未だにやはり仏としてはドイツの動向、とりわけその国家意識の動向に気を遣っていることが窺えた。

ヴィルパン委員長が主として欧州統合について述べた点は次のとおりだった。

政治家の立場からみると、欧州統合の過程での最大の問題は、先般のアイルランドにおける住民投票の例が示す如く、欧州統合の意味についての一般市民の関心をどのようにつなぎ止めて行くかにある。欧州連合の参加国の数が一二から一五になって以来、この問題は、年を追って深刻になっている。

他方、仏の対欧州外交において、一番大きな関心事は、ドイツの力の増大の影響とそれにともなってドイツにナショナリスティックな政治潮流が強まった際、仏としてどう対応するかである、たとえば、ロシアとの関係強化を主張する向きもでてこよう。

さらに、そもそも、欧州統合の理念とは何かがあらためて問われていることがある、参加国の数が増えれば増えるほど、同じ理念の共有は実のところ困難になりがちだからである。

（二〇〇一・六・一四）

オペラの演出への疑問

昨夜、小澤征爾氏の指揮による、ベルリオーズ作のオペラ「ファウストの劫罰（ダムナシオン・ド・ファウスト）」をオペラ・バスティーユに見に行った。

音楽はよかったが、演出があまりにも現代風、かつ「過剰」で、軽業あり、バレエあり、影絵あり、行進ありで、せっかくのセリフ、歌、音楽の「味」がうすらいでしまうほどだった。その上、大型のスクリーンが設置され、そこに次々と映像が映し出されるので、舞台の上の造作は目立たず、どこか映画の世界に没入しているような奇妙な感覚にとらわれた。オペラの演出に独創性をもたそうとする結果、かえってオペラの味をこわしてしまっているような気がした。

ともあれ、パリ中の話題になっており、あれを見たか、と聞かれるので、とにかく見ておいてよかったとは思えた。

（二〇〇一・六・一二）

階級社会のフランス

ラジオ・フランスのインタビューを受けた。その際、日本とフランスの違いを聞かれた。基本的な違いとして、フランスは階級社会的要素が未だ残っているが、日本は一億中産階級社会といわれるように、階級意識は薄いと論評したところ、若いインタビュアーは驚いた顔をしていた。

こんなコメントをした背景には、ここでは今もって、コント（伯爵）だのデュク（公爵）だのと堂々と名乗る人が少なくないうえ、名家といわれる家に招待されると、名画がところ狭しと飾ってあったり、庭で鹿狩りができるほどの豪邸だったりし、同時に、服装、言葉遣い、行動様式に一定の誇りや品位が感じられる。おまけに、未だに、若い女性を対象に、社交界へのデビューのための舞踏会なども存在する。そうした社会に日本人がまともに入り込むのはなかなか大変であるため、ついそのようなコメントをすることになった。

（二〇〇一・六・一三）

保守の社会党批判が低調な理由

公邸にスショ（Suchot）日仏友好議員連盟会長以下、一一名の下院議員を招待して、日本の最近の情勢について説明する。小泉純一郎首相の登場もあって、日本に対する関心が高く、出席者のなかには、大統領候補になることをねらっている、保守派のブタン（Boutin）女史も入っているほどであった。各議員の出身地のワインをそろえて出したのが好評だった。

翌日、仏財界の指導者アルファンデリ会長以下数人の財界人と日本人商工会の人々を招いて懇談した。その席上、なぜ、フランス政界の保守派や財界は、社会党の経済政策にもっとはっきり対決しないのか、とたずねたところ、一つには景気がよい（すなわちビジネスもそれなりに儲かっているから、社会党のいう失業対策などのお金を出すことにあまり抵抗がない）こと、第二に、そもそも国民の間に失業や社会保険に対する要求が満ち満ちており、社会党の若干の行き過ぎにも反対しにくいこと、そして第三には、いわゆる保革相乗りの政権なので、首相の率いる社会党のやりかたをあまり批判すると、その上の保守党の大統領は何をしているのか、ということになるので、社会党への批判の矛先がにぶりがちなのだ、という答えだった。

同じ質問を、翌日、公邸に昼食に招いたバラジュール元首相にたずねたところ、答えとして、「第一に新聞やテレビが庶民の味方というスタンスから社会党寄りな姿勢をとりがちなので、保守の対社会党批判はなかなかマスコミに載らない、第二に、保守が内部で分裂しているからである」ということだった。もっとも、その後にっこり笑って、

「個人的にいえば、フランスの政治家は、保守といえども、政府のやることは良いことだ、と何となく思うくせがあり、その意味でフランスには、真の保守はいないのだ」と述べていたのが面白かった。

（二〇〇一・六・二二）

「伊豆の踊子」という名の薔薇

バガテル公園で「伊豆の踊子」と名付けた黄色い薔薇の命名式があり、伊豆の踊子ゆかりの町、

河津町の町長さんたちとともに式典に出席して挨拶した。

「生とは、薔薇のようなもので、それを息し、またそれを友達にさしだすのだ」というトルコの諺を引用して、「伊豆の踊子」が、日本とフランスの間の友情のシンボルになることを祈るという趣旨の演説をした。

その後、「伊豆の踊子」という薔薇の香りをかいでみたが、ほとんど香りがないのには驚いた。あるいは、熱い午後の日差しのせいで薔薇の香りも他のむせるような香りのなかに埋没してしまったのだろうかとも思った。


(二〇〇一・六・一二)

国際会議の場所の選定をどうするか

先日、北京で、田中真紀子外相とヴェドリーヌ外相が会談した際、田中外相が、あくまで個人的意見だがとして、サミットなどの開催場所などは持ち回りにせず、常にパリなど、一定の場所で開いた方が経済的にも、実務的にも便利ではないかという見解を披露した経緯をうけて、エヌキン外務次官との懇談の際、そもそも重要な多国間国際会議を、持ち回りでなく、いつも同じ場所で開くというアイデアについて議論した。

エヌキン次官は、欧州理事会などについても、常にブラッセルで開けという意見もあるが、そうなると、その機会に第三国、たとえば、米国やロシアの首脳を呼ぶというのは難しくなる。それというのも、ある国で欧州理事会がひらかれれば、その機会に、その国の首脳のみならず、他国の首脳とも会えるので、主催国は主催国としての立場を活用して第三国の首脳を招待しやすい、これは小国の場合には、とくに重要な機会となるだろうとコメントした。

当方より、加えて、いつも同じところで開かれると、主催国以外の国の国民に直接国際会議の有り様を体験させる機会がないことになり、たとえば、サミットにしても持ち回りにしたほうが、国民との距離を縮める効果を持ち得るのではないか、と述べた。

これに対してエヌキン次官は、たしかに国際会議や国際機関と一般市民との距離を縮めることは重要だが、住民エゴは時として、地域活性化や国際化に反対する動きをしめすことがある。フランスでは、そうした例は歴史的に少なくない。たとえば、ツールやオルレアンに鉄道を敷くとき、当初、住民たちは、公害問題が生ずるとして駅を町外れにおくことを主張してそうなった、もっともその後町が発展して大きくなったので、いまは町外れとはいえなくなったが……と述べていたのが印象的だった。

（二〇〇一・六・二五）

ある俳優の美術作品を見て感じたこと

プチパレの一角で行われた、片岡鶴太郎さんの絵画の展示会を見に行く。柿渋の紙、中国の古い紅色の紙、墨をなぞると文様が浮かび出る紙など、各種の素材を生かした自由奔放で、それでいて、どこか親しみの湧く画風。それに、展示された作品も、着物、屏風から茶碗、陶器の皿、さらに漆器までと幅広い作品群に驚く。心の自由さを保っている俳優や芸術家たちの生きざまに改めて羨望を感じた。同時に、これらも一種の「プロダクション」で、本人だけでなく、それを取り巻く人々の様々な思惑が絡んでいるのかもしれないと思うと、芸術家の生き方も、一個人の自由のままにはいかないのかもしれぬと思ったりもした。

（二〇〇一・六・二七）

ジョスパン仏首相の「それとない」皮肉

小泉首相とジョスパン首相との会談には、いろいろ考えさせられるものがあった。

日本側は、内閣の政策の柱として、地方分権、規制緩和、民営化をあげ、政府のむだをなくすことが政策の中心であると説明した。社会党のジョスパン氏にしてみれば、おそらく、政府の役割を縮小せんとする日本の政策には、本来疑問を呈しても不思議ではないところだったが、氏は、フランスでも民営化したものや、株式を公開したものもあると応じた。しかし、その言い方や声の調子には、民営化はよいときもあるが、いつもそうとは限らないといった、暗黙のメッセージがこめられていた。外交的対話は、言葉の表面的意味よりも、微妙な表現や声の調子にこめられた裏の意味をも把握せねばならないと改めて感じたところだった。

また、小泉総理が、「かつて明治時代に、横須賀でフランス人技師の援助もあり建設された造船所が良くできており、ここで作られた優秀な船は、日本が日露戦争に勝利を得ることができた一因と言われており、また、日露戦争はロシア革命への道を開いたとも言われている」と述べると、ジョスパン首相は苦笑しながら、「そうすると、はたしてフランスは良いことをしたといえるのだろうか」とコメントした。そこには、日露戦争やロシア革命の歴史的評価となると、そう簡単にはいえないという、フランスの知識人の皮肉が込められていた。

また、環境問題についての、いわゆる京都議定書に関連した議論の際、仏首相は、「物事には主観的判断をしてよいことと、客観的判断しか許されないことがあり、地球温暖化問題はまさに後者に属する」と述べていたが、政治家個人の社会主義思想と、資本主義の道を歩みがちなフランス現代社会との間で苦労したジョスパン氏の、政治家としての苦悩がかくされているように感じられた。

また、京都議定書について、ジョスパン首相は「京都はフランスの都市ではないが、フランスは京都での合意は守る。皆そうすべきだ」との趣旨の発言をしたが、これはあきらかに、京都議定書にぶつぶつ不平を述べている米国と、それにいささか当惑している日本を意識しての発言と思われ、仏の機敏な外交術の一環と思えた。

（二〇〇一・七・三）

小泉首相訪仏余録（その一）

小泉首相のフランス訪問のとき、考えさせられることがいくつかがあった。

シラク大統領と小泉首相との会談で、大統領は、環境問題に関する京都議定書問題にからんで、「小さなことが、後からみると大きな事態をひきおこすことがある」と言って、次のようなエピソードというか追憶を披露してくれた。

すなわち、「ハーグ世界環境会議の時、もう少しで内容のつめが終わりそうだったが、ちょうど土曜の午後となり、日曜日は、会場の都合で会議が開けないということだった。それで、再度ボンでいずれ会合を行おうということになった。しかし、あの時、ハーグでもう少し時間をかけて物事を詰めておけばよかった。そうしなかったため、アメリカで、政権がクリントンからブッシュに変わった途端、あの議定書は批准できないなどと言い出される羽目になったのだ」と。

他方、シラク大統領の言葉で思い出したが、最近、逆のことを感じたこともある。一旦ある国で大きなことが起こると一見関係なさそうな所にも、その影響が及ぶということだ。シラク大統領の、海外旅行の費用をめぐる疑惑が、フランスで内閣全体の機密費疑惑に発展した結果、八月に予定されていたシラク大統領の訪日が中止になったのは、まさにその例ではなかろうか。

因みに、シラク大統領訪日中止のことは日仏首脳会談の冒頭、首相と大統領の二人だけの会談をわざわざ設けて、シラク大統領は小泉首相にそのことを伝えたが、シラク氏は、日本旅行を楽しみにしていただけに、さぞ残念だったであろう。

また、日本人の在仏関係者と小泉首相との会談の際、伊藤忠の沼守氏が、海外への日本人の進出がにぶっている傾向にふれ、日本人学校の生徒の減少とそのために起こる学校経営上の困難を指摘して、小泉首相の掲げる「日本再生」は、このように遠いパリの片隅の日本人学校の経営問題ともつながっている、頑張ってほしいと述べていたが、なかなか的を射た指摘のように思えた。

日仏首脳会談については、冒頭小泉首相が、いきなり「自分を今一番悩ましている問題は靖国問題である」と切り出し、問題の性格を説明したときのことが、鮮明に思い出される。

シラク大統領は、黙ってじっと小泉首相の言に耳を傾けていたが、首相の説明が一段落すると、静かな、やや控えめな口調で次のような趣旨のことを言った。

「自分は、日本のことについてはかなりよく分かっているつもりである。したがって、小泉首相に今更何か忠告したり助言したりするつもりはない。問題の複雑さはよく理解している。他方、自分は日本の友人のつもりであり、友人の言葉として聞いてもらいたい。日本のことわざには、寝ている猫を起こすなという言葉があると聞く。過去の歴史にまつわる事柄については、この諺を想起すべきではあるまいか」

小泉氏も、黙ってシラク氏の言葉を聞き、それ以上コメントすることなく、会談は他の話題に移った。

因みに、このやりとりは、正式の記録（外務省の公電）には記載されなかった。（二〇〇一・七・五）

シラク—小泉懇談余録（その二）

総じて、シラク—小泉会談で、小泉氏はその性格、信条をまともにぶつけ、また、シラク氏は知日家、親日家として、暖かくこれに応じるという風情だった。

小泉氏は、相撲の貴乃花が傷を負いながらも出場して武蔵丸に勝った一番をどうしてもシラク氏に見せたいと、食事の後、持参したビデオフィルムを別室で三〇分以上もフィルムを回しながら一緒に鑑賞した。シラク大統領は、たしかに相撲好きであり、特に武蔵丸のひいきであることは知られていたが、数ヶ月前パリでは、大統領の海外旅行をめぐる機密費の不正使用疑惑が報じられ、予定されていた日本旅行のキャンセルもあったほどで、延々と大統領官邸で日本の首相と相撲のビデオ見物をするのは、なにかと不都合ではないかと心配になったが、大統領が鷹揚に応じていたのは流石であった。

食事会などでの懇談の際、二、三特に興味をひいたことがあった。

一つは、北方領土問題についての、大統領のコメントである。シラク氏は、「この問題は、外相レベルで話してもだめで、首脳レベルで、しかも余人を交えず静かに語り合うことにより糸口を探ることである」との趣旨を述べた。

また、特に興味を引いたのは、中国についてのコメントである。シラク氏は、「中国は、世界的大国になろうとしている。そこが問題だ、現に、米国で人工頭脳を勉強している中国人の九九％は、かつては米国居住を希望していたが、今は大多数が中国への帰国を希望しており、そこには、大国化に伴うある種ナショナリズムの兆候がみられる」と述べていた。

（二〇〇一・七・五）

さまざまな世情批判

最近会った人々から、色々考えさせられる話を聞いた。

一つは、トヨタの井上監査役の話だった。フランスの販売店、特に、南部のフランス人販売店関係者と井上氏が懇談したとき、そのフランス人が言った言葉のことだ。

「トヨタの車は故障しない。しかしそれが良いとばかりは言えない。故障しないということは、個性がないということである。独創的な個性ある車は、どうしてもいろいろ故障が起こる。そこがまた良いところであって、故障の少ない車をつくるだけが能ではない」と言われたとのことだった。

また、中国では、トヨタの部品の模造品が絶えず、もっと知的所有権の問題に真剣にとりくんでもらいたいと中国側に言うと、先方は、

「日本は、中国から漢字という知的財産を無料で多年にわたり使ってきたのだから、自動車の部品位でがたがた言うな」

と言われて、これまたびっくりしたという。

最近在仏マレーシア大使のところで夕食会があった。ミャンマー大使とこちらを除くと全てイスラムの国の大使で、今度のニューヨークにおけるテロ事件を契機として、イスラム諸国の人々へのいやがらせが出てくることを憂慮する声が相次いだ。中には、もう嫌がらせ的行為を受けたという人すらあった。隣席のサウジアラビア大使夫人に、こちらから、

「こんどのテロ行為が、あたかも西欧文明に対する挑戦のようにうけとめられ、西欧と非西欧の対立といった図式に発展することのないよう注意すべきだ」

と言ったところ、夫人は、

「そうである、だからこそ、非西欧文明の国でありながら、西欧社会のメンバーになっている、日本の役割に期待する」

と言われたときは、相手がご婦人だけに特に感じ入るところがあった。

そういえば、学校時代の同僚の御園生氏およびご家族と懇談した際、氏が、外務省は、権限はあまり持たされず、責任ばかりとらされるのは可哀想だと言っていたことが印象にのこった。

（二〇〇一・七・九）

与謝野晶子は反戦詩人か？

旧知の早野透記者の与謝野晶子についての論評が、『朝日新聞』の「ポリティカにっぽん」に掲

載された。もともと、与謝野晶子、岡本かの子、林芙美子などの滞仏経験を多少研究していたこともあって、興味深く早野氏の記事を読んだ。記事の大要は次のようなものだった。

すなわち、昨今右翼系の扶桑社が出版した教科書では、与謝野晶子が書いた有名な詩歌「君死にたまふことなかれ」は、反戦の歌というよりもむしろ実家の跡取りである弟の身を案じ、家の行く末を心配したものであり、また、晶子の晩年の作品は戦争を是認したものもあり、晶子を反戦の詩人とみなすのは正当ではないとされていた。これに対して、早野氏はそうとは言えない、やはり晶子の反戦の気持は大事にすべきという意見だった。

これを読んで、ぜひ一筆書き送りたいと思い、早野氏に次のようなコメントを送った。

「早野さんの記事は、いつも、実に読ませるもので、内容といい、スタイルといい、いまの日本のマスコミの記事としては、当代随一であります。今度も、大変おもしろく、かつ、考えさせる内容であるのみならず、落ちもなかなかきいており、しかも、その落ちたるや、大変勇気のいる落ちで、さすが早野さんと感服しました。二つ、コメントあり。一つは、例の有名な「君死にたまふことなかれ」の歌の背景ですが、あれは、新妻をおいて出征した弟が、その肝腎の妻には、自らの心を強く持つために、わざと手紙を書かず、もっぱら、姉の晶子にだけ書いてくる、その心情と新妻の心情を思いやって、「まことの心」とはなにかを歌ったもので、たしかに反戦の歌ではありますが、同時に、家の将来を案じ、新婚の妻の将来を案じて、弟に送った歌であることも、また、事実であります。小生は、扶桑社の人たちと同じ見方ではなく、いささか、扶桑社の書き方は、ゆきすぎているとは思いますが、他方、この歌を、現代的意味での反戦の歌以外のなにものでもないととらえるのも、いささか「政治的」歪曲であると思います。

早野さんも、そうは取っておられないと思いますが、読者が、また、勘違いをするのも困ります。それよりも、早野さんが百もご承知のとおり、この歌は、日露戦争の頃の歌であり、それから三〇年たって、日中戦争当時、晶子は次のように歌っていることをもう一編思い出す必要があるのではないでしょうか。

爆弾三勇士について、

ああ大御代のりりしさよ。人の心はめざめたり、責任感に燃ゆる世ぞ誠一つにはげむ世ぞ。

この歌は、まだまだ続きますが、それよりもなによりも小生が申し上げたかったことは、晶子は、フランスに来て、世界を見て、日本の社会のひよわさをなげき、後年、次のように、故国を揶揄していることです。

堅苦しく、うわべの律儀をとうとぶ国、しかも、かるはずみでうつりげな国、シナ人ほどの根気もなく、浅く、利己主義なる国、アメリカの富もなく、アメリカ化する国……めでたく、うら安く万万歳の国……

この、晶子の歌に続ければ、アフリカの日本人が危機にさらされても、フランスにたのむほか、なにもできない国、国連の安全保障活動に兵力を送らず、利己主義的平和主義にかたまっている国、はたして、そのような国に反戦などという資格があるのでありましょうか。

いささか、筆ならぬタイプが走りすぎて、過激なコメントになりました。前線の一兵卒のなげきとして、これも、反戦の歌の一つとお受け取りください。」

これを受けて、一〇日ほど後、早野氏から大略次のような返信があった。

「問題は、与謝野晶子が後半生で戦争容認となったかどうかという点です。小倉さんの書かれている爆弾三勇士のほか、さまざまな戦争容認の証拠を言ってきてくださる方もいます。文学史的には、それは確かにそうなのでしょう。しかし、私は新聞記者として年老いた与謝野晶子に想像をめぐらし、自分をそこに置いてみたら、共産党員でもない限り、市井のくらしをしている人にはそれもやむをえなかったと思います。

だからといって、若き日の与謝野晶子のあの詩の反戦性を減ずるものではない、反戦というのはとくべつな思想運動ではなく、家族への自然の思いだと思うのです。あの「新しい歴史教科書をつくる会」のなんでも自分の品性のレベルに貶める低劣な精神にひとこと遠慮がちに物申しておきたいと思った次第です。

人間は人間の一生でどこで輝くのか、私もかなり生きてきて感ずるところがあります。仮に与謝野晶子がどんなに後退したにせよ、あの一瞬の輝きをほめたたえたい。たぶん、恋というようなものも、一瞬の輝きを一生背負って生きていくようなものだ、と思うのです。」(二〇〇一・七・一〇)

ル・アーブル港にも文化の香り

ル・アーブルの名誉総領事ヴァティネル氏への叙勲と、後任問題の相談のため、妻も同伴してル・アーブルを訪問した。港の片隅のヴァティネル氏の事務所を探すのにはやや戸惑った。倉庫の奥の建物で、ヴァティネル氏に直接会って初めて、氏が叙勲式をパリではなく、地元で行うよう強く要請していた理由が分かった。ヴァティネル氏は、二八歳の時小児マヒにかかり、以後骨折を繰り返し、一四回治療したという。氏は二本の杖をささえにしていたが、移動の困難もあり、名誉総領事の職も退任したいと語っていた。もっとも、氏は最近までゴルフを楽しんでいたといい、また顔付きもいたって元気そうだった。

氏のお陰もあって、ル・アーブルの市長、港湾関係者にも会う機会をえた。港湾関係者から、港の拡張工事のことについて説明を受けたが、市長によれば、港湾関係のプロジェクトは、もう飽和状態だそうだ。

市長によれば、ル・アーブルの町には二〇世紀初頭以来、著名な建築家の手になる建造物があり、また、第二次大戦で破壊された地域でも、後世に残すべき建物が建造されており、ユネスコの世界遺産に登録したいと思っているとのことだった。「近代」をも文化遺産にしようという発想は、日本でもそろそろ考えねばならぬ問題だと感じた。

また、市長によれば、ル・アーブル港の一角に日本庭園があるが、維持管理に問題があり、また、池の鯉がぬすまれたりするので、現在は通常閉鎖しているが、二〇名以上の観客があれば庭園を開放しているというので、日本側で庭師を派遣して維持の方法を考案するとか、なにかできることがないか検討したいと述べた。ともあれ、海外における日本庭園の維持管理は、国際文化交流の盲点の一つといえることをあらためて感じた。

日本庭園が刺激になったかどうかは不明だが、港湾管理責任者の夫人は、毎日三〇分は日本語を勉強している、文化を理解するにはまず言葉がわからなくてはと言っていたのが強く印象に残った。

（二〇〇一・七・一二）

ベトナム共産党首脳の真の父親は？

ひさしぶりに、訪仏中のヴォー・ヴァン・スン元駐日ベトナム大使と懇談する機会があった。

大使は、昨今のベトナム情勢に関連して、いま、ベトナムは三つの大きな問題に直面していると述べた。一つは、指導層のなかになお保守的考えの人々がおり、ド・ムオイ氏たちが始めた新しい経済改革の妨げになっていることである。第二にそれと関連して、国営企業、党、政府などいずこにも官僚主義がはびこり、効率が悪いこと、そして第三に、党組織もふくめ腐敗がはびこっていることである、と。

また、雑談中、面白い逸話を語ってくれた。すなわち、マイン共産党総書記の父親は、実はホー・チ・ミンではないかという説があり、よく、本当かという質問があることだそうだ。その時、党幹部の中で洒落た答えをする者は、「母親しか知らないことだ」という。しかし、自分は、もっとスマートな答えがあると思っている、すなわち、「ベトナム人民はすべてホー伯父さんの子どもなのだ」という答えである、と。

ホー・チ・ミン自身とも苦楽を共にした体験を持つヴォー・ヴァン・スン氏らしい言葉だった。

（二〇〇一・八・一〇）

アジアの対日観様々

新任のバングラディッシュ大使が表敬に訪れてこられ懇談した際、日本の政治家の靖国神社参拝問題が話題となり、日本の過去における「侵略」と反省の問題に議論が及んだ。その際大使は、次のように述べた。

日本が、過去の戦争に関連してアジア諸国に及ぼした被害とそれについての日本の反省についていえば、日本が民主国家として再生し、経済発展をとげ、アジアの民主化と経済発展に直接間接貢献してきたことが、何よりも雄弁かつ明確に日本の立場を示している。謝罪の言葉よりも、日本の努力こそが評価されるべきである。今や日本はまったく罪悪感をもつ必要はないと考える。さらにあえていえば、日本のこうした戦後の努力を十分評価しない国は、民主化と経済発展の哲学において問題のある国であるといえよう、と。

アジアの国の対日観も様々だ。


（二〇〇一・八・一四）

「過去」の哀悼（日独の違い）

大野功統衆議院議員を団長とする国会議員一行と、日仏議員連盟のフランス側議員数名を招待しての昼食会の席上、靖国問題が提起され、日本側から、フランスの議員の考え方を質問した。かつて対独抵抗運動の闘士であったポーメル議員連盟副会長は、あくまで個人的意見だが、と断って、次のように述べた。

かつてド・ゴール大統領がいみじくも語ったように、歴史は悲劇に充ちている。よって、歴史を語るときは、寛容の精神が大切である。とりわけ戦争責任といったことを語る際には、敵味方を問わず戦争の犠牲になった罪なき人々のことを考えねばならない。罪なき人々の霊をなぐさめようという行為に対してであれば、これに異議を唱えるのは如何なものか。罪なき人々を裁く権利は、いかなるものにもないのである（On ne doit pas porter un jugement sur les innocents）。

いずれにしても、過去にたとえ罪深い行為があったとしても、その行為に懺悔するとかしないとかということを、国家間の問題にすること自体時代遅れといわざるを得ない、と。

また、ある日本側議員より、かりに、ヒットラーを祀った教会があり、それにドイツの首相が参拝したとしたら、ユダヤ人は何と思うだろうかという質問があった。これに対して、同席したあるフランスのマスコミ関係者は、次のようにコメントしていた。すなわち、そもそも日本とドイツを比較することは適当ではない。ドイツの場合、ヒットラーのドイツと戦後のドイツの間には完全なる断絶がある。しかし、日本の場合は天皇制をはじめとして、戦前の日本と戦後の日本の間には、文化的あるいは歴史的連続性がある。ドイツで考えられないことが日本で起こっても不思議ではない、と。

小生は、その時思った。ヨーロッパは全体として過去の歴史の傷痕を克服しようとしている。戦争に敗北したドイツだけではない。最後は勝者となったフランスも過去の傷痕を克服せねばならない。なぜならば、対独協力政権のようにナチスドイツに協力的姿勢をとった人々もいたからである。過去を外交問題化すれば、フランス自身の内部の問題をまずとりあげねばならないことになる。それでは、新しいヨーロッパの建設の障害になるおそれも出て来るのではないか、と。

そうした思いもあって、小生からフランス側に一つ質問した。ドイツのフランス占領時代にドイツに協力したいわゆるヴィシー政権の重要人物は、フランスの教会で埋葬される権利がないということもあるのだろうか、と。フランス側の答えは明白だった。そんなことは全くないと。

（二〇〇一・八・一六）

過去の追悼（あるフランス人の見方）

石破茂、米田忠則両議員を初めとする防衛関係議員の訪仏の際、ジロー海軍少将（国防省戦略部次長）などフランス国防省関係者を招いて夕食会を催した。その席上、日本側から、ジロー少将に対して戦死者に対してフランスは国家としてどのように哀悼しているのかと質問があった。少将の答えは次の通りだった。すなわち、フランスでは、家族、町村、遺族会などいろいろなところで哀悼の行事なり式典があり、国家として特別の場所で、哀悼の儀式をおこなうことは普通ない、したがってそのための特別の施設もなく、国家的式典もない、と。

その言葉の裏には、戦争の死者に対する哀悼は、本質的に個人個人ないし家族なりコミュニティの問題であり、国家全体として哀悼の意を捧げるというのは特別な場合に限られてしかるべきとの考えが垣間見られた。また、この関連で、ジロー少将は戦争犯罪者を裁くにしても、超国家的観点とか国際的に誰もが従うべき精神の観点から行われることは如何なものか、戦争犯罪も本来、その国の中で裁かれるべきもので、他国がとやかく言うべきものではないのではないか、といった趣旨を述べていた。いかにも、フランスの軍人らしい言辞だと思った。

なお、懇談の際、ジロー少将が日本および極東の防衛問題に関連して、特に興味をしめしていた事柄は次のとおりだった。すなわち、

一、朝鮮半島の統一は、日本にとって長期戦略上、本当に望ましいといえるのか。

二、日中友好と日米同盟は長期的には矛盾するのではないか。

三、中国の軍事大国化が見込まれるとすれば、日本は、対米関係の強化とならんで対ロシア関係の強化をはかる考えはないのか

との点だった。

当方（主として小生）から一については、統一朝鮮は、中国との関係である種の「緩衝剤」になりうるし、また、南北朝鮮の対立が日本国内の朝鮮民族を分断し、日本の国内治安上の問題になる可能性をなくする点に留意すべき、二については台湾問題の処理を慎重におこなえば、日米関係と日中友好は矛盾せず可能であろう、三の点に関しては論理的にはそうした考えは有り得るが、いわゆる北方領上問題のほか、ロシアの戦略的関心はどうしても欧州が主であろうから、ロシアは日本との協調にはあまり興味がないのではないかとコメント。

（二〇〇一・八・二〇）

「過去」の影に思うこと

相次ぐ国会議員の訪仏の際、過去の歴史問題が提起されたせいか、それとも、バカンスでパリの住民が居なくなって、社交の機会も少なくなり、物思いにふける時間が出来たせいか、中国、韓国の根強い反日感情の問題に考えを巡らせた。

世上、とかく、中国、韓国の反日言辞については、中、韓の政府自身が国内の反政府運動をそらすための方便につかいがちである、といった見方も強い。もちろんそうした要素も否定できないが、根本的には、より深い、文化的、歴史的理由がひそんでいるため、反日感情が、時として噴出しやすい事情があるためではなかろうか。

そうした事情あるいは要因の一つは、中国、韓国双方に、日本に対する文化的優越意識ともいうべきものがあって、伝統的には、自国が日本に文化、文明を教授、伝導したという心理があり、日本の軍国主義の野蛮性を批判することによって、こうした優越意識と文化的誇りを維持せんとする心理がはたらいているのではないか。こうした意識は、両国が、近代化では日本に遅れをとったというコンプレックスと重なって、日本の近代化における「過ち」を指摘することになりがちとなる。

また、両国の近代化は、日本と同じく西欧化と重ならざるをえないが、中国、韓国には文化的自負を維持してゆく方便として、反西欧の心理があり、そうした心理の受け皿が、屈折した形で反日感情となるのではないか。

また、韓国、中国の植民地化や半植民地化には、外部からの侵略に加えて当然、両国内部の原因と事情も働いているが、それを、表向きには否定する方便として日本の侵略だけを強調し、いわば、ナショナリズムをそうした形で充足しうることになりがちなのではないか。

他方、現在、中国は台湾、韓国は北朝鮮という、直接の対決相手をもっており、そこには、軍事的対立に加えて、政治的イデオロギー上の対立があり、政治、外交に善悪の概念が入りやすい、すなわち、政治、外交において実用性や現実的考慮よりも、ときによっては善悪、当為性が入りやすい体質があり、日本との関係においても、善悪の概念を強調しがちとなるのではないか。

また、韓国でも中国でも、かつて日本と手を組もうとした「親日派」が存在したが、そうした人々の客観的な評価はなされておらず、そのため、現代の「親日派」についても、とかく冷静な判断を避ける傾向があるとみられる。

（二〇〇一・八・二二）

フランス人とバカンス

いわゆる週三五時間労働制を病院やレストランなどでどこまで厳格に適用するのかといった問題が、世上、いろいろ議論をよんでいることをめぐって、大使館のフランス人職員のド・ノワイエル女史と意見交換した際、たまたまフランス人のバカンス好きについての議論となった。

こちらから、「フランス人は、ルイ王朝時代からの伝統で、狩りをしたり、音楽を聞いたり、舞踏を楽しんだりする貴族的生活が『良い生活』であり、働くこと自体からくる人生の充実感といったものを重視しないことから、バカンス、バカンス、というのではないか」とコメントした。すると、ノワイエル女史は、その通りであるが、その裏には、貴族的生活へのあこがれというよりも、そもそもフランスは豊かな土地と豊富な食料に恵まれ、汗水垂らしてはたらくべしという社会的理念を強調する伝統がなかったことと、貴族が力を持つことを嫌ったブルボン王家が、なるべく貴族を有閑階級化して、政治的野心をもたないようにしたという経緯も影響していると述べていた。

（二〇〇一・八・二〇）

フランス人気質の一面

石原伸晃行政改革大臣の訪仏に同行して、幾人かのフランスの要人と会談した。そのなかで、フランス人らしいともいえる、幾つか印象にのこるコメントがあった。

一つは、ソテール元大蔵大臣の言葉である。石原氏が、「改革は景気が良いときですらいろいろ抵抗に出会うが、今日本は景気が悪いので一層抵抗が激しい」と述べると、ソテール氏は、「改革の必要性がもっとも強く感じられる時は、景気が悪いときである、言い換えれば、改革は景気が悪い時にスタートすべきなので、是非頑張ってほしい」と述べた。

また、サパン行政制度担当大臣との会談が、大きな庭と白いアヒルの遊ぶ池をながめることのできる広い大臣室で行われたとき、石原氏が、「このように広く眺めのよいところで仕事をすれば良い構想も浮かぶであろうが、自分の東京のオフィスは狭く鬱陶しく不便な上、机一ついれるにも予算がないと言われて困る」と切実な調子で述べていた。確かに、パリでは、役所の高級幹部の部屋の大きさもさることながら、天井が高く、それが日本人からみると、どこか、悠々とした雰囲気を作っていることを改めて感じた。

片山善博総務大臣とピエレ大臣を招待しての夕食会の席上、大学制度の話になり、フランスでは私立大学は原則として存在しない、教育は国家事業だが、それでも大学の自治とか自由とかいう問題が生じないのは、フランスでは、国家は市民の自由を守るために存在するという考えが強いからだという議論がでた。すると、片山氏は、それは理解しうるが、国家が市民の自由を守るというが、だれから守るのか、外敵からか、という疑問を提示した。すると、あるフランスの同席者は、自由というより平等の概念が重要である、私立大学が多くなれば、どうしても大学教育の機会に不平等が生じやすい、それから市民を守るのであると述べていたのが興味深かった。（二〇〇一・九・五）

神と人間

昨日、リヨン近郊のレストランで、この度叙勲の対象者となったドバール神父と会食した。フレーデル名誉総領事夫妻、日本人会会長の寺田氏と同夫人も一緒だった。

なにがきっかけだったか覚えていないが、信仰と性の話となった。ドバール神父が、ある日本人との対話の話をしてくれた。日本人から、次のような質問を受けたという。すなわち、キリスト教では、神父が性的欲求を抑制し、生涯、妻をめとらないとされているが、キリストは人間を愛しておられるはずで、そうとすれば、人間を作り出す源となるはずの行為たる結婚や性行為を、汚れたものとみなすことはおかしいではないか、と。神父は答えに困ったというが、人間と神との関係で、考えさせられる点である。

他方、仏教でもまたキリスト教の聖書でも、体の要求をはなれ、また、それが人間に押し付けてくる数々の感情を打ち払ってこそ神あるいは仏の道に入れるとされているが、人間的欲求に溺れていれば、天国への道は見つけにくいのも事実であろう。欲望に溺れず、さりとて、人間の素直な欲求を敵視せずに、神や仏の道に入るのは、欲望の抑制自体よりも難しいことかもしれない。

（二〇〇一・九・九）

クローデルをめぐる新作能論評

駐日日本大使を経験し、能楽にも強い関心を示した作家クローデル。そのクローデルをいわば主人公にした新作能「内堀十二景あるいは一重の影」が、日本文化会館で上演され、興味深く見物した。

現代風の演出、クローデルのカトリック教への思いや作家としての苦悩なども踏まえての筋書きであり、なかなかの野心作だった。一方、伝統的能楽に親しんできた者からすると、違和感を抱く面もあった。たとえば、クローデルの化身である老人が、あっさり、自分がクローデルであると認めてしまう点である。伝統的能楽では、人物、その化身である一見別の人物、亡霊となった人物の三者が混在するが、その区別とその意味がこの劇では一見しただけでは必ずしもよくわからず、「化身」の意味の解釈に戸惑った。

後場ではワキ、ツレの役割が大きかったが、やや演出が過剰で、シテの重みがうすれてしまったような感じをうけた。

また、音楽、踊り、セリフと、三者のハーモニーを現代的新作能でどのように実現するかは、大変難しいことであろうと思い、関係者の苦労が偲ばれた。

（二〇〇一・九月初旬）

ヴィルパン氏の政治外交観の一端

ヴィルパン仏上院外交委員長と懇談した際、フランスの内政、外交について氏が述べたことのうち、次のような点は特に興味深かった。

一、ニューヨークの同時多発テロ事件の結果、少なくとも、二つの影響が、来年、二〇〇二年のフランス大統領選挙との関連で出て来るだろう。一つは、選挙キャンペーン自体が、やりにくくなることである。テロ対策や対米協力の問題が大きくとりあげられ、それ以外の問題は、かすんでしまうからである。第二に、シラク、ジョスパン以外の第三の候補は、ますます注目をひかなくなろう。

二、一週間内に迫った上院選挙は、比例代表の議席数がふえることと、男女平等法の影響で、社会党が一〇ないし二〇の議席を増やすであろうし、また、独自のグループを率いるシュヴェヌマン氏の党派も若干の議席を得ようが、上院の構成に大きな変化はないであろう。ただ、議長はともかく（議長は留任の公算が高い）、ほかの役職、とりわけ常任委員長は、大幅入れ替えとなろう。

フランスの外交政策については、ヴィルパン氏は、連続テロ事件のフランス外交へ及ぼすべき影響について次のように語っていた。

一、シラク大統領の訪米に象徴されるごとく、先ず、なんといっても、対米協力姿勢の維持、強化であり、また、それに関連して、ヨーロッパ内部の協調と協力の強化であろう。他方、ヨーロッパとしては、日本などとも協力し、アメリカが、冷静に行動するよう確保する必要がある。その観点から言えば、一部に、政治的テロへの戦いについて、「悪との戦い」とか、「十字軍(Croisade)」などという、感情的表現を使う者がいることは、憂慮すべき事態である。

二、ヨーロッパ内部のことについては、英国はもともと仏とは対米協力の内容について多少違うところがかなり有り得る国だが、独については、来年選挙をひかえ、政権への求心力を保つ上で今回の事件が役立つ面があるので、同じ状況をかかえる仏と違ったやりかたをとるとは思えない。ヨーロッパのなかで対応の違いが表面化するという事態とはならないと思う。

三、仏が、米国主導のテロ対策に関連する軍事行動に参加する場合には、なんらかの形で、議会の了承を取ることとなろう。

（二〇〇一・九・一九）

ヴェルサイユ宮殿での演劇公演

ヴェルサイユ宮殿のなかの劇場で、マリヴォーの「聞き役の母親（La Mère confidente）」を見る。一七七六年九月二六日、奇しくも同じ木曜日、マリー・アントワネットが、この同じ劇場で同じ劇を見たという。シャンデリアが垂れ下がる天井を見ていると、今はもう電球になっているが、形だけはロウソクの格好をした電球だ。椅子もクラシック調の落ち着いた、それでいて簡素なもので、あたかも、昔そのままのような錯覚にとらわれる。

他方、演出は、例によって極めてモダンで、何本もの裸木を白く塗ったものにハシゴやわたり板をつけて、俳優がそこに、止まり木のように座ることができるようになっている。全体が、いささか突飛な感じがした。俳優の演技も、舞台を動く動作が早すぎたり、台詞の発音が現代風であったりして、あまりパッとしなかった。わずかに、主役ドラントの恋敵の男性が、人間味のない、ある種の「タイプ」として登場し、それが、次第に、人間的感情をもつ人物に変わってゆくさまが興味を引いた。

夜一〇時半、劇が終わってヴェルサイユ宮殿の前庭の石畳を歩きながら、当時の人々は、この固い石畳の上を馬車を駆って帰っていったのだろうかと思うと、石の上に馬蹄の音が聞こえるような気がした。

（二〇〇一・九・二〇）

アルザスワインにこめた精神

アルザスはコルマールの近く、キーンツハイム城でブドウ酒祭りがあり、アルザスのブドウ酒関係者がメンバーとなっている連盟の名誉会員に小生を推薦してくれるという儀式があった。二つの白ブドウ酒を持たされて、どちらが良いかといわれるので、いささか困った。しかし、日本では、若い人は甘い酒が好きというので、自分は、若いということにしたいから甘いほうを選ぶといって切り抜けた。

考えて見れば、あれは儀式だったので、まじめくさってどちらかを選ぶのではなく、日本酒とブドウ酒の比較談義でもして煙に巻いておいた方がより外交的だったかなと、後で思った。相手の質問にどこまで真面目に答えるかということ自体、答えの内容の前に考えておくべきとの点を、あらためて思い知った。

テーブルで一緒になった酒造組合の組合長が、アルザス地方は、ドイツ領になったり、フランス領になったりしたが、そのため、ブドウ酒の生産にも影響を及ぼしたという。なぜなら、この地方は、ドイツとしてみればもっとも南に属するので、とかく赤ブドウ酒を造ろうとするし、フランスのなかでは、ブドウの産地としては、最も北に属するので白ブドウ酒をつくろうとする。今、アルザスのお酒は、九割が白だが、これは、アルザスのフランスへの忠誠心のようなものだ、と笑いながら語っていたのが印象的だった。他方、ある連盟の会員は、挨拶のなかで、アルザスは、いろいろ政治的変遷をへたが、ブドウの実る土地の質だけはいつも変わらぬ、これこそアルザスの「精神」だ、と言っていたのが印象に残った。

（二〇〇一・九・二二）

シラク夫人との雑談

とある社交の席で、シラク大統領夫人と同席して談話する機会があった。その際、当方から、フランスのプレスは、他の国のプレスと違い、政治家の個人生活についての記事を控えており、これは良き伝統だと思うと述べたところ、シラク夫人は、いやいや最近はそうでもない、来年の大統領選挙では、個人の性格や生活をプレスがいろいろ書き立て、相当醜い選挙戦になろう、これもアメリカの影響である、と述べていた。

また、日本の思い出として、特に、箱根の旅館「強羅花壇」はすばらしかったと述べ、懐石料理、庭の散歩、温泉、それに、近くの「彫刻の森美術館」が良かったと語った。また、自分たち夫婦は、大統領選の前に、数週間、箱根の宿に泊まり、電話や仕事にわずらわされることなく過ごしたが、そのとき夫は、選挙の戦術を考えぬいたのであり、それが、大統領選挙に勝てた理由である、とも語っていた。さらに、沖縄サミットの際には、修善寺の日本式旅館に泊まったが、二〇ほどしか部屋がないにも拘わらず、手入れが実にゆきとどいており感心した、また、池に囲まれた小さな劇場があり、そこで、日本の古典劇（能楽と思われた）を鑑賞できたのは、すばらしかったと述べていた。

右隣の席は、ジャクリーヌ・ケネディ夫人の妹であったが、外交官だとこういう生活を毎日していて疲れないか、と聞かれたのはやや意外だった。また、こちらが、九〇年代以降は、ニューヨークには縁がなく、もう一〇年ほどもニューヨークを見ていないというと本当にびっくりした顔をし、そういう人がいるのかと言いたげな微笑を浮かべていた。また、フランスでは、世界化（globalization）に反対の人もいるというと、どういう理由で反対するのかと、不思議そうに聞いていた。総じて高ぶらず、どこか捉えどころのない、それでいて不思議な魅力をもつ人だった。

思えば、シラク夫人も大変きさくで、直接話したときの印象と、遠くから見ている印象とは随分違うものだと思った。

（二〇〇一・一〇・二）

欧州での歴史教育

中国大使館でグラッセ儀典長を招待しての夕食会があり、その席で、同席のスペイン大使と、ヨーロッパにおける歴史教育について議論した際、スペイン大使が、

「パリの凱旋門には、マドリッドのそば数百キロのところで行われた、ナポレオン軍とスペインとの戦闘を大勝利とし、そのときの将軍の名前などを刻んである。しかし、あの戦いはスペインの勝ちで、フランスの大敗であった。それを、ナポレオンの勝利だと言っている。歴史の見方を同じようにしようなどというのは、このヨーロッパでもできないことだ」

と、言っていたのが印象的だった。

（二〇〇一・一〇）

パリでの日韓会談——やはり「歴史問題」か

ヒルトンホテルにおいて、遠山敦子文部大臣と韓国のハン・ワンサン教育人的資源部長官とが、折から教科書問題が両国間で問題となっていることもあって、朝食をとりながら会談した。

ハン長官は、マンデラ南アフリカ大統領就任式に特使として派遣された際の経験にふれて、次のように述べた。すなわち、南アフリカでは、黒人と白人との和解を達成するためには、まず歴史の

真実を明らかにすることが先決であるとの観点から、大統領とデクエレル副大統領が協力して、「真実と和解委員会」が設立されたと聞いた。そして、マンデラ大統領は就任式で、「真実をあきらかにすることにより、対立の歴史を永遠の眠りにつかせる」と強調した。この言葉を現在の日韓関係にそのまま適用できる状況には至っていないが、日韓両国首脳が合意したような「歴史の共同研究」をすすめてゆくことが重要であると思うと述べた。

これに対して遠山大臣は、民間専門家による歴史の共同研究は画期的なことであり、今後よく連絡しあってゆきたいと応じた。

しかし、事実の究明はどうしても事実の「解釈」と連動するので、今後の共同研究がどこまで、真に「共同」のものとなりうるかは楽観視できないと感じた。

（二〇〇一・一〇・一六）

広島市長との平和談義

秋葉広島市長と公邸で会食、懇談した。

「アキバ」という名前はユダヤの名前にもあると聞いて、広島が、アウシュヴィッツと姉妹都市関係にあり、「ホロコースト」の被害地であることを改めて想起した。

広島の市政については、昼間でも車の照明をつけることにしたら、事故がかなり減ったことなどの話があったが、言葉の端々に、市長としての熱意と誠実な人柄が滲み出ていた。

こちらから、平和運動ももちろん結構だが、海外で見ていると、日本が十分な国際貢献をしていると必ずしも胸をはれない状況下で、ただ反戦をとなえてもあまり国際的に共感をえられないのではないだろうか、とコメントした。

すると、秋葉市長は、自分はやや考えが違うと述べ、次のように語った。すなわち、自衛隊を海外に派遣して国際貢献を行うというが、何の為に、何を世界で実現するために派遣するのか、明確な哲学、思想がない、それでは、形だけ国際貢献を行っても意味が薄い、とやや手厳しい反論があった。当方から、そうかもしれない、しかし、まさにそこのところを議論すべきではないだろうか、と付言すると、市長はまさにいろいろ意見を率直、かつ冷静に行うことが大切であると、いかにもアメリカに長く滞在し、また、学者としての体験を持つ人物らしく、明るい調子で述べていたことが、印象的だった。

（二〇〇一・一〇・九）

サルコジ夫妻との懇談

公邸にサルコジ・ヌイイー市長夫妻を招待。次期保守党の首相候補にしてはいたって気さくで奥さんも元は市庁につとめていた法律家とか。

いくつか、印象的発言があった。ひとつは、今の駐日フランス大使のグルドモンターニュは、自分も良く知っているが、政治家にするにはもったいないので、外交官として日本に赴任してもらったと聞いているとの発言。そして、第二に、よく中国、ベトナムなどアジアの国では、役所に要人をたずねてゆくと、その人の事務所に入れずに、別の応接間に通されるが、これはどういう意味があるのか、時々考えさせられるというコメントだった。どうしてそれがそんなに気になるのか、いささか不思議に思った。

（二〇〇一・一〇・一八）

文化遺産の継承（平山画伯の話）

平山郁夫画伯と公邸で懇談した際、年来の画伯の関心事である、文化財の保護の問題に関連して述べたことには、画伯の考えと熱意がこめられており、興味深かった。画伯は、アフガン戦争に関連して、タリバンが仏像破壊を企てたとき、国際的アピールを行い、ユネスコも動いたが、結局破壊を阻止できなかったのは残念であった、と述べた。画伯は同時に、アフガンにはダミアンの仏像以外にも東西文化の接点として貴重な文化遺産があるので、米国側に対しても、爆撃で文化遺産が破壊されないよう、アピールを行う活動を始めていると述べていた。文化遺産が戦争などのため国外へ流出し、行方不明になって、「難民」のようになっているのを救う必要があり、それには、著名な美術館、美術収集家が国際的に協力すべきであり、既に、英米仏などの主要な美術館の館長に手紙を出して協力を呼びかけている、とのことだった。

文化遺産の問題とは直接関係ないが、長年、高句麗古墳問題などで画伯が訪問したことのある北朝鮮の関係者の態度について、次のようなエピソードが披露され、興味深かった。

先般、北朝鮮の文化省の局長以下、代表団を日本に招待したが、最初は警戒心が強く、打ち解けず大変だった。しかし、日本滞在が進むにつれ、日本人は親切で、寛大だと漏らすようになった。宿泊するホテルも一流のところにと思い、ニューオータニに泊めてあげたが、団長はあまりのすばらしさに興奮してなかなか眠れなかったと言っていた程だった。日本からの帰路も往路とおなじく北京経由だったが、日本に来る際泊まった在北京北朝鮮大使館は、自由がきかず、あれではたまらないからといって、日本滞在中に渡された旅費をためて、どこか普通のホテルに泊まると言っていたのがおもしろかった、と。

（二〇〇一・一〇・二五）

パリ市の課題

『フィガロ』紙主催の、ドラノエ・パリ市長の講演会（仏では比較的珍しい朝食会）に招かれ、市長の抱負と市政への取り組み方についての講演を聞いた。これから、これこれの施策を行う云々という調子の講演だったが、裏を返せば、パリ市の直面している課題を披露したものだった。

最初は宗教の話であった。市長は宗教界の代表と次々に会談しているが、これはいかなる宗教活動も自由であることを強調するためで、宗教に政治は介入しないという「ライシテ（laicite）」の精神にもとづくものであると述べた。

これは、近年、移民、とりわけイスラム教徒の取り扱いが社会問題になっていることを踏まえたものであろうが、市長がわざわざライシテなどという概念を持ち出して、宗教界との対話についてやや弁解がましい調子で語ったことにいささか驚いた。

また、若者をパリにもっと呼び込むため保育園を充実したい、都市開発には環境への配慮を忘れてはならない、身体障がい者が容易に投票場へ行けるよう措置したい、交通安全対策については、国ではなく、もっと地方自治体の権限を強くしてもらう必要がある、目下議論となっている自家用車のパリ市内への流入規制については、実験的なものから始めたい、などの点が興味を引いた。

（二〇〇一・一〇・二八）

中国雑談

旧知の前韓国駐在フランス大使のレオ氏と台湾出身の夫人と会食の際、中国についての雑談でいくつか興味をそそる話があった。

前菜のさらに前に出るおつまみ（アミューズ・ブッシュ）に鯖のカルパッチョがでた時である。サバの漢字である「鯖」のつくりである「青」の意味、すなわち青は、よく緑色にも使われるという話になった。すると、レオ氏は、フランス語では、サバは通常マックロー（mackerou）というが、この言葉は、売春婦のヒモを意味するため、別の用語を使うこともある。それは、ド・ヴェール（dos vert)、すなわち、「緑のせびれ」という言葉である。考えてみればなぜ緑なのか、そこには、中国とおなじく青と緑の表現の重なりあいがみられる。中国語と仏語の間に共通感覚があるのかもしれない、と。

また、レオ氏は、いかにも食通のフランス人らしく、中国の兵士が戦争にあまり強くないのは、食物のせいであるとの説がある、すなわち、中国では、北京、上海、四川、広東と、それぞれ料理が違う。したがって、北方出身の中国の兵隊が南にゆくと食物が口に合わず、力が出ないのである、と笑いながらつぶやいていた。

レオ氏といえば、先日同氏の紹介で、在仏台湾代表に紹介されたとき、台湾のセン総統の訪仏問題について、欧州議会の所在地ストラスブール訪問のためのヴィザ申請を内々打診したが、仏政府の反応は否定的だったと内話してくれたが、台湾との「政治的」接触には、仏政府も慎重な態度であることが窺えた。

（二〇〇一・一〇・三〇）

フランス人の政治気質の二面性

レオ前韓国駐在フランス大使と懇談の際、同氏が、フランスの有力政治家で独自の政党を率いるシュヴェヌマン氏についての議論の際、フランス人の政治的気質に関して興味あるコメントをしていた。

フランス人は、政治家に自分の意見を聞いてもらいたいという気持が強い、選挙の際は特にそうである。したがって、保守系のシラクも社会党系のジョスパンも、市民の意見に耳をかたむけるという姿勢を取る。しかし、その一方で、現在フランス社会には、こうあるべしと思いきり自己主張する政治家がでてきてほしいという気持が渦巻いている。そこへゆくと、シュヴェヌマン氏は伝統的保守、革新双方から若干距離をおき、独自の政党を率いて独立色があり、それが同氏の人気の要因の一つとなっている、と。

（二〇〇一・一〇・三〇）

経済学者の「社会的」コメント

リヨンで、米国の研究機関アスペン・インスティチュート主催の、日欧セミナーに出席した。日本のある経済学者が、日本経済における消費の低迷と関連して、「日本の家庭では、亭主だけが恒常的稼ぎ手で、奥さんはせいぜいパートということが多いが、これは、『女は家庭で子供を育てろ』という、古い観念が社会に根づいているためである、また就職には、依然として女性差別があり、それを克服しようとして、女性は必要以上に高学歴を誇ろうとするので、却ってそれにみあった就職口がなくて困るという悪循環に陥っている」と、言っていたことが印象に残った。

また、あるフランスの研究者が、

「フランス革命は儒教思想である、なぜなら、身分にかかわらず、メリット次第で社会において出世できる糸口を作ったからだ」と言っていたのが面白かった。

（二〇〇一・一一・一一）

対仏投資奨励策如何

朝、イヴト元在日フランス大使館商務官を招致して、パリ在住の日本人ビジネスマンと日本のフランスへの投資について講演してもらったが、その後の懇談では、いくつかの「課題」ともいえる点が提起された。

日本の対仏投資については、今や非常に多様化していることが指摘され、とりわけ、食品産業、それもブイヨンや鶏の屠殺工場への投資なども行われているが、その背後には、フランスの食品は品質がよいというイメージが日本人に浸透してきているせいもある、こうした仏の食品のイメージをさらに強めることがよい戦略であろうとの意見も出された。

一方、対仏投資の問題点の一つとして、フランスの下請け企業は、品質、価格の点では遜色ないが、納期の遅れというか、納期にルーズなところが問題であるとの指摘があった。

午後、アルファンデリ氏が会長を務める日仏投資クラブの会合があったが、そこでも、フランスは飛行機などハイテク産業への日本の投資をとかく奨励しがちだが、仏の食品産業もハイテクを活用しており、その点仏はもっと宣伝すべきではないかとの意見も出た。

また、やはり他の欧州諸国とくらべて、日本の投資先としてフランスの強みは何かという点をはっきりさせることが重要だとの意見もでた。その点とも関連して、小生から、日本の企業の欧州総局的機能を日本企業の在英国支店が担っているケースが多いことは問題であると述べ、ロンバーク投資担当大使が「そうだ、そうだ」と相槌を打ってくれると、アルファンデリ会長が、「そんなことを言うと、ジャンヌ・ダルクのように英国人に火あぶりにされてしまいますよ」と冗談を言ったので、一同爆笑した。

（二〇〇一・一一・一三）

アルザスの職人魂

アルザスのインゲルスハイムでの日本関連行事に参加するため、ムルハウス空港からインゲルスハイムに向かう途次、シャープの複写機製造工場を見学した。生産ラインに並べられたカートンボックスの多くは中国語表示であり、中国が、日本の直接的輸出先や日本での製品の原材料調達先に止まらず、遠い欧州の日本企業の部品の調達先になっている現実に、時代の流れを痛切に感じた。

工場の随所に機械化や自動化が見られたが、これらの多くは、従業員からの提案にもとづくものが殆どで、生産ラインからも生産性向上のための注文は始終上がってくるとのことで、アルザス人は、ある種の職人気質をもっているというか、物作りへの執念のようなものをもっているのかもしれないといったコメントを聞いた。

町中へ向かう途中、ひさしぶりに俳句をつくった。

金網に這う枯蔦の書く草書

霧分けて紅葉染み出る古戦場

（二〇〇一・一一・一四）

お祭り気分の日本―アルザス交流

夜、第八回アルザス―日本文化週間の開幕式に出席。インゲルスハイムの町の中心部の大きな邸宅を改造した建物での式典。建物に木製の階段や梁がつかわれ、また、随所に彫刻が置かれている。階段の下にはアルザスの民族衣装を着た木彫りの女性像があり、その横にリンゴを手に持つ男性像が置かれていた。クローネル・プルジャー市長は、男性像をさして、聖書と違い、ここでは女ではなく男がリンゴを手にしていると言って笑っていた。

会場には三、四〇〇人の人が集まっており、すしや、二尺もあろうかというパンにチーズを挟んだ地元の特産品が出されていた。

市長が、かなり長い文章を日本語を交えて演説したので、小生も挨拶にアルザス語を交えた。

着物を着たアルザス成城学園の生徒、民族衣装の地元の女性、楽団、そして日本語アルザス語フランス語三種の詩歌を作って出版している詩人の作品、地元の女性刺繍家や彫刻家の作品展示など、文化行事というより、村のお祭りのような感じで、市長も忙しそうにあちこち挨拶に回っていたが、全体の雰囲気がいかにもお祭り気分をかきたてるもので、田舎のよさと都会の洗練さの双方を感じさせる「お祭り」だった。

（二〇〇一・一一・一四）

アルザス魂

「お祭り」行事の後、場所を移して、日本のテレビ番組「アルザスの青い空」に出てきた小さな村のレストランで市長さん主催の下、地元の日本人を交えての夕食会があった。たまたま、ドイツにある同名の町インゲルスハイムの町長も同席した。いかにもアルザスらしい国際性を感じた。

その際、日本との交流に熱心な地元の有力者クライン氏と昼食をはさんで懇談した時のことが思い出された。そのとき、アルザス人気質ということが議論になった。クライン氏は言った。

「アルザスは歴史上四回も独仏間を行き来した。ドイツ統治下ではフランス語は禁じられ、フランス統治下ではドイツ語はもちろん、ドイツ語に近いアルザス語も使用禁止となった。学校では禁止された言語を話すと手を叩かれた。そうした歴史を経験したアルザスは、自己のアイデンティティについて複雑な心理を抱くようになった。その結果、アルザスの人々は、一方でドイツもフランスも越えたヨーロッパに自らを重ねる。その一方で、地元アルザスを大切にする、アルザスの固有性にこだわる――この二面性にアルザスの特徴がある」と。

そして、夕食会の席上、フランスの市長は、ドイツの同じ名前の町のドイツ人町長が居る前で、「自分の父はナチに拷問された、しかし、自分はドイツ人を憎まない」と言った。一瞬、座がシーンとなった。「だから、アルザス人も、ドイツ人も皆ヨーロッパ人なのですね」と笑いながら小生がつぶやくと、そのとおりと皆頷いた。

国際的日本人ほど日本の固有性を大事にするのだろうか――ふとそうした思いが胸をかすめた。


（二〇〇一・一一・一四）

ホジンタオ（胡錦濤）氏のフランス訪問

中国の指導者ホジンタオ（胡錦濤）氏がフランスを訪問した直後、フランス側との会談の様子などについて、エヌキン外務次官を訪ねて懇談した。

ホ氏の人物評については、エヌキン氏自身は晩餐会で一緒だっただけで、個人的に彼を評価しうる立場にないとしながらも、フランス側の一般的評価を述べれば、として、次のように語ってくれた。

ホ氏は、いわゆるアパラチキ、党官僚であり、政治家的なカリスマやチャームを持っている人物ではない。発言もいわば公式論をほとんど逸脱せず、個性的なところは感じられない。ただし、これは、彼の現在の地位と、来年主席になるということから、発言に非常に慎重になっているためでもあるかと思われる、と。

また、フランス側との話し合いの内容については、訪仏中、台湾問題は特に話題とならなかったという。これは、一つには、九月一一日の同時多発テロ事件以来、中国の関心が新疆を初め、中国西部、中央アジア問題に一時的にせよ移っているせいでもあろう、現に、話題の中心は、アフガンを始めとする世界情勢であった由。

当方より、さりながら、まさに、新疆の独立運動などとの関係もあり、台湾問題への関心は弱くなるどころか強くなっている面もあろう、と述べたところ、たしかにそういう面もあるが、仏としては、台湾問題については、むしろ来年の中国共産党党大会後に中国の政治攻勢が強まるのではないか、と見ている、とのことだった。

また、当方より、最近、フランスが、台湾の「総統」夫人にストラスブールでの会合出席のためのヴィザを出したことについての中国の反響について質したところ、ストラスブールは、欧州議会やヨーロッパ評議会の場所であり、そこには、ときとして、各国内部での「問題児」も出席する、たとえば、ロシアのドーマ（議会）の副議長は、右翼も右翼で、ロシアで問題を引き起こしているが、フランス入国を止めるわけにもいかない、幸い台湾の件は、プレスにもほとんど出ず大きな問題にならなかった。台湾は大いに満足している、と述べ、暗に、ストラスブールという土地の特殊性と、本件をできるだけローキーに扱ってプレスの注目をひかないようにしたことによって巧く処理できたとの趣旨を匂わせていた。

（二〇〇一・一一・一六）

日本とトルコの国際的協力

パリに在勤中、折から日本の中央アジア諸国との経済関係の強化が叫ばれていたことに留意して、中央アジアに隠然たる影響力をもつトルコに注目し、トルコのＯＥＣＤ（経済協力開発機構）担当大使と昼食をはさんで懇談した。

中央アジアの経済情勢と国際協力の方向について、イスタンブールにある「ＯＥＣＤセンター」などを活用して国際的セミナーを開けないか、ということを、個人的アイデアとして打診した。また、その場合、ロシアがＯＥＣＤのメンバーでないことを問題にする向きもあるが、ロシアも招待してセミナーを開けば良いのではないか、と示唆してみた。先方はそのアイデアは自分も大賛成であるが、先般ＯＥＣＤの非加盟国との関係に関する委員会でそれに近い構想を議論したとき、なぜかアメリカが消極的だった、と述べた。よって当方より、それは一月ほど前の話で、その当時はアフガン情勢の先行きも不透明であり、アメリカとしては余計な波風をたてたくなかったからではないか、今なら米国も乗って来るのではないか、と言うと、先方もそうかもしれぬ、いずれにしても本件に乗り気なドイツなどもまきこんで、協力して実現をはかりたい、と述べていた。

欧亜大陸の東と西に位置する日本とトルコが、単に二国間関係にとどまらず、国際機関の活動や第三国を巻き込んだプロジェクトにおいての協力も強化したいという意図だったが、トルコ側も積

極的だったことに力を得た。（二〇〇一・一一・二三）

西欧文明と「他者」

チュニジア出身で、フランスで教育を受けたアラブ系女性ジャーナリストで、ユダヤ人とも親交が深いとされるソフィ・ベシス氏の書いた、『西欧と他者』と題する西欧文明の優越性に関する著書がベスト・セラーの一つとなり、巷の関心を呼んでいるので、仏駐在の非西欧諸国の大使を招待し、ベシス女史も臨席してもらって、西欧文明観を議論する昼食会を開いた。その際の各国大使の発言ないし見解は、なかなか興味深かった。

インド大使　そもそも西欧文明が、他の文明に比べて優越していることを認めるインド人は少ない。個人主義の行き過ぎ、性と暴力の氾濫、物質主義云々と、西欧文明は技術と富以外の価値では優越していない。

中国大使　西欧文明の優秀さと言うが、火薬にせよ印刷術にせよ、元はと言えば中国文明の借り物である。西欧文明の優秀さなるものは、実は、他者のお陰でもあるということを西欧はよく理解しておく必要があろう。

ブラジル大使　ブラジルは西欧によって発見されただけで、独自の文明を持たず、それゆえ、西欧と他者（非西欧）を分けて考えること自体難しい面がある。その上で、あえて西欧文明の優秀さといえば、それは将来についての楽観視あるいは進歩という概念をもっていることではないか。

モロッコ大使　西欧文明は魅力あるものではあるが、それがこれほど世界を席巻したのは、非西欧側に、支配者と民衆との間に軋轢があったり、社会的腐敗があったからで、西欧文明の優越云々よりも、非西欧社会内部の矛盾こそが問題であろう。

メキシコ大使　メキシコの民主化は自発的、内政的なもので、西欧から押し付けられたものではなく、非西欧諸国の内生的発展の歴史に目を向けるべきである。

当方から、西欧は、世界的に自らの文明を広げて行く過程で、自らのアイデンティティを確立するために「他者」という概念を必要としたのではあるまいか、非西欧の者としては、西欧の作り上げた「他者」概念の罠にかかってはならないであろう。西欧のいう「他者」にとって、西欧は「他者」であろうと述べた。

ベシス女史本人は、非西欧の者にとっては、西欧的価値の非西欧化が必要なのではないか、とコメントした上で、次のように述べた。すなわち、西欧は、非西欧社会の、西欧に対するルサンチマン（恨み）の本質が分かっていない、それは、西欧的価値の押し付けに対するものというよりも、むしろ、西欧が普遍的価値と言いながら、みずからに都合のよいときはその普遍的価値を裏切って、しかもその裏切り自体を普遍的価値の名において正当化してきたところにある、と。

こうしたベシス女史のコメントを聞きながら次のように思った。すなわち、文明の力とは、畢竟、自らの利益をあたかも普遍的なもののような形にして広めることである、ところが、他者がそうした普遍的価値をかなり良く身につけるや、難癖をつけてその力をそぐというものである。文明の衝突とはそうした過程で起こるのではあるまいか。

（二〇〇一・一一・二八）

効率第一社会の転換？

大島敦経済産業省副大臣、神田愛知県知事などと会食した席上、日本はとかく効率第一にまじめにやり過ぎてゆとりを失い、その結果、悪いところはないものの、素晴らしいところもなくなってしまうという欠点があるという話になった。

その関連で、こちらから、一九五〇年代のことらしいが、昭和天皇が農林大臣から、害虫はすべて農薬で退治しましたと言われ、しからば益虫はどうなったかと尋ねられたという話をした。すると、同席の水野愛知県会議長が、最近水田農作は雑草をなくしてしまうので生態系によくない、雑草も残しておかないと自然は破壊される、だから、最近の公園では、わざと雑草の場所を確保してあるところもある、という話をされ、一同、そういう時代になったかと感慨を深めた。

効率第一の日本も変わりつつあるということなのであろうか。

（二〇〇一・一一・三〇）

中道派の政見

フランス政界で、保守党系でもなく、また社会党系でもない独自の政党を率いているシュヴェヌマン氏の講演会（朝食会）が、ホテル「プランス・ドゥ・ガル」であった。

講演そのものよりも、むしろ質疑応答の時間がかなりあったが、とりわけ次の主張が興味を引いた。

内政面について、シュヴェヌマン氏は、行政手続きの簡素化は必要だが、長期戦略をたてる必要のある分野での国の役割は重要であり、簡素化ばかり言ってはいられないという見解だった。また、教育政策について、同氏は、平等という思想は重要だが、まず、教育の目的をはっきりさせることが大切である、すなわち、教育は選別の過程でもあるので、その目的の明確化がないと、無用の軋轢が内部におこり、脱落や暴力沙汰がおこるのである、と。

外交政策についてはは多くを語らなかったが、中東紛争に関連して、イスラムの国々の近代化をどうやって進めるのか、その際の精神的支柱は何かが問題である、いいかえれば、精神の近代化をどうすすめるのか、また、その過程での西欧の役割は何かを考えねばならない、その際、東南アジアのイスラム系の国の経済発展のやりかたが、なにか参考にならないか、考えてみることも出来ようと述べていた。

ヨーロッパ統合の理念に関しては、統合は国家の概念をなくしてゆくのではなく、あくまで国家の概念をまもりつつ行うものだとの見解だった。

（二〇〇一・一一・三〇）

欧州における社交界の表裏

ホテル・クリヨンで、いわゆるDebutante ball（社交界へ登場する若い女性をあつめた舞踏会）があり、次女のユリが、二四人のDébutanteの一人に選ばれブッシュ元大統領の姪や、そのエスコートのブルボン王朝の末裔などとともに、一流のファッションの服装を着て、ミキモトの真珠をまとって登場し、テーブルの間を一周して歩く形で姿を披露した後、隣の部屋で踊った。

ヨーロッパだけに、プロシア王の末裔だとか、ロマノフ王朝時代の貴族の子孫などが登場したようだ。隣席の御木本夫人は、日本では皇室の直系でも、一旦庶民と結婚するとただの人になってしまう、もう少し、家系というものを大事にしなくて良いのだろうか、と語っていた。考えて見れば、今の日本で、家系が意味をもって、社会的に認められているのは、御木本とか豊田とか本田とか、産業界の偉大な創業者や、歌舞伎、邦楽、陶芸など伝統芸能、さらには、料理やお菓子その他の所謂「老舗」で「家業」と見なされているものだけなのではないか、反動的思想といわれても、「誇りある家系」の意味を問う人々が、もう少しいても良いのではないだろうか、と思えた夜だった。

御木本夫人は、その一方で、次のようなことを語った。「戦後の日本の教育は、だれでも平等、皆同じという考え方にたってきた。その結果、貧しい、恵まれない層の人々のなかから優れた人を拾い上げた功績は大きい。それに、今やそのお陰で、皆が豊かになっている。例えば、うちのお手伝いさんの息子は一流大学を出て、ホテル・オークラで結婚式をあげ、ハワイへ新婚旅行へ行った。病院で、孫のだれだれが、アメリカに留学するようになりましたなどと話していると、そばで聞いていた付添いのおばさんが、あら、うちの息子もアメリカの大学にいます、そちらはどこの大学ですか、と言われて比べてみると、こっちの方があまりさえない大学だったりする。とにかく、日本の豊かさの浸透ぶりはすごい」と語る。

考えて見れば、日本人がこうやって、フランスの社交界の華やかな舞踏会に招かれているのも、日本の経済力というか豊かさのせいではあるまいか、それに、一昔前なら、社交界の催しであった舞踏会が、いまやファッション産業と宝石業の人々によって支えられていること自体、社会の変化とある種の平等化を意味している、金は差別と不平等をつくると思われがちだが、実のところ、金は人々を平等化している面もある、なぜなら、金さえあれば、他の面での違いや差別をのりこえることができるからだ。

欧州に今もって社交界が華やかに存在していることの表と裏の姿に思いをはせた。

そして、ふと、貴族階級と付き合った訳でないが、パッシーの一流住宅地に住み、名のある劇場、レストラン、ナイトクラブに出入りして、グルメと快楽に充ちたパリ生活を送った岡本かの子のことを思い出した。パリを全て知ったようなことを言う息子に、かの子は、「本当のパリはその先にあるのよ」と言う。「本当のパリ」は、エリゼー宮の内にあるのか、カルチエ・ラタンやモンマルトルのカフェにあるのか、それとも貴族と富豪の邸宅にあるのだろうか。

（二〇〇一・一二・二）

ある英国人のフランス観

英国ケンブリッジ大学に留学中に仲良くなった英国人の同僚アンドルー・クリケットが、英国の中央銀行の幹部となって、パリでの国際会議に出席するため訪仏した機会に旧交を温めて懇談した。アンドルーは会議に出席する各国の代表を乗せた車を、仏の警察車がサイレンを鳴らして先導して通行させたことに言及し、国家元首でもない人物にこうした交通規制を敷けるのは、いまや欧州ではフランス位であろう、やはりフランスは、「帝国の威厳」を示すことには市民も文句をいわない国なのだろう、言い換えれば、「帝国」の概念が今も生きているのがフランスだろう、といささか皮肉っぽくコメントしていた。

（二〇〇一・一二・一四）

林芙美子の泊まったホテル巡り

典子と二人で、寒空の下モンパルナスへ出掛け、その昔、林芙美子が下宿したところを幾つか見て回った。〈オテル・フリドール〉のように下宿屋というより、今はやりのレジデンスホテルの形をとっているものがほとんどで、辺りの様子には、芙美子が形容していたようなうらぶれた風情はなかった。けれども、寒空の下でモンパルナスの石畳みを歩いていると、この石の上を着物姿で下駄をはいた芙美子が歩いていたのかと思い、時間が逆戻りしたような錯覚にとらわれた。

（二〇〇一・一二・一五）

ある大統領候補の政見

ジュッペ内閣の環境大臣を務めた女性で、保守党系ながら、環境問題や市民連動に熱心な政治家で、今度、大統領選挙に立候補したコリンヌ・ルパージュ女史と各国大使との朝食会に出席した。ルパージュ氏は、自ら重視してきた環境問題について、この問題はとかく左翼勢力と結びつき、政治運動化してきたが、もっと広い人類全体の問題、すなわち、自然と人間の融合という観点から取り組むべき問題である、と語った。

女史は、ＮＧＯなどの市民団体の役割を強調し、環境、原発問題、グローバリゼーションの影響についても（とりわけ、各国政府の対応能力が失われている現状に鑑みて）ＮＧＯの役割が大事であると強調した。

また、現在の社会は男性の価値観が支配し過ぎており、女性の価値観がもっと認められるべきである、そうすることによって、男らしさや勇敢さといった男性の伝統的価値だけではなく、男性自身が本来もつべき他の価値観を広く社会で共有できるようになるためにも、女性の価値観をもっと強調すべきと考える旨述べていた。（二〇〇一・一二・一八）

II

パリ徘徊

――パリを訪れた日本人作家たちと共に

永井荷風とともに歩いたパリ

ル・アーブルからパリへ

フランスに遊学あるいは長期滞在した日本の文学者の嚆矢は、永井荷風であると言っても良いであろう。

荷風の『ふらんす物語』を愛読していたせいもあって、荷風の足跡をパリの街路の上で探索するにあたり、まずは荷風のフランス行きの背景に注目した。

荷風はもともとフランスに憧れ、米国ニューヨークで横浜正金銀行に勤めていた頃から、デトウルという名前のフランス人老婆にフランス語を学んでいたほどである。荷風のフランスへの憧れは、文学者志望の青年として、ゾラやモーパッサンなどのフランスの作家たちの生地に直接触れたいと

永井荷風（1879-1959）

いう願望に根ざしていた。

思うに、自分も大学時代第二外国語として学習したのはドイツ語であったが、第三外国語としてフランス語を勉強したのみならず、高田馬場の語学学校へフランス語の学習に通ったことを思えば、荷風ほどでないにしろ、フランスに対する漠とした憧れの気持があったように思えてならない。

しかし荷風の場合、フランス行きは、実は、彼を実業、あるいはまともな正業につかせようとする父親の強い意志に対する反逆という面を持っていた。だからこそ荷風の父親は、荷風の念願したフランスではなく、米国ニューヨークへ息子を送りだしたのであった。

しかしその息子は、米国でポーランド出身の娼婦イデスと同棲生活をおくるようになり、父親は、おそらく息子を彼女から引き離す意図もあって、荷風をフランス・リヨンの横浜正金銀行支店へ転勤させるよう取り計らったとみられるのだ。いいかえれば、娼婦との同棲生活という、まさに父親の思惑に真っ向から反逆するような行動に出たことが、逆に、運命の皮肉で荷風をフランスへ押し出したのだった。

自分の場合はどうか。フランス大使に任命された背景は、つまびらかではない。若いころフランスに留学した、いわゆるフランス派が、外務省の同期やその前後に一〇数名いたにもかかわらず、英国留学組の自分がフランス駐在を命じられたことは、ある意味では、荷風と同じく運命のいたずらのせいだったかもしれないとも思えた。ただ、荷風の場合に似て、自分の心にあったある種の「反逆精神」が、フランス勤務へとつながった面がなかったとはいえない。それというのは、自分の心の中に、どうしても英語圏、それもアメリカ留学組がとかく外務省の「主流」を占めがちであり、外交政策もやや対米一辺倒になりがちなことに対する、ある種の反逆心がうずまいていたからだ。そうした思いが、とかくアメリカニズムに反逆しがちなフランスへの思いを作り上げ、それがどこかで周囲の人々の評価にも影響したのかもしれない。

荷風は、米国から船でフランス北部のル・アーブル港に着いた。一九〇七年七月二七日のことだった。

アーブルの市街は山手に近いと見えて、燈火《ともしび》が高い処まで散点し、その高い山の上からは、忽然、鋭いサーチライトが輝き出した。

自分はいうまでもなく、モーパッサンの作物《さくもの》――La Passion.〔情熱〕、Mon oncle Jules〔叔父ジュール〕または、Pierre et Jean なぞいう小説中に現れているこの港の記事を思い浮べて、大家の文章と実際の景色とを比べて見たいと、一心に四辺《あたり》を見廻していたのである。

（『ふらんす物語』）

＊『あめりか物語』付録の「フランスより」も、出典を『ふらんす物語』としている。

このように、荷風はフランスの文豪の小説に出て来たル・アーブルの景色を現実の情景の上に投影した。

自分がル・アーブルの名誉総領事と面談するため当地を訪れた際には、こうした荷風の感慨をそのまま現実のル・アーブルの景色に投影するには、あまりにも時代と状況が異なっており、そうした感慨はほとんどなかった。むしろ、青年期に愛読した小説『チボー家の人々』の中で、若い医師アントワーヌと奔放な恋人ラシェルとの切ない別れがこのル・アーブル港の波止場であったことを思いだし、その情景をあらためて頭に描いたものだった。それでも、荷風の見たル・アーブル、荷風が小説を読んで想像していたル・アーブル、それを想像しながら、同時に『チボー家の人々』に出てくるシーンを現実のル・アーブル港に多かれ少なかれ投影したことを思い出す。

ル・アーブルからパリへ向かった荷風は、列車に乗り、パリ、サン・ラザール駅に着いた。その時の情景を荷風は次のように書いている。

サン、ラザールの停車場に着した。この近辺はパリー中でも非常な雑沓場で、掏盗児《すり》の多い事は驚くほどだ。時計でも紙入でも、大切のものは何一ッ外側の衣嚢《かくし》へ入れていてはいけない。と、船中で或るフランス人が注意してくれたので自分もその気で、プラットフォルムへ出たが、なるほど、雑沓はしているものの、その度合は、ニューヨークの中央停車場なぞとはまるで違う。人間が皆《みん》な、ゆっくりしている。

（『ふらんす物語』）

サン・ラザール駅は、パリと北のノルマンディ地方を結ぶ列車の終着駅であり、一八三七年にサンジェルマン行きの鉄道が開通したことで名高いこの駅は、パリ北方のアルジャントゥーユに一時住んでいたクロード・モネが頻々利用した駅であり、その構内を描いたモネの絵は一二点になる。石造りの駅の構内は、現在でも一八七〇年代を中心に描かれているモネの絵そのもののように見えるが、実は、一八八六年に再建されたものだ。また、サン・ラザールは、ノルマンディ出身のモーパッサンの小説にもよく登場する。

モーパッサンの小説『ベラミ』の主人公は上京してこの駅の付近に住み、また程なくして、この駅の構内の売店で、自分の書いた最初の記事の載っている『ラ・ヴィ・フランセーズ』紙を購入するが、そうした『ベラミ』の物語の筋を、永井荷風は読書を通じて知っていたはずである。

荷風の夢とモーパッサンの夢は、こうしてサン・ラザールの駅で交叉したのだった。

夢と言えば、サン・ラザール駅はフランス映画にも登場する。例えば、ゾラの作品をジャン・ルノアールが映画化した「獣人」（一九三八年）では、機関手に扮するジャン・ギャバンが、サン・ラザール駅からル・アーブルに向う汽車に乗りこむシーンがある。また、サン・ラザール駅前のホテル、オテル・コンコルド・サン・ラザールは、ジャン＝リュック・ゴダール監督の作品「ゴダールの探偵」（一九八五年）の舞台となった。

サン・ラザール駅を後にした荷風は、近くのローム通り（Rue de Rome）の安宿に泊る。ローム通りは、附近のアムステルダム通りなどと並んで、サン・ラザール駅の北方にある、ユーロップ広場と交叉する（ないし近い）道の一つで、高等学校や病院風の建物のある味気ない通りであるが、近くには、今でも安価なホテルが散在している。

サン・ラザール駅とその周辺は、自分にとっても思い出深い所だ。

英国ケンブリッジ大学に留学中、偶然、町中で、欧州に遊学中の通産省の役人K氏と出会い、K氏のフォルクスワーゲンに相乗りし、フランスからジュネーブまで旅行したことが、初めてのフランス行きだった。その時、パリで宿泊したところが、サン・ラザール駅から程近い、オテル・サント・オーギュスタンというペンション風の宿屋だった。そこで、はじめてビデを見て、これをどう使うのかといぶかしく思ったと同時に、ひょっとするとこのホテルはいわゆる連れ込み宿ではないかと疑ったものだ。

以来、ケンブリッジの学生時代とその直後の在英大使館勤務の時代を通じて、パリに泊まるときはこのホテルを利用したものだ。

駐仏大使になってからは、ここに泊まることはなかったが、車で前を通ると、旧時を思い返して感無量だった。

墓地を訪ねて

サン・ラザール駅近くの安宿から、荷風は、生まれて初めてのパリ見物にでかけ、「ああ、自分は如何なる感に打たれたであろう」と叫び、それまで読んだフランスの小説から想像していた姿を目の当たりに見て感動したようだが、荷風は、すぐ、勤務先のリヨンへ旅立っており、彼がパリを満喫したのは、むしろ、リヨンから日本へ帰国する際のパリ滞在の時であった。

その時、荷風は、カルチエ・ラタンの中心、スフロー通り（Rue Suofflot）九番地のオテル・スフローに滞在した。

スフロー通りは、リュクサンブール公園からパンテオンに通ずる通りで、ジャコバン修道院の跡（一四番地）や、かつて文人の良く集まったカフェの跡（二六番地）などがあり、由緒ある通りであるが、今日では安ホテル、カフェ、ハンバーガーショップなどの立ち並ぶ、半ば観光客用、半ば学生街風の通りになっている。

この下宿から荷風は、パリ見物にいそしんだ。その足跡を『ふらんす物語』を通じてたどってみると、凱旋門、シャンゼリゼー通りからマドレーヌ寺院まで、セーヌ川の、右岸の華やかなところが目につく。

その当時のシャンゼリゼーの風景を荷風は次のように描写している。

四月はじめの蒼白い日の光で、立続く橡樹《マロニエー》の木芽は、見渡すかぎり一面に真珠を連ねた如くきらめいている。まだ天気の定まらぬ時節ながら、ちょうど午後の三時過ぎ、散歩の馬車自働車は、さしもに広い大通りを狭いほどに走《は》せ交《か》う。その間をば活動写真《シネマトグラフ》の広告隊が、行きなやみながら曲って行った。広い四辻の中央に、噴水を止めた泉水のまわりには、植木屋が草花の苗を植えている。歩いている人の混雑する中を、竿につけた風船売りの風船球がふらふら動く。

（『ふらんす物語』）

今日のシャンゼリゼー通りは、馬車もなく、風船売りもおらず、ブランドものの商品を売る店や観光客用のカフェがならび、車が飛び交うように走る通りとなっており、また近年は、結構スリやかっぱらいの横行することもあって、自分自身は、パリ滞在中、シャンゼリゼーをゆっくり散歩することは、ほとんどしなかった。

荷風は華やかなシャンゼリゼー大通りよりも、むしろその裏ともいえる、比較的静かなガブリエル並木通り（Avenue Gabriel）を好んで散策したように思われる。そして彼は、「静かなガブリエルの裏通り」の向こうに、「瓦斯灯の光りに蒼く照らし出された」エリゼー宮に目を向けるのだった。

今日でもガブリエル通りは、東側は、大統領官邸、日、米、英などの大使公邸の裏口にあたり、また、西側は、マキシムの長期滞在型ホテルやレストランがあり、かつてはカルダン所有の劇場やレセプション会場などがあって、催しのあるときは人出も相当あるが、普段は静かな、木陰の続く薄暗い通りである。

このように、華麗なパリよりも薄暗いパリを好んだ荷風は、人との付き合いでも、表舞台で活動する人々ではなく、巷にさまよう裏舞台の娼婦、遊女に目を向けた。それだけに、荷風は劇場や美術館よりも、モンマルトルなどの盛り場を徘徊した。コメディ・フランセーズの劇場からモンマルトルへ向かう道筋を描いた荷風の次の文章は、そうした荷風の心情をにじませている。

フランス座の廻廊には場を出でたる人押合えり。モリヱールが石像行人を打まもるリシュリューの横町は、いつも車を通ずるに便ならず。ブールヴァールは、今こそ夜半の雑沓の最中なれ。フランス劇壇の名家ユージェン、スクリーブ、この処にみまかりし由、石の壁に彫《きざ》みたる館の前を過ぎ、フォーブルグの暗くして狭き道を行く時、われは車を下りぬ。

暗くして狭き道は、志すモンマルトルの高台に上る坂道なり。歓楽の世界に入る前には何処《いずこ》の国にもかかる貧しき街あるは何故ぞ。

(『ふらんす物語』)

この文章の中で荷風は、劇作家、「ユージェン、スクリーブ」の名が刻まれた石の壁云々と言っているが、コメディ・フランセーズからモンマルトル方向へ、オペラ座の横を通るようにして歩いてゆくと、スクリーブ通りがあるが、この通りにスクリーブが住んだことを示す石板なるものは見あたらない。

石板や銅板といえば、パリ中心部の建物の壁面などにはよく銅板や石板があり、誰々が住んだところであるという記述が見られる。とりわけ、文人、詩人が多く、プルーストの住んだところなどは特に有名である。自分は、文人もさることながら、政治家、革命家などのパリ滞在に興味をもち、レーニン、周恩来、ホー・チ・ミンなどの住んだ場所を探して見にいった。文人でも、フランスの作家以外の外国人に関するものがないかと探して見たところ、トルストイやストリンドベリの滞在したところなどが分かって興味深かった。

ひるがえって、荷風のパリ散歩で特徴的なことは、墓地をしばしば訪問していることである。とくに、いわゆるパリの三大墓地、モンマルトル、ペール・ラシェーズ、モンパルナスの三墓地である。

パリの北に位置するモンマルトル墓地では荷風はまず文豪ゾラの墓に見入った。

ちょうど、荷風がパリに滞在していた一九〇八年は、ゾラの遺骨がモンマルトル墓地から、偉人の殿堂ともいえるパンテオンに移された年であった。他方、ゾラ一族の墓は、今も、モンマルトルの墓地の入り口近くの第一九区に堂々とした姿を見せている。

荷風はまた、ハイネ、ヴィニィ、ゴンクウル、ゴオチェの墓を訪ねた。

ゴーティエの墓については、友人たちがゴーティエの詩作を集め、『テオフィル・ゴーティエの墓』と称する書物をまとめ、その収入で墓が建てられたという話が伝えられている。

ゴンクール兄弟の墓は、仲の良かった二人を象徴するかのように、墓の上にブロンズの顔が向かいあった形となっているが、因みに、生前ゴンクール兄弟が収集した日本の美術品などを売却した資金を基に作られた文学賞であるゴンクール賞は、今日でもフランス文壇のもっとも権威ある賞となっていることはよく知られている。

人も知る通り、荷風が訪れた墓の主、ヴィニィもハイネも、共に魅力的な女性の虜となった上に悲劇的な死を迎えるが、そうした詩人の波乱の生涯に、荷風は、文学者としてある種の親近感を抱きながら墓を訪ねたのではあるまいか。ハイネの墓には、次のような詩が刻まれている。

> 荒れ果てた地に見も知らぬ手で私は葬られるのだろうか。
> それとも海辺の砂地のなかに私は憩うことになるのだろうか。

そして最後に、荷風は椿姫の墓を訪れるのだった。

> 吾が詩国巡礼の望みも、今は遂げられたれば、帰るさに、デュマの作劇によりて知らぬものなき、「椿の姫」が石碑を訪わんとしぬ。（中略）
> ローザは吾らを導きて、第二十四区と道札立てし小径を曲り、しばし、四辺《あたり》を見廻せしが、これなり、これなり。久しく訪わざりし故途惑《とまど》いしたり。見給え、絶えざる花束の美しからず

や。

まことに、数多き花束、花環のさまざまは、柩の形してさほどには大ならざる長方形の石碑を蔽いたり。吾は止むなく、菫の花環を片寄するに、何時《いつ》しか止みたる雨の雫、花瓣《はなびら》と共に落ち散りて、湿《ぬ》れにし石の面には、

ICI REPOSE
ALPHONSINE PLESSIS
NÉE LE 15 JANVIER 1824
DÉCÉDÉE LE 3 FÉVRIER 1847
DE PROFUNDIS
アルフォンシン　プレッシイ之墓
一八二四年正月十五日生
一八四七年二月三日歿
往生安楽国

の文字読まれたり。

（『ふらんす物語』）

荷風はまた、パリの西北の有名な墓地ペール・ラシェーズを訪ねる。

ここに、吾は、ミュッセが墳墓の石に、「親しき友よ。われ死なば、柳を植えよ。わが墓に。」という名高きその詩を彫み、一本の柳をさえ植えたるを見て、フランスの国民が、一代の詩人を愛する事の、如何に深きかを思いて泣きたり。ミュッセに隣りては、フランスの楽壇に、「セビルの剃師」を伝えたるロッシニの墓ありしをも吾は忘れず。「死者のかたみ」のほとりを昇り行けば、霞渡る巴里の眺め絵の如く、繁りし黒杉の木立に、土湿りて、昼なお暗き処、モリエールはラフォンテーンと並びて休み、新しきドーデーの像を組入れし大理石の面には、銅《あかがね》にて、その名誉の題目を連ね出したり。バルザックはかなた遥《はるか》にして訪るに難く、ボーマルシエーの墓、また遠く、羊腸たる石径を辿らざるべからず。

（『ふらんす物語』）

モリエールとラフォンテーヌの墓は、墓地のほぼ中央第二五区画にある。モリエールの遺骨は一八一七年にここに移されたと言われているが、俳優という職業のため、教会での正式の葬儀を許されなかったモリエールの遺骨は、実は行方不明であり、ここに埋葬されているのは真の遺骨ではないとも言われている。モリエールから数十歩離れた反対側の第二六区画にドーデの墓がある。バルザックの墓は、荷風が言う如く、かなり西よりの第四八区にあり、またボーマルシェの墓は、逆に東よりの第二九区画にある。

このボーマルシェの墓の向かいには、ナポレオン配下で勇名をはせたネイ将軍の墓があるが、スタンダールの『赤と黒』の主人公ジュリアン・ソレルは、この墓を訪ねて、次のような体験をしている。

ペールーシェーズの墓へ行くと、とても親切な、その上話しぶりから自由主義者らしい一人の紳士がジュリアンをネー将軍の墓に案内してやろうといった。その墓には、狡猾な政略の犠牲になって墓碑銘すら刻まれていなかった。ところでこの自由主義者は眼に涙を浮かべて、ジュリアンをほとんど両腕に抱かんまでにしたが、さてわかれてみると、ジュリアンの時計がない。

（『赤と黒』）

ミュッセとロッシーニの墓は、ペール・ラシェーズの正門を入ってすぐの左手の第四区画にある。ロッシーニの墓は礼拝堂形の墓である。ミュッセの墓には、ジョルジュ・サンドとの激しい恋に溺れ、恋に破れたミュッセの一生を象徴するかのような一篇の詩が刻まれており、荷風の言う通り、「親しき友よ、われ死なば墓に柳を植えてよな」という句に始まっており、墓石の横には柳とみられる木が、いかにもミュッセのはかない一生の生まれ変わりのように立っている。

また、ペール・ラシェーズの墓地は、『赤と黒』以外にも、いろいろな文学作品にとりあげられている。例えば、バルザックの名作『ゴリオ爺さん』。

この作品の中では、身勝手な娘二人に財産をむしりとられて哀れな死を甘受したゴリオのさみしい葬式が、ペール・ラシェーズで行われている。

また、『レ・ミゼラブル』の主人公ジャン・バルジャンは、この墓地に葬られ、名もない墓石の下に永遠の眠りについたこととなっている。

北と西の墓地に加えて、パリの三大墓地の一つで、パリの南の地区にあるのがモンパルナス墓地である。

荷風は、また、この墓地にフランスの文人の墓を訪ねている。

南の墓地はモンパルナスと呼びて、モーパッサンの眠る処、またボードレールの墳墓のみならず「悪の花」の記念碑もあれば、夙《つと》に詣でて知る処たり。モーパッサンの墓は、猶太《ユダヤ》人の共同墓地を横ぎりて後、一度フランスの音楽を味《あじわ》いたるものの忘るべからざるセザールフランクの墳墓に近く、いとささやかなる石の柱にその名を止《とど》めたるのみ。記録家の伝うる処によれば、後の人文豪の名を慕いて、その亡骸を西の方名士の墓多きラシエーズに移さんとしたれども、虚名を憎みて、翰林院の椅子をすら辞退せし文豪の志を思い、世に残りし母人これを許さざりしがためなりという。

「悪の花」の記念碑は、墓地の正門を入りて、車を通ずべき大道を左に曲りたる処、蔦まつわりし恐しき土塀を後にして立ちたれば、案内記持たぬ人も直ちにこれを認むべし。

（『ふらんす物語』）

モーパッサンの墓は、ほとんど隣り合せのセザール・フランクの墓とともに、正門を入って真直ぐ奥につきあたり、左へ曲ったところにある西門の先、二六区画にあり、開いた書物が墓の表を飾る、いかにも文人らしい姿をしている。

他方、ボードレールの墓は墓地の正門の右端にあるが、ボードレールの義父オーピック将軍と一緒に葬られ、オーピック家の墓の形を取っているため、うっかりすると見すごしがちである。唯、今でも時折ボードレールの崇拝者が、半ばしおれかけた花を墓の上に置いてゆくあたりがいかにも『悪の華』の作者の墓らしい雰囲気をかもし出している。

このように荷風の足跡をたどりながら、ガイドブックや歴史書を片手にパリの墓地を散策すると、いろいろ発見することがあり、パリという都会あるいはフランスの歴史や人物が一層近く感じられた。

加えて、三大墓地それぞれの特徴にも気付いた。モンマルトル墓地は、モンマルトルの土地柄、画家のユトリロ、ブダンや、芸能人のマルセル・エメの墓などがある。また、モンパルナスの墓地は、どこかインテリ風の雰囲気があり、サルトルやゲンズブール、セザール・フランク、それにポアンカレ大統領のお墓もある。パリ在住の日本人画家の中にも、ここに自分の墓を作ってあると言う人もいたが、どこか落ち着きのある墓地だ。

それに比べると、ペール・ラシェーズの墓地は、規模も大きく、埋葬されている人も千差万別だ。プルースト、アポリネール、バルザックといった文豪から、エディット・ピアフ、モジリアーニからショパン、オスカー・ワイルドまで、主な人々のお墓をめぐるだけも一日では足りぬ位である。自分も、フランスでは墓参りの日とされているトゥッサン（万聖節）の日（一一月一日）に、ペール・ラシェーズへ出かけてみたことがあるが、意図した人物の墓の半分ほどみただけで、疲れてしまったほどだった。その折、ショパンの墓へ参る人が結構多く、花が捧げられているのがとりわけ目についた。

ところで、荷風の墓地散策と自分自身の散策を意識的に比較してみると、荷風が訪れた墓は、荷風が過去に読みふけったフランスの小説の作家の墓ばかりであることに気が付く。まず、ゾラである。

荷風は、一九〇〇年頃からゾラを読み始めており、とりわけゾラの文学の中に、明治の封建的社会や家庭の掟への反抗心と共通するような、既成の社会道徳とブルジョワの偽善に対する反逆を読みとっていた。

パンテオンに遺骨が移された後も、なおモンマルトルに肖像が残っているゾラの墓を見ながら、荷風は、書物で読んだゾラの世界をもう一度心の中に浮かび上らせ、それによって、己の青春を二度生きようとしたのであろう。

モーパッサンへの傾倒ぶりも、荷風の墓地めぐりの中からにじみ出ている。

荷風は、米国に留学する以前からモーパッサンの小説を読んでおり、ル・アーブルを発つ汽車の車窓からの風景やモンソー公園内のモーパッサンの石像に対してもモーパッサンの小説の世界を投影していただけに、モンパルナスの優雅なモーパッサンの墓には、人一倍の感激を覚えたのだった。またゴーティエについては、荷風は滞米時代に次のような感慨をもらしていた。

余はゴーチェーの如き新形式の伝奇小説を書きたしと思ふ念漸く激しくなれりと雖も未だ其の準備十分ならず徒に苦悶の日を送るのみ。

(『西遊日誌抄』明治三七年一月五日の部分)

ゴーティエの伝奇小説に流れるグロテスクな美という考え方の中に、勃興する工業立国日本の功利主義的風潮への反逆の香をかぎとった荷風は、おそらくモンマルトルのゴーティエの墓やモンパルナスのボードレールの墓の前で、醜悪さの中に美を見ようとする心理をかみしめていたのではあるまいか。

他方、荷風の墓地めぐりで出てこないフランスの作家で著名なものは、バルザック、ユゴー、スタンダールである。

今日、スタンダールの墓はモンマルトルの墓地の三〇区画にあり、第一〇区画のゴンクール兄弟の墓からもさほど遠くないところにあるが、かつては、モンマルトルの入口の側にあったと言われている。

ユゴーの家族の墓はペール・ラシェーズにあるが、ユゴー自身はパンテオンに祭られており、またバルザックの墓はペール・ラシェーズの第四一区にあり、荷風自身の言うように、他の文人の墓から相当はなれたところにある。

　これらの作家の墓を、荷風がとりたてて訪れたいと思わなかったことは、荷風の墓地めぐりが、有名な文人の墓を見るためという目的もさることながら、むしろ、自分の読んだ小説の世界をあらためて想起し、過去と現在を結ぶ一つの触媒の働きを、死者の墓に秘かに期待したからであったのではなかろうか。

〝醜い〟パリの魅力

　荷風は、墓地のほか、下宿先のスフロー通りのすぐ近くのリュクサンブール公園を散歩し、詩人リコン・ド・リールの石像に見入ったりしていたが、すぐ側にはスタンダールやジョルジュ・サンドの石像もあり、おそらく、荷風もここを散策しながらいろいろ想像を巡らしただろうと思われる。リュクサンブール公園といえば、自分はむしろ、公園の一角にあるリュクサンブール宮殿とそこでめぐらされた宮廷の陰謀、とりわけ、小説『三銃士』の中に登場する王妃アンヌ・ドートリッシュの首飾りにまつわる事件に思いをはせた。

　そして、三銃士の一人ダルタニアンが公園の近くのフォソヤユール通りに住んでいたこと、また、この通りの名前は墓掘り人という意味であることを奇妙に思いながら周囲を徘徊したものだ。

　これら全てを通じた荷風の態度は、一言でいえば旅人の態度であった。荷風は、あれほどフランスに憧れ、その地に漸く足を踏み入れたにも拘らず、フランスに自分の力で何とか居残る算段をすることなく、空しく帰国しているのである。それというのも、荷風はもともと始めから銀行に勤めるのもフランスへ来る口実であり、そのまま、長くフランスに滞在する積りはなかったからである。こうした「旅人」としての荷風の心、孤独な心は、例えば荷風が巴里の地下鉄（メトロ）に乗った時に典型的に表面化するのだった。

貞吉は仕方なしに再び地下鉄道《メトロ》へ下りたが、切符を買う時に、はたと行先の地名に窮した。モンマルトル！　声の出るままにいう。開札口から貞吉の顔を見た札売りが、外国人と気付いて、モンマルトルという停車場はない。クリッシーか、その先の停車場で下りろ。それにはエトワルで乗換えるのだ、と後から人の押してくる忙《せわ》しい中にも、早口ながら親切に教えた。それが貞吉には理由なく癪《しゃく》に触った。教えられた通りの道順で、その方向に行くのが一種の屈辱であるような気がしてならん。といって、もうモンマルトルより外には差当って行先が思付けない。ますます不快に感じながらも、遂にエトワルで乗換えてしまった。

（『ふらんす物語』）

こうして旅人に徹し、そうすることによってフランスから気ままによいところだけを吸いとり、勝手に自分の夢を現実に重ね合わせたのが荷風であった。

その意味において、古屋健三の荷風に対する次の言葉は、荷風のパリ体験の真髄をうがった言葉であると言える。

荷風は自分の目でパリの街をみたわけではない。もともと荷風にはパリを自分の眼でみようとかパリの現実を見極めようとかいう気はなかった。パリは文字世界、夢想世界、芸術世界であればそれでよかった。

（古屋健三『永井荷風　冬との出会い』朝日新聞社）

右に引用した小説「雲」の登場人物貞吉は実は外交官とされており、荷風はその日常生活の一面を次のように記している。

外交官小山貞吉は、巴里《パリ》なる帝国大使館の事務を終って、その門を出ると、きまってシャンゼリゼーの角まで歩く。歩いて立止まる。ここがその日の思案の四辻である。広い並木の大通を西の方、右へ上れば凱旋門を越して、自分の下宿したヱトワルの界隈。東の方、左手に下りて行けば、シャンゼリゼーが尽きて、其処《そこ》からは、市中到る処の繁華な街へ出る四通八達の中点、プラース、ドラ、コンコルド。

すぐ家へ帰って休もうかしら。晩餐になるまで何をしよう。散歩しようか。するなら、何処へ行こう。晩餐はどうしよう。何処で何を食おう。最初の中《うち》は、この四ツ角で、こんな事を考えるのも辛くなかった、面白かった。巴里でなければ出来ない独身者《ガルソン》の、こうした浮浪的《ボエーム》の生活が珍しかった。しかし間もなく飽きた。寒い冬に出遇ったまま、急に隠遁して、下宿屋の食堂で、おとなしく食事する事にしていた。それさえ飽き果ててしまった。（『ふらんす物語』）

しかし、現代の駐仏日本大使館に勤務する外交官が、たとえ独身の身軽な人物であっても、このような「旅人」の心を持ち続けることは難しい。とりわけ、日本を代表し、いわば日の丸を背負ったかたちの大使となると、むしろ、現地フランスの社会心理と一体化するほど相手を理解する必要に迫られ、またそれだけに、その社会に深く、広く入り込むことが要求される。

他方、そうすればそうするほど、所詮フランス人にはなりきれず、またそうなってはならない日本人外交官は、フランスに近くなればなるほど、彼我の違いに敏感とならざるを得ない。そこに、ある種の孤独感が生まれる。そうした孤独感は、実は荷風が感じていた孤独感と違っているとはいえ、どこか共通するものを持つ。時代を越え、職業の違いを越え、境遇の違いを越えて、事実自分にとって、荷風は次第に自分に近いものになっていった。

そうした荷風との一体感に似た感情は、パリの美しさやロマンに満ちた場所についてではなく、むしろ、パリの汚さ、醜さへの思いに現れた。

パリは、実は汚い。街路は犬の糞が散乱し、ゴミや壊れ物が放置されている光景も稀ではなく、壁に書かれた落書きも多い。あのエッフェル塔ですら、よく見れば、醜い鉄骨にすぎず、かつてモーパッサンはじめ多くの文学者、芸術家が建設反対運動を繰り広げたのも理解しうるように思えてくる。

しかし、パリは、そうした醜さがあるが故にこそ魅力ある場所となる。なぜなら、醜さは人間らしさの現れでもあるからである。パリの美しさは、そこに醜さがあり人間味があるからこそ一層目立つともいえる。

もっとも、荷風は必ずしもそういう思いではなかったようだ。むしろ、荷風は雨のパリ、霧のパリ、夕暮れのパリ、夜のパリ、すなわち醜さ、汚さが隠れているパリを好んで描いた。

荷風が、雨や霧や黄昏のパリ、そして夜のパリを好んだのは、荷風が心に描いていた夢のパリが、現実の醜さによってその化粧を剝されてゆくことを恐れたからにほかならない。荷風にとっていつまでもパリは、夢のパリであり続けて欲しかったのだった。

『ふらんす物語』の数ある文章の中で、朝から昼にかけての光景を描いた個所は、主人公がいよいよパリを発って帰国する際の心情とできごとを描いた部分だけである。

パリをいよいよ発つ時になって、漸く荷風は昼のパリを直視した。そうすることによって、それまで夢と現実の混じったカクテルを作っていた黄昏と夜のパリを永遠に自己の中で結晶化して、憶い出として保存することを意図したのだった。

パリの藤村を追って

逃亡先としてのパリ

一九一三年五月二〇日、島崎藤村はフランス汽船エルンスト・シモン号に乗って神戸から三八日間の船旅の後、フランスのマルセーユに着いた。それから三日後、藤村は汽車でリヨン経由パリに着くと、リュクサンブール公園の東にあたるポールロワイヤル大通り（Boulevard de Port-Royal）八六番地の下宿に落ち着いた。

藤村がパリへ来た直接の動機は、本人にとっても、また（後に事実を知った）第三者にとっても自明であった。

それは、一言で言えば逃亡であった。

藤村は、妻冬子の亡くなった後、子供たちの面倒を見るために家事の手伝いに来ていた姪のこま子と肉体関係を持った。そしてこま子が妊娠したことから、既に文壇に名をなしている作家藤村が、こともあろうに姪と不義の関係を結んだことが社会的に（あるいは少なくとも、こま子の親である藤村の兄広助に）知られた際の、自分自身及び家族や親族に対する衝撃から逃れるために「逃亡」を図ったのであった。

だからこそ藤村は、できる限り静かに日本を離れたかった。小説『新生』の次の部分は主人公岸本に託した藤村自身の気持を表していた。

岸本は既に半ば旅人であった。彼はなるべく人目につくことを避けようとした。送別会の催しなども断れるだけ断った。旅仕度が調うまでは諸方への通知も出さずに置いた。彼が横浜から出る船には乗らないで、わざわざ神戸《こうべ》まで行くことにしたのも、独りでこっそりと母国に別れを告げて行くつもりであったからで。（『新生』）

しかし、当時既に有名作家としての地位を築いていた藤村の外遊は、親族やジャーナリズムから全く隔絶して行う訳にはいかなかった。藤村の意図にもかかわらず、見送りは盛大であった。その見送りの人々の視線の中で藤村の心はかじかみ、漂っていた。

その藤村の様子を、『朝日新聞』（一九一三年三月二六日付）は、次のように報じた。

滞欧の旅に上る人の顔には、一種言うべからざる沈痛の色があった。九時四十分遂に此寂しき旅人を乗せた汽車は動きだした。見送りの人々は静かに目礼したまま一言も発せない。それは寂しき然し強き人の旅立であった。

そして、この藤村の旅立ちを、亀井勝一郎は「フランスの旅は自己を隠すたびであった。異邦人として『隠れる』行為であった」と記している（『島崎藤村論』）。だからこそ、マルセーユに着いて藤村が強く感じ、またそれに没入しようとした感覚は、フランスを「異国」として見ることだった。

寺院《おてら》の入口に立つまだ年若な一人の尼僧《あまさん》が岸本に近づいた。（中略）その尼僧は仏蘭西人だ。一人の乞食が石段のところに腰を掛けていた。その乞食も仏蘭西人だ。（中略）珠数を売る老婆《ばあさん》があった。その老婆も仏蘭西人だ。（『新生』）

フランスに住む者は通常フランス人であるはずで、その当たり前のことをわざわざこのように強調していることに、藤村の心理が反映されていたといえよう。

思えば、自分も今回の大使としての赴任ではなく、そもそも一九六〇年代始めに官命によって外国へ赴任した際、藤村と同じく、ある恋愛関係の清算という気持が全くなかったとはいえない。

恋の相手は、高校を出て間もなく上京して事務員として勤務し、姉とともに中野あたりの小さな部屋に住んでいた可憐な女性だった。この恋は、あまりにも育った境遇も違い、将来への夢も違う同士だっただけに、逆に激しく燃えた。しかし、自分が外国に長く滞在するとなると、当時の交通事情や経済状況のもとでは、近く二人が再会する望みはないことを意味し、事実上未来のない恋に、自然と決着をつけることになった。

藤村は、異国に逃げ、そしてそこに隠れた。自分も実らぬ恋の糸を断つという意味ではやはり逃亡の意識があったのであろうか——藤村のパリ行きの背景を調べながら、ふとそう思った。

島崎藤村（1872-1943）

それにしても、藤村は何故、外遊先としてフランスを選んだのか。
元々藤村は英語には通じており、また当時の文壇の風潮は、どちらかといえば英国へ遊学する傾向にあった。しかし藤村はフランスを選んだ。
それは、フランス通の西園寺公望公の始めた文学者との会合に藤村が出席し、西園寺公のフランス談義を聞いていたことや、ゾラ、フローベールといったフランス文学に早くから傾倒していたことが影響していたかもしれない。また、元々美術好きの藤村が、郷里の友人、三宅克己や丸山晩霞などが画家としてパリで修業し、その話を聞いてパリ生活にある種の自由奔放な夢を内心託していたからとも思える。

しかしこうした、いわば意識の上に散圧した要因以上に、藤村をフランスへ引き寄せた力は、フランス、とりわけパリが持つある種の官能の力と華やかさではなかったか。

それというのも、官能の疼きに敗けてこま子と不義の関係を結ぶことになってしまった藤村には、官能の都であるパリの華やかさの中に自らを投げこむことによってその試練に耐え、そうすることがまた、罪のつぐないになるという、かくれた意識があったのではなかったか。

ポールロワイヤル街の下宿

藤村がパリに着いた日は、さわやかな五月の朝だった。

そして藤村は、ポールロワイヤル街のマダム・シモネの下宿に入った。

私はポオル・ロワイアルの通りを隔てゝ古い建築物《たてもの》の塀と対ひ合つたやうな位置にその部屋を見つけた。大寺君の話で、その古い建築物が巴里の産科病院だといふことを知つた。一つある窓の側へも行つて見た。円い行燈《あんどん》のやうな石の塔がその窓から見えた。それが巴里の天文台の塔だといふことも知つた。

（『エトランゼェ（仏蘭西旅行者の群）』）

今日でも、ポールロワイヤル街八六番地には、藤村の下宿した家の建物が、ほぼ当時の姿のまま残っている。そして、ポールロワイヤル街も、大きな並木と、四、五階建てのアパートが並ぶかつての面影を多く保存している。ただ、若干の小さなカフェや近くのビール専門店などの造作や、いくつかの建物の一階をしめる店や事務所のたたずまいに、現代の息吹きが感じられる。

この藤村の住んでいたアパルトマンを、一九七五年四月に訪ねた伊藤一夫（島崎藤村研究会員）は、『島崎藤村研究』の創刊号で、住居の内部の様子を次のように描写している。

私は旧居ビルのアパートの入口のドアを押して一歩内にふみいった。R. de Vahia という表札は、そこの住人の一人であろうか。ビルの内部に入ると、しめりけをおびて冷やかな薄暗い空気が私を包み、外部の騒音は嘘のようにたち消えてしまった。それは日本の旧家の土間に佇む と同じようなしめやかな感触で、暫らくパリにおることを忘れさせた。すぐ眼前に、古風で素朴な木製の螺旋階段が、上に向って曲りくねっていた。私はためらうことなく、一階十七段のその狭い階段を、藤村の居室を目指して上っていった。ニスは塗りかえてあったが、その階段の一段々々の摩滅の具合や支えの鉄棒の錆加減からして、私はこの階段が藤村の当時のままであることを直感した。

（中略）私はいつしか三階の藤村の居室の前に立つ自分を見出した。私はそのまま五階まで上り、まずこのビル全体の模様をたしかめたかった。五階の窓から内側を見渡すと、外から見るとは全く異なる、クール（内庭）をもつ大きな方形のビルであることわかった。クールのある建物は、パリでは一般的で珍らしいものではないが、藤村の心の裏側をみる思いであった。それから私は三階に下りた。小児科医が居住しているらしいその部屋をノックすると、一人のマドモアゼルが現われた。主人は不在で、留守居をしていた女性である。部屋の内部と窓を見せてほしいという来意が通じて、彼女は心よく私を招きいれた。部屋はもちろん改装されていて、昔日の面影はなかったが、変らぬものは、窓の位置であり、その手すりの金属製装飾である。

また、藤村はポールロワイヤル大通りの人並みや、近くの産科病院などについても、どこかしみじみとした感じの記述を残している。

あの新片町《しんかたまち》の板囲ひの家々だの白い障子の窓だのを眺め暮した私の眼には両側に並木の続いたポオル・ロワイアルの町があつて、古い寺院にしても見たいやうな産科病院の門の上には三色旗の高く掲げられたのが望まれます。その門の前あたりには帽子から衣服まで黒づくめの風俗の人達が立つてモントオロン行の乗合自動車を待合せて居るのが見えます。（中略）そして産科病院と対ひ合つた町角の珈琲《コーヒー》店の暖簾《のれん》が暗くなる時分には、その高い窓々のところぐ\に点《つ》く燈火《あかり》まで何となく私には親しみのあるものと成つて来ました。

（『平和の巴里』）

藤村が言及している、ポールロワイヤル大通りの産科病院は、今日も一二一―一二五番地に、「古い寺院にしてもみたいような」姿を見せている。

実のところ、この建物は一七世紀以来僧院、そして修道院として使われていたもので、そこには教師格としてパスカルが滞在したこともあり、また、僧院付属の学校にはジャン・ラシーヌが勉強していた。

一六六四年、教義上の問題で法皇庁と争いをおこしたこの修道院は、院長始め多くの修道女の追放という措置をうけたが、この事件を、ラシーヌは『ポールロワイヤルの歴史の概略』という書物にまとめている。

その後、修道院はフランス革命の際に閉鎖されて牢獄となった。今日のように産科病院として生れ変ったのは一八一四年のことであった。

下宿に落ち着いた藤村は、同宿の者は別として、できるだけ同胞の日本人とは距離をおきながらパリの町を散歩し、パリを観察した。

森のように茂って行くマロニエとプラタアヌの並木は岸本の行く先にあった。彼はその楽しい葉蔭を近くにある天文台の時計の前にも見つけることが出来、十八世紀あたりの王妃の石像の並んだルュキサンブウルの公園の内に見つけることも出来た。彼よりも先に故国を出て北欧諸国を歴遊して来た東京のある友人が九日ばかりも彼の下宿に逗留《とうりゅう》した時は、一緒に巴里の劇場の廊下も歩いて見、パンテオンの内にある聖ジュネヴィエーヴの壁画の前にも立って見た。普仏戦争時代の国防記念のためにあるという巨大な獅子《しし》の石像の立つダンフェル・ロシュリュウの広場の方へ歩き廻りに行っても、彼は旅人らしい散歩の場所に事を欠かなかった。

（『新生』）

「ダンフェル・ロシュリュウ広場」の獅子（ライオン）の石像とは、一八七八年の普仏戦争の際、ベルフォールの町を死守したダンフェル・ロシュロー大佐を讃えて、著名な彫刻家のバルトルディが作製したものであるが、近くのカタコンブ（洞窟）を守るかのように広場の中央にいかめしく立っているのが今でも人目につく。

藤村の下宿していたところから、ダンフェル・ロシュローとは逆に西北の方へ道をたどれば、リュクサンブール公園へ着くが、この公園の南の入口近く、向って左側には、ナポレオンの下で働いた勇将ナイ元帥の銅像がある。ナポレオンのために働きながら、同時に、敗軍のナポレオンにフォンテーヌブローで退位を迫ったかと思えば、エルバ島から脱出したナポレオンを「捕えてくる」とルイ一八世に言いながら、再びナポレオンに味方し、遂にはルイ一八世によって、一八一五年一二月七日、銃殺刑に処せられたナイの激動の生涯は広く知られている。

一部に、この銅像のあるところでナイは処刑されたという説があるが、これは間違いで、処刑されたのは道の反対側であったが、鉄道の開通と共にこちら側へ移されというのが真相とされている。

パンテオン

他方、藤村の下宿の東側に、ポールロワイヤル大通りに沿ってでんと構えているのが、ヴァル・ド・グラースの陸軍病院である。藤村は、しばしばこの近辺を散歩した。

ヴァル・ド・グラースは、一六二四年、ルイ一三世の王妃、アンヌ・ドートリッシュによって礎石された教会である。これは、スペイン王家から嫁いでルイ一三世との間の仲が思わしくなかった王妃が、自分のいわば憩いの場として建てた修道院であった。

一六三七年には、王妃が外国勢力と通じているのではないかと疑ったリシュリュー宰相は、ピエール・セギュイエを派遣して、王妃の手紙を没収するという強硬手段を講じるが、この時の有様は、場所こそルーブル宮の一室におきかえられてはいるが、アレクサンドル・デュマ作の『三銃士』の一場面（第一六章）に取り入れられている。

その後、一六三八年、アンヌ・ドートリッシュは、三六歳にしてルイ一三世の子（後のルイ一四世）を身ごもり、王妃は神への感謝の気持から、修道院を壮大な教会に建てかえ、それが今日ヴァル・ド・グラースのドームやチャペルとなって残っている。フランス革命以来、この建物は陸軍病院に使われているが、それだけに内部の保存もよく、バロックと古典形式が奇妙に混った教会内部は今も壮麗な姿を保っている。

ヴァル・ド・グラースのあるサン・ジャック通り（Rue Saint-Jacques）から左に曲ればサンミシェルの大通りであり、まさに学生街の中心である。

サンミシェル大通りのエドモン・ロスタン広場を右に曲ったつきあたりがパンテオンである。

パンテオンも近い。今はあの建築物《たてもの》も閉つて居るけれども、そこを訪ねてピュウヰス・ド・シャヴンヌの壁画の前に立つ時ほど深い静寂な心持を経験することは無い。愛、瞑想、希臘的沈静。カトリック風の敬虔な祈禱の気分。あの壁画に描かれたサント・ジュヌヰエーヴの伝説は此の世界の奈様《いかよう》にも開拓されることを暗示する。

しかしシャヴンヌの壁画がパンテオンの全部では無い。歴史画、戦争画、宗教画の煩《うる》さく見るに堪へないものが彼の壁の大部分を占めて居る。そこには宗教的献身者の首の飛んだ画もある。こんな中世期風の暗い残虐性があの壁を彩色《いろど》つて居ることをも思つて見ねば成らない。

（『戦争と巴里』）

藤村は、パンテオンの中の「煩《うる》さく見るに堪《た》へない」絵画にあきれているが、この不整合なパンテオンの内部は、そのめまぐるしい変遷の歴史のあらわれである。

それと言うのも、パンテオンほどフランスの歴史の傷跡をその身に刻んでいる建物は少ないからである。パンテオンの建物は、元々ルイ一五世が一七四四年、自らの病気の回復に感謝して当時廃墟となっていたサント・ジュヌヴィエーヴ僧院の跡に、長さ一一〇メートル、幅八四メートル、高さ八三メートルの巨大な教会の建設を始めたことに由来している。

しかし、工事がほとんど終った頃にフランス革命が勃発、一七九一年、ミラボーの死にあたってこの建物を偉人の記念堂に変えることが決まり、ミラボーの遺体が祭られ、つづいて一七九一年七月、ヴォルテールの遺体が移され、ルソーも祭られた。マラーの遺体も一時ここに祭られたが、テルミドールの反動でミラボーの遺体とともに、パンテオンから追放された。

一八〇六年、ナポレオンは偉大な人物を祭るという原則を維持しながら、名前をパンテオンからサント・ジュヌヴィエーヴ教会と変えた。

一八三〇年、ルイ・フィリップの時代に教会は再びパンテオンと名をかえ、それまで建物の隅にうつしかえられていたヴォルテールとルソーの遺体をまた元の場所に戻した。あわせて教会に変った際に削られてしまった、正面の標語「偉大な人々のために」という文字が復活した。

一八五一年、ルイ・フィリップの失脚と共にパンテオンは再びサント・ジュヌヴィエーヴ教会となったが、正面の「偉大な人々のために」の標語は残され、ただその上に十字架がつけられた。

一八八五年、ヴィクトル・ユゴーの死とともに、教会は再度パンテオンに戻され、以来、ユゴーやゾラや社会主義者ジャン・ジョレスなどが祭られることとなった。

第二次大戦後のパンテオンをめぐる著名なでき事としては、一九六四年、レジスタンスの英雄ジャン・ムーランがここに祭られた際、アンドレ・マルローが、ドゴール将軍始め、居並ぶ人々の前で有名な演説をしたこと、また、一九八〇年、ミッテラン大統領が大統領就任にあたってパンテオンを訪れ、ジャン・ジョレスの墓に赤いバラの花を捧げたことなどがあげられよう。

因みに、藤村が言及しているシャヴァンヌの壁画は、パンテオンに入ってすぐの右側の壁にある。長い間パンテオンの中に祭られている女性はベルトロ夫人だけであり、これもたまたま夫とほぼ同じ時に夫人が死去したためと言われている。このように、パンテオンには女性がいないこと、またパンテオンの正面の標語が「偉大な人々（hommes）」と言って、男性形のhommesが使われていることに反発する人々の声に配慮して、二〇〇一年には、フランス史上の偉大な女性——ジョルジュ・サンドやマリー・キュリーなど——の大きな写真がパンテオンの正面を飾り、「偉大な女性展」が開かれた。

自分自身でパンテオンを訪ねてみると、やはり、その複雑な歴史を反映して、どこかちぐはぐな、統一性のない奇妙な殿堂に思えた。また、そもそもここに祭られている人物は、どういう基準で選ばれたのであろうか。最近でもアンドレ・マルローやアレクサンドル・デュマなどをパンテオンに祭ることには議論があったようだが、ジャン・ジョレスのような政治活動家からラグランジュのような学者、ルソー、ヴォルテールなどのいわゆる啓蒙主義の時代の人々、それにゾラやユゴーなどの文人を、いわば国家として「祭る」のは、フランス精神の体現者を祭っているということなのであろうか。

我が国では、徳川家康を祭った東照宮や、東郷元帥に捧げた東郷神社など、人物をいわば「神格化」した例は少なくなかったが、現代ではそうした試みはまず行われていない。

フランスでは現代でも「偉人」を祭ることへのアレルギーはないと言ってよいのであろうか。ここでは、偉大なる個人が歴史を作るという考え方が生きているからなのだろうか。

リュクサンブール公園

ともあれ、なんと言っても藤村が一番良く散歩したのは、下宿から目と鼻の先のリュクサンブール公園であった。とりわけ藤村は、公園の一隅のバラ園を愛した。


まだ出発間際までにはいくらかの時間があった。かねて岸本はこの都を去る前に、いちばん終《しま》いにもう一度見て行きたいと思うほど好きな薔薇園《ばらえん》があった。その薔薇園がルュキサンブールの公園内の美術館の裏手にあった。待ちに待った日がやって来て見ると、彼の足はその薔薇園の方へ向かないで、矢張長く住慣れた下宿のある町の方角へ向いた。

（『新生』）


今日、リュクサンブールのバラ園は美術館の裏手にはなく、反対側の入口近くにあるが、リュクサンブール宮殿（セナともよばれる）の中には巨大な温室形式の庭園があり、ここを訪ねる外国の賓客が必ず案内される場所になっている。

また、藤村は、リュクサンブール公園の中心の広場を半円形にとりかこんでいる、フランスの歴代の女王の石像に見入り、同時に、公圏の各所に建てられているフランスの文人の石像に見入った。


巴里のサン・ミッセルの通りに接して、ルュクサンブウル公園内の草地の一角に、昨年の夏あたりある壺石の据付が仕掛けてあった。その辺はジョオジュ・サンの石像のあるところに近い。誰かの像でもあの壺石の上に置かれるのか、と思ったら、出来上つたのを見ると白い大理石の碑だ。

『スタンダアルに献ず。』

として、その下にあの文学者の生死の年号が彫つてある。碑の裏面には『ド・ラムウル』を始めとして、著書の題目のみが並べて表してあった。床しい石碑と思った。（『戦争と巴里』）

（リュクサンブール公園の文人の石像は、通常文人の胸像がすえつけられ、その下に生年月日と死亡年月日が刻れており、いわば国なり公園が客観的見地から石像を立てたといった形になっているのに対し、スタンダールの石碑は、本人の胸像はなく、かつ、また特定の人なり有志が「スタンダールに献ず」という形で石碑をたてたところが他の文人の場合と異なっている。）

ヴェルレーヌ、ショパン、ジョルジュ・サンド、スタンダール――これらの作家や音楽家の胸像が藤村の目に焼きついた。このうち、詩人ヴェルレーヌのものは、元老院に向って左の奥、ギイヌメル通り側の芝生の真中に立ち、ややいかめしい感じを与えている。

ショパンの像は、ヴェルレーヌの石像からやや南になったところにあるが、樹陰にかくれており、注意しないと通り過ぎてしまうような所にある。藤村は、その「陰気」な場所を好きであると言っているが、ここにも藤村の滞仏時代の心の奥の心理の投影があるともいえる。

ところで、リュクサンブール公園は、場所柄、いろいろな恋の物語の舞台となった。

現在のセナ、かつてのリュクサンブール宮殿は、フランス王妃アンヌ・ドートリッシュと英国の宰相バッキンガム公の世紀の恋の舞台となったほか、この宮殿がフランス革命によって牢獄となった時には、牢にとらわれたデムーランが窓からちらと顔を出すのを見ようと、夫人が公園の中を散歩していたというエピソードがある。このエピソードを背景にして、アナトール・フランスはその作品『神々は渇く』の中で、主人公ガムランの妹ジュリーが、獄にとらわれた夫を一目見るためにリュクサンブール公園に足を運ぶシーンを描いている。

ともあれ、リュクサンブール公園は、この公園を舞台にしたフランス映画「愛さずにいられない」の題名のように、フランス文学史上、いくつも恋物語の舞台となってきた。

その中で、最も人々に膾炙しているものの一つは『レ・ミゼラブル』におけるコゼットとマリウスの出会いであろう。

ある日、空気はなま暖かく、リュクサンブール公園は影と陽光にあふれ、空は今朝天使たちが洗ったかのように澄みわたり、マロニエの木立の中では雀《すずめ》が可愛い鳴き声を立て、マリユスは心をすっかり自然にゆだねて、何も考えず、ただ生きて、呼吸するばかりだった。例のベンチのそばにさしかかると、二人の目が合った。

そのとき、若い娘の眼差しには何があったか?マリユスにはそれを言い表わす言葉がなかっただろう。何もなく、そしてすべてがあった。不思議な光があったのだ。（『レ・ミゼラブル』）

興味あることに、『レ・ミゼラブル』の作者ヴィクトル・ユゴーが、リュクサンブール公園のすぐ近くのサンシュルピス教会の側、ドラゴン通りに住んでいた頃、ものの一町も離れるか離れていないシェルシェ・ミディ通りにいた、のちのユゴーの正妻アデルとしばしば逢引したのが、同じくリュクサンブール公園だったといわれている。

ユゴーの実際の人生の恋と、作品『レ・ミゼラブル』の架空の恋の舞台であったこの公園の一角、南西の隅に、今日、一つの彫像がみられる。皮肉なことに、この彫像こそユゴー夫人アデルの長年の愛人で、それがもとでユゴーと絶縁する破目になった、親友サント・ブーヴの彫像にほかならない。

リュクサンブール公園をよく散歩した藤村は、公園の南の端の角にあるカフェ、クローズリ・ド・リラに頻々立ち寄った。

八月一日の夕、まだ七時の夕飯までには間のある頃、私は神戸君と一緒に珈琲店のリラへ行って腰掛けました。動員令が発表されたのも其夕方でした。石柱の上に立つ銅像を中心にして、あの珈琲店の前にある広場は一方はルュキサンブウルの公園の入口に続き、一方はビュリエーの舞踏場なぞに面して居ますが、何となく殺気を帯びて来た町の空気の中には忙《せわ》しい人の歩調が私共の胸を打ちました。

（『戦争と巴里』）

クローズリ・ド・リラは、かつて道の反対側にあった舞踏場の名をとって、一八五三年に開業したカフェであるが、第一次大戦後までは、この付近にはそれほど電燈が普及していなかったこともあって、夜はランタンのゆれる、静かな、小ぢんまりとしたカフェであったといわれている。それでも、ちょうどこのあたりが、パリとフォンテーヌブローとを結ぶ馬車の発着場であったことも手伝って、ヴェルレーヌ、ストリンドベリ、オスカー・ワイルドなどの文人、さらにはレーニン、トロツキーなどのロシア人が出入りしていたという。

このカフェが世界的に有名になったのは、一九二〇年代に、ヘミングウェイやスコット・フィッツジェラルドなどの、いわゆる「失われた世代」の作家たちが訪れるようになってからであった。

クローズリ・ド・リラの前に立つネイ将軍の銅像を見ながら、ヘミングウェイは、ウォータールーの敗北に思いをはせ、しょせん、どの世代も、どこかが「失われた」世代なのだとつぶやいたといわれている。

このように過去の「栄光」につつまれたカフェではあるが、クローズリ・ド・リラは、今日では、パリのレストラン案内として定評のあるミシュランには、その名前すらのっていない。

それでも、クローズリ・ド・リラのバーの部分（レストランはテラス風の様式で入口の右側、バーは左側）に入ると、トロツキーや文人の名を刻んだテーブルなどがあり、往時をしのぶよすがとなっている。

クローズリ・ド・リラのほかに、藤村は「シモンヌの家」と呼ぶ「小さな」コーヒー店の常連であった。この店のことは『新生』にも出てくるが、このコーヒー店は、藤村の書きぶりからしてヴァル・ド・グラス通り（Rue du Val-de-Grâce）にあったものとみられる。

また、藤村が言及しているビリエの舞踏場とは **Le Bal Bullier** のことと思われるが、この舞踏場は第一次大戦中接収され、その後再開されたがやがて閉鎖され、今日、その場所（オプセルヴァトワール通り三九番地）は、市民体育館となっている。

藤村は『戦争と巴里』の中で、

羅甸《ラテン》区に古いビュリエー（往時バルザックなどの遊んだといふ）、あの舞踏場には一度河上君や竹田君を御誘ひしたことも有りましたが、あそこも今では兵士の被服を入れる仮倉庫です。

と第一次大戦中におけるこの舞踏場の変貌を記している。

藤村は、時には足を伸ばして、東は下宿から二キロほど先の植物園、西はモンパルナスの停車場附近まで散歩した。藤村は、また多くの日本人と同じようにモンパルナスの墓地を散歩し、ボードレールやモーパッサンの墓を訪ねた。ところが、ルコンド・リールやドレフュスなど、多くの著名人の墓のあるこの墓地を散歩しながら、藤村は、モーパッサンとボードレールにしか言及していない。このことは、この墓地が藤村にとって、基本的には散策のための公園にすぎず、そこにフランスの歴史の跡を感じとろうとする気持はほとんどなかったことを暗示している。今日、この墓地にはサルトル、ボーヴォワール、マルグリット・デュラスなど第二次大戦後のフランス文壇を代表する人々の墓があるほか、初代駐仏日本公使鍋島公始め数人の日本人の墓があることは意外と知られていない。

散歩だけでは、いくら禁欲的生活を自らに強いる決意をした藤村といえども、徒然をなぐさめきれない。藤村は、いずれは子供もひきとってパリで長期滞在するという可能性も頭に描いて、フランス語の教師を紹介して貰い、フランス語の勉強に励み出した。

劇場めぐり

語学の学習と並行して、藤村は次第に日本の友人と連れ立って、劇場へも顔を出すようになっていった。藤村の下宿に一番近い著名な劇場は、リュクサンブール公園の裏のオデオン座であった。藤村は、オデオン座にマチネーを見にゆくのだった。

オデオン劇場は、一七八二年、ギリシャ・ローマ風の正面を持った建物として建築され、コメディ・フランセーズの上演で名高かったが、一九九〇年以来ヨーロッパ劇場と名前を変え、ドイツ人の作品やシェークスピアなど、フランスに限らずヨーロッパ演劇を上演する劇場となっている。右岸のコメディ・フランセーズやオペラ座と並び、フランスの五つの国立劇場の一つで、そのため、案内嬢は他の劇場と異なりチップをうけとらない劇場の一つである。

また藤村は、日本の友人と連れ立って、グノーの「ファウスト」をオペラ座に見に行き、メーテルリンクの「タンジールの死」を見物し、当時セーヌ右岸のコンサートホールとして著名だったサル・ガヴォーで、ドビュッシー自身が指揮する音楽会へ出かけた。

ドビユッシイ自身が演奏台に立つて自分の作曲を自分で弾いて聞かせるやうなことは巴里でもめつたに得られない機会で、実は暮のクリスマスの前あたりから私の心掛けて置いたことだ。

（……）

私達はその音楽堂へ行つて第一階のバルコニイの後部に陣取つた。私はそこに音楽好きな人達の集まる内輪な席を見つけて置いた。（…）

やがて人々の視線は一斉に薄青い色の服を着けて演奏台の上に立つた一人の婦人に集つた。マラルメの詩（ドビユッシイ作曲）を独唱する為にバルドオ夫人といふ人が大きな洋琴《ピアノ》を背にして立つた。その後方《うしろ》に深思するかの如く洋琴の前に腰掛け、特色のある広い額の横顔を見せ、北部の仏蘭西人の中によく見るやうな素朴な風采の音楽者がバルドオ夫人の伴奏として、丁度三味せんで上方唄の合の手でも弾くやうに静かに、渋い暗示的な調子の音を出し始めた。その人がドビユツシイであった。

（『エトランゼエ』）

サル・ガボーは、パリの八区ラ・ボエシイ通り（Rue La Boétie）四五番地にある。ここは、主としてピアノと室内音楽のためのホールであり、パリの音楽界の登竜門として名高かったが、今日ではいささか薄汚れてしまい、昔日のような華やかさはない。

藤村は、また、セーヌ川辺のシャトレー劇場にもでかけた。

シャトレー劇場は、一八六二年、ナポレオン三世のお声がかりでできた（音響効果、席の配置などの点で）質の高い劇場で、二〇世紀初頭には、リヒャルト・シュトラウスの「サロメ」が演じられたかと思えば、ニジンスキーのバレエやストラヴィンスキーの「火の鳥」が演じられるなど、話題の劇場であった。藤村が滞在中、第一次大戦勃発とともに劇場の運営も保守的となり、古典的な演目が多くなったと言われている。

今日では、シャトレー劇場は歌舞伎が演じられたこともあるほど、再びパリの演劇、音楽界をリードする劇場の一つとして名高い。

藤村はまた、藤村がパリに着く直前に完成したシャンゼリゼー劇場（モンテーニュ通り（Avenue Montaigne）一三―一五番地）で、舞踏界の異才ニジンスキーの舞踏を見たりしたが、この劇場の開設の際、ストラヴィンスキーの「春の祭典」の上演をめぐって混乱があったように、この劇場は当時極めて前衛的な試みで知られており、藤村が、フランス劇壇の新しい雰囲気に少しでもひたろうとした意欲が感じられる。逆にいえば、藤村のいた頃のパリは、前衛美術と演劇と音楽のメッカだったのだ。

シャンゼリゼー劇場はもとより、藤村が足を運んだ劇場のほとんど全ては、名前こそ変れ、今日も存続しているが、内に一つ、藤村が訪れた劇場で今日存在しないものがある。それは藤村の言うヰリエー（すなわちヴィリエ）劇場である。

曾てヰリエー劇場へ行って腰掛けた。自分の周囲には婦人の客が多かった。その人達は皆白い革の手袋をはめて芝居を見物するほどの立派なサアクルを形造つて居た。メテルリンク夫人のイグレエヌの役で『タンタヂイルの死』が演ぜられ了った。幕が下りても、まだ誰も立たうとするものが無かつた。其時自分が席を離れようとしたら、此の芝居はもう是でお仕舞なんでせうかと自分に尋ねる婦人があった。えゝ左様です、是が終りの幕です、と答へたら、それから周囲の人達が皆な立ちかけた。

（『戦争と巴里』）

ところが、正式名称としてパリにヴィリエ劇場という劇場があったという記録はない。唯、第二次大戦前及び戦後一時期、モンマルトルの劇場テアトル・アン・ロンが、その所有者ヴィリエ氏の名に因んでヴィリエ劇場と呼ばれていたことがあるといわれ、藤村の言うヴィリエ劇場は、これをさしているものと思われる。テアトル・アン・ロンは一九六〇年代に閉鎖され、今は残っていない。

もっとも、藤村のパリでの観劇の感想や劇場めぐりの印象記は、藤村が、パリの官能やデカデンスに身をさらしながらそれに没入することを極力避けようとしていただけに、どこかクールであり、どこかつきはなした感じがにじみ出ている。

パリの劇場巡りは、自分もかつて一九八〇年代にパリに在勤した時代も含め随分行ったものだが、大使になって自分の好みで選んだ演目ばかりでなく、招待に応じたり、記念行事の一環として、演劇、オペラ、音楽演奏などに顔を出してみると、単に音楽を楽しむとか、演劇を鑑賞するといった視点よりも、そこに音楽、演劇を越えたフランス社会のありかたや伝統の意味を考えるようになった。

そもそもパリの劇場には、各種の歴史と物語が絡んでいる。コメディ・フランセーズは、モリエール以来の伝統を今に残しており、劇団としてユニークな存在であるのみならず、小学生が大挙見学に訪れたりしているのにはいささか驚いた。日本では、歌舞伎座や能楽堂に高校生が訪れることはあっても、小学生が集団で観劇しているのは殆どみたことがない。難しい言葉はわからなくとも、演劇の雰囲気を感じ取るためなのかもしれない。

もっとも、コメディ・フランセーズも、台詞はもとより原典通りだが、衣装や舞台装置、演出はすっかり現代化されているのみならず、演じる俳優も個人個人の演技は相当なものだが、劇団としての統一性というか集団的「味」が失われつつあるような気がした。フランス語の発音の訓練も昔ほど厳格でないように感じられた。

演出の現代化はオペラにも見られ、同じオペラを生涯で何遍もみている現地のパリジャンはよいとしても、折角伝統的オペラの雰囲気に浸ろうと思ってくる日本人から見ると、いささか違和感があるものがあった。

他方、シャンゼリゼー劇場はかつてジョセフィン・ベーカーが「ジェデュザムール（J'ai deux amours. 私には二つの恋がある）」を歌っていた劇場であるといった歴史を思い出したり、オペラ座でモンテ・クリスト伯爵が居眠りしていたといった小説のなかの場面を想像したりするという「楽しみ」があるのはパリの劇場ならではと思われた。

加えて、パリの劇場はそれぞれその地域や歴史を反映して、各々その立地している地区の特徴や観客の違いを感じさせる。同じオペラの公演場でも、古くからあるいわゆるオペラ座と、新設されたオペラ・バスティーユとでは、随分と雰囲気が異なる。前者は今でも着飾った「紳士淑女」も多く、ギャラリーでの「社交」の姿も見受けられるが、バスティーユの劇場はジーンズ姿の若者なども少なからず来場しており、雰囲気が違う。また、シャンゼリゼー近くの小劇場で、サルトルの『ユイ・クロ』を見に行ってみると、辺りは知識人らしい中年の男女ばかりで、観客みんなが舞台を食い入るように見つめていたのが印象的だった。

また、パリの社交界では依然として、あの劇を見たか、とか、俳優のイザベル・アジャーニが舞台に出ていたが、彼女の演技をどう思ったか、といったことが会話で行き交うのを見聞して、今町で話題となっている演劇や音楽会のことにも、在仏大使としては気をつけていなければならぬと感じたものだ。

人々の中での孤独

藤村は、散歩以外、観劇や音楽鑑賞だけに時間をすごした訳ではない。藤村は日本に居る時紹介されたフランス人の家庭を訪ね、会話を交すこともやるようになっていった。

しかし、藤村には、フランス人と日本論や東西文化論を戦わした形跡はなく、また、フランス文学やフランスの歴史について語り合った形跡もほとんどない。

一人娘を日本に送り出しているフランス婦人の家に招かれて、藤村はあたかもフランスと日本とをつなぐ物言わぬ土産品のような態度をとるのだった。

岸本は風呂敷包の中から旅のしるしに持って来た国の方の土産《みやげ》を取出した。老婦人はその風呂敷の模様を見るさえめずらしそうに、

「へえ、お国の方ではそういうものを用いますか。面白い模様ですね。でもまあ日本の方にお目に掛って、姪の噂をするだけでも嬉しい。（中略）」

と言って、仏蘭西を捨てて出て行った姪を思いやるような眼付をした。（『新生』）

何故藤村は、こうした態度に終始したか。それは、藤村自身によって告白されている。

「知らない人の中へ行こう」

と岸本はつぶやいた。その中へ行って恥かしい自分を隠すことは、この旅を思い立つ時からの彼の心であった。（『新生』）

そうして藤村は、その孤独の中に沈潜し、そこから全てを観察し、傍観した。それは、禁欲的生活でもあった。夜の女を見ても、藤村はその女の肢体や化粧よりも、そうした女を生む世相と社会を考えた。

ふと暗い並木のかげから来て声を掛ける女があつた。古い「ノオトル・ダムの分院」の前のあたりを夜更けて帰つて行くと、こんな女に逢ふのは毎々で、さして私も気に留めなかつた。巴里のやうな大都会の夜から誘はれる暗い感じは、「夜の鳥」の多いことで、しかも陰気な戦争の空気は余計にその影を暗くして見せた。貧しく饑に迫られたもの、空しい閨に泣くもの、それらはみな恐ろしい戦争が生んだものだろう。戦争以来、黒い喪服を着けて街頭にたゝずむやうな女すら顕はれて来た。

（『エトランゼエ』）

そして、戦時でのパリでモデル達と郊外に散策にでかけても、時の気晴らしに自分を忘れるよりも、むしろ家庭を守り、家族を戦地に送っているフランス婦人のことを思った。

その日はロバンソンの森の方へ一同で貸馬車を駆った。藤田君は馬、モデルの中の二人だけは騾馬《らば》で、私達に随いて来た。最初のうちこそ同行の女達もしほらしくてゐたが、料理店を出る頃からそろ〳〵持前のモデル気質《かたぎ》を発揮した。この女達は揃ひも揃つて、明日のことも考へて居ないやうなボヘミヤンだ。唯、今日を楽しく暮せばそれでいゝ連中だ。巴里にはこんな女も居る、と思ふと、どうかすると私の心は急にあのビヨンクウルのモレル君の家庭の方へ行き、巴里の植物園に近く住むレヰイ教授の家庭の方なぞへ行くことがある。そしてそれらの家庭に留守居する細君や、子息を戦地に送った年とった夫人のことなぞを想って見ることもある。
(『エトランゼエ』)

浮かれた女たちと一緒にいながら家庭婦人を想い、そうすることによって藤村はパリの享楽から自らを遠ざけ、自らの世界にとじこもるのであった。

ここで注意しなければならない点は、藤村のリモージュ滞在はもちろんのこと、パリ滞在時代も、その一部は、平時ではなく戦時であったことである。

ヨーロッパの中心であったフランスが、行方定めぬ戦争にまきこまれ、その暗さからいかに脱出してゆくかの過程に、あるいは藤村は、自らの人生の一齣を重ね合わせていたかのように感じられる。フランスを覆っていた暗さと、そこから抜け出るための努力は、また藤村自身の暗さであり、また再生への祈りでもあったはずである。

藤村が自らの人生や生きざまを、無意識にか、意識的にか、当時のフランス社会に重ね合わせていたとすれば、果たして自分は、外交官人生におけるフランス滞在中、どこかで多少なりとも、己の人生のあり方とフランス社会のありかたを重ね合わせることがあったであろうか。

フランス滞在中、最大の国際的事件は、いわゆる九・一一の同時多発テロ事件であった。そのためフランスもテロ対策、そして、イスラム社会との関係のあり方が大きな問題となった。自分もパリのアラブ会館を視察したり、エジプト大使やモロッコ大使などと交流を深めたが、それが自分の人生行路に影をおとしたという感じはしない。

むしろ、テロ対策やアラブ政策を巡って、フランスはどこか米国とは違うという姿勢をことさら誇示しているように見え、そうした姿勢に強い関心を抱き、あらためて、フランス人の対米観についての書物を読んだりした。自分の外交官生活の最後がおそらくここフランスで終わることになるであろうと考えると、自分のフランス滞在は、どこかで深く自分の人生行路と関連しているのかもしれないと思えてくる。

そして、パリに滞在し始めてから約一年後、父武一の死去の知らせを受け、急遽、ツール市への出張を取りやめて日本へ帰国したのも、フランスにほのかな愛着をもち、ジョセフィン・ベーカーの「私には二つの恋がある」を口ずさんでいた父との思い出をこの地に結び付けるよすがとなったのも、運命のいたずらかもしれない。

いずれにせよ孤独の世界からフランスを観察し、自分を見つめつづけた藤村は、当時の多くの日本人と違って、ヨーロッパ文明に陶酔することもなく、さりとて、また、日本への祖国愛を急に意識して愛国的になることもなかった。

後に日本における社会主義思想の草分けとなった河上肇が、「愛国心というものを忘れないで下さい」と、リュクサンブール公園の近くのカフェ、クローズリ・ド・リラで日本への回帰の心情を吐露した時、藤村は、平然と「小さい反抗心は捨てようじゃありませんか。もっと欧羅巴をよく知ろうじゃありませんか」と、叫んだ。

もっともそう言いながらも、藤村は日本という「国」のことに思いを馳せた。日本はやはり藤村にとって「故郷」であった。だからこそ藤村は、大使館を訪ねて故郷からの便りを見つけると素直に喜ぶのだった。

故郷の方のことが色々心に掛かりますから、こゝへ着いた翌日早速大使館を訪ねました。大使館は『エトワアル』の凱旋門を中心にして幾條《いくすぢ》かに別れた街路の一つを右の方へ折れ曲って行つたところに有りました。応接間の卓の置いてあるところで、仏蘭西人の小使が私より先に着いて居た新聞だの雑誌だの、それから水野葉舟君や権藤誠子さんなぞの手紙を出して呉れましたが、それを受取つた時も嬉しく思ひました。

(『平和の巴里』)

藤村がパリに滞在していたころの日本大使館は、大使公邸と事務所がともに借家であったが、その建物は凱旋門からほど近いパリ八区のオッシュ大通り(Avenue Hoche)七番地にあった。その後一九二二年に日本政府がこの土地と建物を購入し、現在でもその場所に大使館事務所がある。一方大使公邸は、一九六〇年代に時の萩原大使が、アンドレ・マルロー文化大臣はじめ仏政府と交渉して、米国大使公邸と英国大使公邸の間の土地建物を購入し、日本大使公邸として今日に及んでいる。

公邸は、有名なコルビジェの弟子とされたシャルロット・ペリアンの設計によるもので、ガラス張りの広間や食堂、現代的照明や家具をしつらえたレセプションホールなど、当時としては現代の息吹を表現するものであったが、今や相当いたんだり、修繕されたりした結果、往時の面影が薄くなり、同時に、内部の装飾とガラス張りの作りとの間に統一性がとれなくなっている。時代に先駆けたようなスタイルも、時代とともに奇妙な遺物になってゆくのを目の当たりにしているような気がしてならない。

公邸で日本調が濃厚なものがあるとすれば、それは、一〇〇年以上も前に三越に特注して作られた、和風デザインをほどこした家具と、桜の木材を使い日本人デザイナーの作成した大きな食堂のテーブル、源氏香のカタチをとり入れた巨大な絨毯、それに河合玉堂や堂本印象の絵画などであろう。

そして、今日、日本大使館（公邸であれ事務所であれ）で、「日本」を懐かしむ人はほとんどいないであろう。それほど、パリと東京は近くなったともいえよう。それに、現実に大使館に勤務してみると、館内は日本よりもフランスのムードに満ちているように思えてならない。

フランスと祖国日本

翻って考えると、パリ滞在中フランスとヨーロッパを観察しつづけた藤村がここパリで得たものは、何といっても祖国日本を客観視し、「外」から自分の祖国を見る目であった。

藤村が晩年『夜明け前』『東方の門』といった、近代日本の生成過程を描く小説を執筆するようになったのも、元はといえば、この時期に、藤村が祖国日本のあり方をヨーロッパとの対比において深く考えるようになったことと関連している。

そして、このように日本とヨーロッパを対比して見ると、藤村には、日本の文学者の立場がいらだたしく思われた。日本の文学者は日本の政治に無関心でいる一方、政治は文学を弾圧している――藤村はそう考えた。そして藤村は、次第に政治への関心を抱くようになって行った。

こうした政治への関心は、一つにはパリが次第に戦争の影響を受けて変ってゆき、兵士が町を行進し、戦禍をさけて美術品が移される有様を目のあたりにしたせいでもあった。

政治への関心――それは自己の立場を社会の中で、社会的立場から見直すことから始めなければならなかった。

日本では、栄誉と権威の象徴のように思われている「洋行」なるものも、現実にヨーロッパに足を踏み入れて自己を冷静に見つめてみると、単なる東洋の貧乏学生の遊びにすぎないようにも思えてくるのであった。

「酷《ひど》いものですな」と岸本が言った。「巴里にあるわれわれの位置は、丁度東京の神田《かんだ》あたりにある支那の留学生の位置ですね。よく私はそんなことを思いますよ。これでは懐郷病にも罹る筈だと思いますよ。今になって考えると、あんなに支那の留学生なぞを冷遇するのは間違っていましたね」

「神田辺を歩いてる時分にはそうも思いませんでしたがなあ。欧羅巴へ来て見てそれが解りました」と高瀬も言った。

「あの連中だって支那の方では皆相当なところから来てる青年なんでしょう。その人達が旅人扱いにされて、相応な金をつかって、しかもみじめな思いをするかと思うと、実際気の毒になりますね。金をつかって、みじめな思いをするほど厭なものはありませんね。私が国を出て来る時に、『欧羅巴へ行って見ると、自分等は出世したのか落魄《らくはく》しているのか分らない』と言った人も有りましたっけ」

（『新生』）

自己をこうして見つめ直した藤村は、当然現在の自分だけでなく、過去の自分、あるいは己れの過去全体を見直すようになった。

藤村が、パリ滞在中、アベラールとエロイーズの物語に深い関心を抱いたのも、単に、日本に居る時にこの物語を詩にしたフランソワ・ヴィヨンの作品を読んでいたからだけではない。

修道士でありながら、自分の教え子であったエロイーズと恋におち、ついには陰茎切断という恥辱的仕うちをうけてもエロイーズとの愛を全うしたアベラール。

そこに藤村は、自らを投影した。

だからこそ藤村は、破戒僧アベラールと修道女エロイーズとの間の不倫の恋の物語と、その結末に深い関心を抱き、ペール・ラシェーズの墓地に二人の墓を訪れるのだった。

古めかしく物錆びた一字の堂の内に二人の寝像が静かに置いてあった。『恋ゆゑにそんな悲哀と苦悩とを得た』とヰロンは歌ったけれども、斯うして死んだ後まで堂々と枕を並べて今だに祝福されて居るやうな比翼塚といふものも、たんとは有るまい。
（『戦争と巴里』）

このアベラールとエロイーズの墓は、墓地の正門から右に曲った第七区画にある。往復書簡は、一九世紀に二人の墓がペール・ラシェーズに改葬された頃に出版され、フランスで評判となった。不義の恋に生き、社会的制裁を受けながら最後は純粋な愛に自らの恋を昇華して、相手の女性をも結局愛の道へ導いたアベラール。その姿に藤村が自らを投影したことは疑いない。しかし、同時に、恋に生き愛を全うしたアベラールの勇気と信念に比べれば、藤村は卑怯であり、利己主義であった。そうした自らの弱さとみにくさを映し出す鏡としてもアベラールとエロイーズのエピソードは、藤村にとって意味があったといえる。

社会的、肉体的に耐え難いような屈辱を受けながらも愛を全うした男とその恋の相手の女性が、仲よく並んで永遠の眠りについているのを見た時、藤村は「男と女の寝像が堂々と枕を並べているから驚く」とつぶやくことによって、自らの中の罪の意識を、多少なりとも軽減し、それによって、こま子との関係自体も単なる苛責をこえて、より客観的に眺めることができるようになっていったのだった。

藤村にも似て、自分もパリ滞在中、あるいはアベラールとエロイーズの墓を見学し、あるいはまたモーパッサン、バルザック、デュマなどの作品の主人公の行動の跡をたどりながら、みずからの恋の遍歴を想起したものだ。それは、青春の淡い恋の思い出の多くの部分が、このヨーロッパ大陸を舞台としていたからだ。

英国ケンブリッジ大学の留学中知り合ったドイツ女性とは、夏季休暇や年末年始の休暇に欧州大陸、とりわけパリで落ち合って一緒に過ごしたものだ。フランス語を勉強するため通ったノルマンディーのカン大学の夏期講座で知り合った、考古学を専攻するデンマークの女性ともパリの名所めぐりをしたり、モリエールの劇を読み合ったりしたものだ。

こうした付き合いは、なぜ、つかの間の思い出に留まってしまったのであろうか。ドイツの女性には、自分の父武一が欧州旅行中に相まみえる機会があり、父もよい娘さんだと述べていた。デンマークの女性とは、デンマークとドイツの国境近くの両親の家を訪ねて泊めてもらったこともあった。

そうした淡い恋は、とりわけ深い肉体的関係に陥ることもなく、なぜ、淡い思い出として残るだけになってしまったのであろうか。そこには、異国の女性との付き合いのありかた、とりわけ、日本の外交官として異国人と結婚することについての、当時のいささか抑制的風習ないし制約が、自分の心に大きくのしかかっていたせいであろうか。しかし、同じ年に外務省に奉職した二〇名ほどの同期生のうち三名もが外国人と結婚したことを思えば、はたして、そうした「抑制」に自分が身を委ねたのは、もっと深い、何かがあったせいではあるまいか。自分は所詮「日本」を如何なる意味でも離脱したくなかったからなのであろうか。

藤村が自らの恋愛経験の過去を見つめ直したような切実なものは自分にはないにせよ、今、藤村の足跡を辿れば辿るほど、どこかで自分も卑怯であり、小心であったのではないかとの思いが横切るのだった。

もっとも、こうした青春の思い出を浮かび上がらせるようなパリの観光名所は、自分にとっては、アベラール、エロイーズの墓などよりも、むしろパリの中心コンコルド広場の近くのマドレーヌ教会かもしれないとも思う。

マドレーヌ教会は、もともと一七六四年に教会として建設が始められたが、フランス革命で計画が中止され、裁判所、株式取引所、銀行などの多目的用途の建物にあてられることになった。また、ナポレオンがこの計画を変更し、軍隊の栄光を祭る寺院にしようとし、その後また改変され、一八四二年、ほぼ今日の姿になったといわれる。この教会は、こうした歴史を反映して、独特のギリシャ・ローマ様式をもち、内部は壮大さに満ちている。この教会で、モーパッサンの小説『ベラミ』の野心的主人公が、近くのフォブール・サントノレ通りに住む金持ちの銀行家ウアルテル氏の令嬢シュザンナと結婚式をあげ、式を終えて教会から出て、真正面の彼方にみえる国民議会の建物を眺め、やがて政治の道に入る野心を心に刻むという、フランス文学史上有名な場面が繰り広げられたのだった。

自分はかつて青春時代、数度友人とパリを徘徊した際、あるいは一九八〇年代にパリに在住した際、幾度もこの教会を訪れたが、その度に、この教会にまつわる歴史とロマンを想起したものだ。そして、運命の偶然といおうか、大使公邸がフォブール・サントノレ通りにあり、住所がこの教会の教区にあたったため、カトリック教徒の典子は、毎週マドレーヌ教会に通ってミサを受けた。その結果、この教会で長女マリの結婚式を行うことになったが、まさに感無量であった。

因みに藤村は、戦時のパリでこの教会を訪れた際の印象を次のように書き残しているが、さすがマドレーヌ教会の雰囲気をよく伝えている。

伊太利街の角を折れ、オペラの広場へ出、更にあの並木の続いた街路に沿うてマデラインの寺院の前へ出ました。黒く錆た希臘風の巨大な石柱が並び立った建築物《たてもの》の内部《なか》には戦勝を祈願するための大彌撒《ミサ》のある時でした。鼈甲の形を装飾《かざり》とした高い天井の三つの円窓から射し入る日の光は正面にある壁画の聖者の群像、青色に描かれた椰子の薬なぞを照して見せ、混乱した町の空気との著るしいコントラストを思はせました。羅馬旧教の儀式は書簡点《とも》る長い蠟燭の火影で営まれて居ました。没薬《もつやく》と乳香との薫り満ち、厳かな宗教楽の響き渡るその空気の中にあるものは何とも言はれぬ暗い静かな古めかしさでした。白い上衣に赤い袴を着け珠数《ずゝ》を手にした役僧の後について、ナポレオン形の帽子を冠りながら御賽銭を集めに信徒の間を廻る男もありました。入営する兄弟や親戚のために無事を祈らうとする婦人の姿がそこには多く見られました。中には私共の眺めて居た大理石の水盤の近くへ来て、いぢらしげな額つきに御水を頂き、十字形を胸の上は描く十四五の娘をも見かけました。

（『戦争と巴里』）

藤村のこうしたマドレーヌ教会についての描写は、彼のパリの風景、建造物、行事一般についての描写のトーンと一致している。すなわち、藤村は、荷風のようにみずからの夢や憧憬や情熱をパリの情景の上に投影し、現実のパリを夢のパリに変化させるようなことはしなかった。だらこそ、藤村は、パリの都市計画や催しの「質」の観点から、その風景や行事に冷静に観察力を働かせた。それが証拠に、藤村は、凡庸なものには厳しい批判を展開した。リュクサンブール美術館での展覧会を「大したものではない」と決めつけ、また、別の展覧会についても「フランスの画界といっても凡庸なる画家が多い」と批評している。こうした批評は、藤村がフランスの文化や文明に感心する一方で、そこに溺れまいとして、あえて自分の心に批判精神を残そうとしていたという、ある種のバランス感覚の故であろう。

そして、藤村は、こうしたバランス感覚も手伝ってか、パリにおける調和と不調和に敏感になった。ヴェルレーヌの石像はリュクサンブール公園の雰囲気と調和しないと言い、空を飛ぶ飛行機はノートルダムの尖塔と合わないという。

風景ばかりではない。画のサロンの新しい色彩と町の古びた建物のコントラストといったことにも藤村は神経を働かせた。

藤村の心の中には、いつも何かしら二つのものが並存し、一方が他方を抑え、それが心の流れを片方におし流さないように働いているように見える。そうした心の働きと期を一にして、藤村のパリ描写には、建物の内部と外の世界の対比が頻々登場する。

内部の暗さと外の明るさ、古さと新しさといった対比が登場する。そして、こうした内と外との対比を一体化するかのように、下宿の窓から見た外の町の世界の描写が登場する。散歩や用足しで、何辺も直接歩き回った場所の描写を、そこへの直接の訪問体験から語らずに、下宿の窓から眺めた景色として描いているあたりは、まさにこうした内と外との対比というアプローチの一環ともいえよう。

内と外との対比は、また、自己と他人との対比でもあった。

藤村は美術館を訪ね、音楽会へ行き、また画家のモデルと郊外を散策したりしたが、そうした時、他人はいつも楽しそうであり、それぞれの場の活動に没入しているのに対し、内なる自分はいつもどこか暗く、どこかそれらの場から一歩隔たっていた。

だからこそ、パンテオンの壁画を見て静寂な気持にうたれても、藤村には強い感激や感動は生まれない。僅かに、ペール・ラシェーズにアベラールとエロイーズの墓を訪ねた時、「立ち去るにしのびない」気がしただけである。

こうした藤村の態度は、藤村の内部における抑圧と関係している。藤村は、ひたすら禁欲的生活を、誘惑の多いパリでおくった。そして、そうした自己抑制は、どこかで、開放的な性や愛の行為に対する嫌悪感や潔癖感を生んだ。コーヒー店でキスしている男女に激しい嫌悪感を抱き、アベラールとエロイーズの墓に対してすら、あい並んで寝ていることのみだらさを感じるのであった。

これら全ては、藤村が、パリにおいてひたすら悔恨の姿勢をとり、漂泊者として、また冷徹な観察者として生活したことから発しているといっても過言ではない。

漂泊者の心をなぐさめるものの一つは、季節の移り変りであった。若葉が出、木々の芽がいっせいにふき出してくる様子に、藤村は、限りない心の安らぎを覚えた。これは、藤村が他の日本文学者と異なり、三年以上もフランスに滞在したからでもあるが、それに加えて、藤村の心の動きを反映したものでもあるといえよう。

なお、藤村とフランスの有名な作家の墓や石像との関係は、荷風の場合と比べて大きな違いを示している。藤村は、確かにボードレール、モーパッサンの墓をモンパルナスに訪ね、スタンダールやジョルジュ・サンドの石像に見入っている。しかし、これらは全て、散歩の一環として見たにすぎない。わざわざそのためだけに文人の墓を見物する意欲は、藤村にはほとんどなかった。それが根拠に、ペール・ラシェーズへでかけても、アベラールとエロイーズの墓には感心しても、モリエールやバルザックの墓を見学した形跡はなく、また多くの文人の墓が存在するモンマルトルの墓地へ足を踏み入れた形跡もない。

藤村はパリにおいてあくまで漂泊者であり、情熱の作家ではなかったのである。

パリの旅愁、旅愁のパリ——横光利一にとってのパリ

押し出された作家

一九三六年二月、横光利一は『東京日日新聞』と『大阪毎日新聞』の依頼を受けて、ベルリンオリンピックを取材するという名分で欧州へ旅立った。日本郵船の「箱根丸」に乗船して約一ヶ月後の三月二七日、横光はマルセーユに上陸した。マルセーユの街を自動車で見て回った横光は、ヨーロッパの初印象を次の様に書き記している。

午後の五時近くでいつぱいの群衆がぞろぞろ街に溢れてゐるのだが、疲れて、青ざめて、沈み込んで、むつつりしてゐるものばかりだ。そこへ夕陽があたつてゐる。これがヨーロツパか。

――これは想像したより、はるかに地獄だ。

（『欧洲紀行』）

そして、翌二八日、夕暮のパリに着く。それから約一週間後、四月四日、横光は、

見るべき所は皆見てしまつた。しかし、私はここの事は書く気が起らぬ。早く帰らうと思ふ。

（『欧洲紀行』）

と、言っている。

こうした、横光の沈んだ調子のヨーロッパ印象記は、横光が元来、心の底から望んでパリへやってきた訳ではなかったことを暗示している。横光はその気持を、約一月後「私は自分で来たくて巴里へ来たのでは決してない。私の友人たちが、行け行け、行け行けと、たうたう押し出してしまったのだ」（四月二八日）と、語っている。

横光は「押し出されて」ヨーロッパへ来た。

言いかえれば、横光はかなり厭々欧州旅行へ旅立ったのだった。横光は、何故、本来華々しいはずの洋行を厭がったのか。

横光は、今日と違って何ヶ月も行ったきりとなってしまう洋行の間に、日本の文壇における自分の地位が失われるのを恐れた。事実、それほど当時の文壇における横光の名声は高かった。それだ

けに横光は、長い間の日本不在の結果を恐れた。もっとも、その恐れは横光の体調とも関係していた。横光は胃が弱く、風邪をひきやすい体質でもあった。洋行の間の体調を彼が内心危惧していたとしても不思議ではない。

しかし、そうしたことよりも、横光の心の奥にはもっと深刻な、ある漠とした恐れがあった。その恐れは、メッキが剥げることへの恐れだった。

横光は、ヨーロッパ的近代感覚を日本へ持ちこんだ先端作家だった。彼自身のヨーロッパ的近代感覚は、現実のヨーロッパにぶつかった瞬間、メッキのように剥げてしまうのではないか、言いかえれば、横光が長い間想い考えてきた「ヨーロッパ」は、現実のヨーロッパの前に崩れてしまうのではないか——そういう漠とした不安があった。

横光利一（1898-1947）

> 内地にゐるとき面白いとか豪《えら》いとか思つてゐたものも船の進行につれ、だんだんつまらなく見えて来る。（『欧洲紀行』）

そう言う横光の言葉には、現実にまのあたり開かれてくる異国の実体を前にして、自己の作りあげた観念の世界を守ろうとする横光の防御的姿勢がにじみ出ている。

この横光の防御的態度は、船が地中海に入るや「ふん、何が地中海だ」とつぶやく反応につながってゆく。夢とあこがれと思想の源としてのヨーロッパに飲み込まれまいとする横光の姿勢は、そのまま横光の心中の恐れを暗示していた。

こうして洋行に厭気と恐れを抱きながら、結局横光はヨーロッパへ来た。それは、横光が近代感覚の旗手であったが故に、周囲から勧められたら断れない道であった。しかも、横光には自らを守る楯として、日本の伝統文化へ傾斜することも当時の横光の立場上簡単には許されなかった。横光が洋行中盛んに俳句を作ったのも、そこに僅かに自己の近代感覚と東洋の精神を和合させるための、かすかな抵抗の礎を見つけたからだった。

まさに横光は、押し出された形でパリの街に足を踏み入れたのだった。

さまよう魂

パリに着いた横光は、モンパルナスのホテルにしばらく宿泊したあと、ダンフェル・ロシュロー広場に近いセレクト・ラスパーユ・ホテル（Select Raspail Hotel, 259 Boulevard raspail）に滞在した。

ラスパイユのホテルの六階が私の部屋だ。広い墓場が眼下に見える。ボードレールもこの墓場にゐる。栗の若葉でいつぱいになつた墓場に雨は毎日降りつづけてゐる。ときどき雲が破れる。若葉にあたる日光を見てゐると、濡れた白い花が日日咲き増していくのがよく分る。

（『欧洲紀行』）

このホテルでの体験があったせいか、横光は、小説『旅愁』の主人公矢代の宿泊先を、ラスパーユ三〇三番地としている。

「矢代さんはどこにいらっしゃるの。」

まだ一度も婦人と腕を組んで歩いたことのない矢代は、アンリエットから力を込めて腕を組まれても片身が吊り上っているように感じられ、ともすれば足が乱れようとしかかった。

「ラスパイユ、三〇三です。」

「三〇三。」

同じ番地に一つより家のないパリでは、番地を云えばすぐ建物が浮んで来るらしく、アンリエットも、「ああ、あそこ。」と頷いて、……

（『旅愁』）

しかし、現実には、ラスパーユ通りの番地は二〇〇番台で終っており、三〇〇番台の住所はない。『旅愁』ではこうしてまったく架空の住所が使われ、それをパリジェンヌのアンリエットが「ああ、あそこ」などというはずがないのであるが、横光が故意か、不注意か、ありそうで現実にはない虚構の番地を用いていることはいかにも横光らしい。

この同じ矢代は、パリへ着いてからすぐは、オテル・マスネに泊ったことになっている。前後の描写からすると、これは、パリ一六区のマスネ通り（Rue Massenet）に今も存在するオテル・マスネのことではないかと考えられる。

まだ日数も立っていないのに、パリへ著いたその夜のことを思うと、矢代はすでに遠いむかしの日のことのように思われた。夕暮の六時に駅へ著き、それからホテル・マス・ネへ著いたのは夜の十一時近かった。今なら僅か三十分で来られる所を自動車で廻いまいして四五時間もかかっていたのである。（『旅愁』）

このように、横光が自分は左岸のモンパルナス附近のホテルに泊りながら、『旅愁』の主人公の矢代の最初の宿泊先をブルジョワの住宅地の一六区に設定していることは、この小説の中で（後にふれるように）横光がセーヌ右岸の「十六区のお方」と左岸の住人を区別しているだけに興味深い点である。

なお、オテル・マスネは、場所柄近くの国際機関、経済協力開発機構の会議に出席する人たちなどの宿泊先になっている。

ところで、矢代が泊り、横光が宿泊していたラスパーユ大通り（Boulevard Raspail）は、セーヌ左岸を走る大通りとして著名であるが、この通りは、長い年月をかけて完成されたところが特徴の一つである。

一八六六年、いわゆるオスマンのパリ大改造の一環として始められたラスパーユ大通りの建設は少しずつ行われ、今日の姿になって開通式が開催されたのは、一九一三年になってからのことである。

この通りは、また、アリアンス・フランセーズ（一〇一番地）や米国学生・芸術家のクラブ（一〇番地）、建築専門学校（二五四番地）など、教育や学生関連の施設の多い通りとして知られているが、フランスの作家でこの通りに居住していた者も一、二にとどまらない。例えば、一八二七年から三〇年にかけてヴィクトル・ユゴー（二一七番地）、一八七二年にアルチュール・ランボー（二四三番地）が住んでいた。また、二〇一番地には、かつてバティ（Bary）というレストランがあり、ギヨーム・アポリネールが常連であったという。

こうして、一応宿に落着いてはみたものの、元々「押し出された」形でヨーロッパの土地を踏んだ横光は、ヨーロッパの現実の中で、ある種の魂の彷徨あるいは、心のさまよいを体験した。

もちろん、横光といえども、ヨーロッパの華麗で解放された雰囲気に全く無とん着であったわけではない。パリに着いてすぐの時期、横光もパリに感嘆の声をあげた。

街がまだ美しくみえる間は、あまり買物などはしたくないのだ。街はどの一部分をとつてみても絵になつている。

（『欧洲紀行』）

横光は、テュルリー宮殿の跡の公国からセーヌ河の両側に立ち並ぶ建物の景観に感心し、コンコルド広場の美しさに驚きの声をあげた。

コンコルドの広場も私は人工の美の極を尽したものと思ふ。坦坦として光り輝いた広場に群つた彫像から噴き上る幾多の噴水の壮麗さ。これを東洋のどこかにその比を捜すなら奉天の北陵か日本でなら京都の東本願寺の屋根である。深夜に森林の中を一人歩く凄さより、コンコルドの広広とした人工の極みの中を歩く物凄さは、はるかに人人を興奮させることだらう。

（『欧洲紀行』）

横光は、そしてコンコルド広場をとりかこむ女神像を俳句で詠った。

コンコルド女神老けにし春の雨

（『欧洲紀行』）

この一見、ユーモア調の俳句も、同じ場面を描いた『旅愁』の次の一節と合せ読むと、横光が、実は、「老けにし」女神像の淋しげな、老けた感じの美しさに打たれた様子がうかがえる。

彼は急に車の速力を停めさせた。そこで暫くぼんやり後ろを向いて待っていたが、一向に矢代たちの追って来そうな気配はなかった。いつの間にか来ている皎皎として青い広場の中で、老いた古い女神の彫像だけ周囲の噴水の飛沫を浴びて立っていた。

久慈はゆるく車をもと来た方へ女神を廻らせていった。解き放されたような気怠い疲労の眼で女神の顔を見ているうち沈み加減なその横顔の美しさに彼は胸が不思議に波立つのを感じた。

（『旅愁』）

俳句についていえば、西洋的感覚の持ち主の横光が、パリの真ん中で、なぜ俳句を詠む気持になったのか、自分自身の体験と比べて考えてみた。

自分も、今回および前回（一九八〇年代）のパリ在勤時に俳句を詠んだ。一つには、フランスでの季節感を確かめたかったからだ。

うろこ雲　高く休暇の　夢のせて

パリ祭の　太鼓の音も　雨にぬれ

などの句を詠んだのを思い出す。

それに加えて、フランスにいなければ読めないような句を詠みたいという気持もあった。たとえば、

白き灯の　瞳に光る　聖夜の子
マロニエに　こぼれる笑ひ　白き花

横光のコンコルドでの句にも同じような気持が込められていたのではなかろうか。

そして最後に、時には、俳句によって祖国日本の情緒を、パリにいながらも感じたいとする気持による句も自分にはあったように思える。

折り紙の　雛に異郷の　節句かな
ポリ袋　ゆれる金魚も　すき透り

西洋文明の断面

横光は、パリの壮麗さ、美しさあるいは洗練されたものに感嘆しただけではない。彼は、フラン

スの税関のあけっぴろげな態度にヨーロッパの自由を見、また「男にはあきあきした」顔をしている婦人たちに、解放された性を見た。そうした「自由」は、また、各人が勝手きままに行動している自由な雰囲気でもあった。こうした開放感を、横光はシャンゼリゼーの大通りを歩き、あるいはテラスで人々を眺めながら感じ取った。

一方、横光はそうした自由な社会、華麗な社会のヨーロッパが、実は「金」で動く残酷な社会であり、パンを手づかみにして食べる、どこか野卑な文明であることに目を向けた。

われわれは、資本を金だと容易に思へるものぢやない。(中略)恐らく道徳もわれわれの想像したものとはよほど縁遠いものにちがひあるまい。(中略)整然とした威儀を正した食卓で、紳士淑女がなに一つ非の打ち所のない典雅さでフォークを使つてゐる真最中に於てでも、いきなりパンだけは手摑みだ。(『欧洲紀行』)

そうしたヨーロッパの華麗、自由、野卑を見聞するにつれて、横光の目はどうしても、日本、東洋という眼鏡をかけてヨーロッパを見る傾向となってゆく。

フランス婦人の華やかな色どりの服装に能衣裳を連想し、マロニエの花を見ては日本ではもう桜も散っただろうと想うのであった。

しかし、東洋というレンズで西洋を見ると、逆に、日本における西洋化なるものが、如何に剝げかかったメッキのようにみじめなものであるかが分ってくるのだった。

また別に面白いのは、自分に知性のあることをひそかに誇っていたものたちの顔だった。これらのものは、昨夜で自分の思っていた知性も実は借り物の他人の習慣をほんの少し貸して貰っていただけだと分り始めた顔で、見合す視線も嘲笑のためにひどく楽天的な危い狂いがあった。

（『旅愁』）

日本の西洋化のメッキが剝げ、しかも現実のヨーロッパは華やかで自由で開放的となると、どうしても旅人はその華やかさと自由に溺れ、日本を軽蔑し、日本から離れてゆくことになりかねない。横光は、早くからその危険性に気づいていた。横光の心には、パリに溺れないための防御線がいくつもはられていた。

一つは、ことさらにパリの欠点に目をむけることである。第二の防御線はパリに溺れてゆき、祖国を軽んじる人々への軽蔑である。そして最後は、これら二つの合わさったものとして、ある種の虚勢である。

パリの欠点——横光は、しかし多くの日本人のようにパリの道徳的退廃や野卑なところに非難の目を向けなかった。

西欧文明のある種のどぎつさ、そしてその意味での野卑さの中にむしろ、横光はヨーロッパのリアリズムの原点を見出し、ヨーロッパ文明の限界線を分析して安堵するのだった。

その途端、矢代はどきりと胸を打たれた。全身蒼白に痩せ衰えた裸体の男が口から血を吐き流したまま足もとに横たわっていた。

外の明るさから急に踏み這入った暗さに、矢代の眼は狼狽していたとは云うものの、いきなり度肝を抜くこの仕掛けには矢代も不快にならざるをえなかった。それもよく注意して見るとその死体はキリストの彫像である。皮膚の色から形の大きさ、筋に溜った血の垂れ流れているどろりとした色まで実物そのままの感覚で、人人を驚かさねば承知をしない、この国の文化にも矢張り一度はこんな野蛮なときもあったのかと矢代は思った。しかも、この野蛮さが事物をここまで克明に徹せしめなければ感覚を承服することが出来なかったという人間の気持ちである。このリアリズムの心理からこの文明が生れ育って来たのにちがいない。それなら瞞されたのはこっちなんだ。（『旅愁』）

こうして、自らの知的分析によってヨーロッパを裸にし、そうすることによって、きらびやかな表面の魅力に吸い込まれてしまうことを避けた横光は、同時に、パリの魅力を以って、一種のおすましの顔と決めつけ、そこに抒情的な味がないことを嘆き、「巴里にはリリシズムといふものが、どこにもない」（『欧洲紀行』）と決めつけるのだった。

横光とはやや違った次元ではあるが、西洋へのある種の「虚勢」は、三島由紀夫、あるいはその作品の人物、とりわけ『鹿鳴館』や『にっぽん製』に見て取れる。

後者の作品では、いわゆる西洋化した日本人は、実は表面的かつ滑稽な西洋化したものに過ぎないというテーマが透けて見える。言いかえれば、日本は奇妙なところだけ西洋化しており、醜怪であるというのだ。

他方、『鹿鳴館』では、こうした醜い、滑稽な西洋化を日本人はそれを百も承知で行っているが、それは外国をたぶらかすためであり、同時に自己欺瞞の方便であるとしている。

第二次世界大戦前の知識人であった横光と、戦中、戦後をまたぐ文人の三島との違いを見ると、横光の西洋論や東西文明論は、いかにも深みが一見あるようで、実は時代の制約を受けた堂々巡り的書生論議のように感じられる。

『旅愁』の主人公のパリ巡りの跡を追いながら、彼らがヨーロッパについて語る台詞を読むと、それらはどこか、はるか遠い時代の記録のようにも思えてくる。

横光と世界の作家たち

これら全ての横光の言葉は、いわばパリのあら捜しであり、また自己防御の一方策であった。

横光の眼は、続いて、パリに心酔して自らの国を軽蔑している「異邦人」たちに向けられた。パリに憧れてやってきたものの、二ヶ月でパリを逃げ出してしまったドストエフスキーの名を借りて、横光は、パリに心酔する人々を鼻持ちならぬと感じる気持を吐露している。

巴里に長くゐる外国人は、誰も彼も、一様に巴里を尊敬し、熱愛して暮してゐる。そこへドストエフスキイが飛び込んだのだ。当時巴里のロシア人たちは、本国を軽蔑する代りに、新米の彼を、事毎に軽蔑したのは、火を見るよりも明らかだ。こんなことに気づかぬドストエフスキイではあるまい。つまり、ロシア本国を、何故にロシヤ人が互に軽蔑し合つて暮さねばならぬか、その残念な云ひ知れぬ口惜しさといふものは、我慢出来るものではなかつたのだ。

（『欧洲紀行』）

横光は、このように、パリにやってきた外国人作家に関心を示している。例えば、一八七六年に始めてパリを訪れ、以来、一八九四年まで頻々パリに滞在してフランス文学やフランス文化の影響を多大に受けた、スウェーデンの作家オーグスト・ストリンドベリのことについて次のように言っている。

ホテルを変らうと思ひ、街を歩いてゐるとストリンドベルヒのゐたと書いてあるホテルがある。中へ這入つてどの部屋にストリンドベルヒがゐたのかと訊ねると、三階へつれて行き、ここだと云ふ。細長い八畳で窓から隣家の屋根ばかりが見える。ルクサンブール公園のすぐ傍なので、「地獄」に出て来る公園もここの公園であらう。私は一時ストリンドベルヒに心酔したころもあり、殊に地獄は私の心の糧だつたから、この部屋を借りようかと思つたが、千五百フランもする。それに年代から考へると彼の狂人になりかけた部屋だ。空気も息詰るやうだし、細長いのが第一嫌ひだつたので思ひとまることにした。（『欧洲紀行』）

ストリンドベリが泊ったホテルがどこかについては、ストリンドベリとフランスとの関係を論じた書物『ストリンドベルヒとフランス』(Strindberg et la France, Gunnel Engwell, Almqvist & Wikpell International, Stockholm, Suede) にも載っておらず、詳かではないが、横光の漠然とした記述を頭におきながら、リュクサンブール公園の周りを歩いてみると、公園の南側の入口近く、ジョルジュ・ベルナノス並木通り (Avenue Georges-Bernanos) 四三番地に、オテル・ボーヴォワール (Hotel Beauvoir) という、どこか由緒ありげなホテルがあるのが目につく。内に入って受付の係に聞くと、ここは、サルトルやボーヴォワールが常宿をしていたホテルでヘミングウェイも泊ったことがある、と言う。但し、所有者も変っており、それ以前にストリンドベリが泊ったという話は聞いていない、ということだった。

このように、横光が、第三国、すなわち日本でもフランスでもない国の文人たちのフランス滞在に興味を覚えた裏には、フランスを中心とするヨーロッパ思想や精神がどこまで世界的普遍性を持つのかという点に強い関心を抱いていたからではないだろうか。

自分もパリ滞在を一つの契機として、ヨーロッパ精神の普遍性について思いを馳せた。その際、頭に浮かんだのは遠藤周作だ。彼の『留学』や『白い人、黄色い人』『アデンまで』などを読むと、遠藤の苦悩と考え方が伝わってくる。

そもそもヨーロッパ精神の普遍性の問題について、横光、あるいは作品の登場人物は、第一に、一見普遍的と見える概念も実は東西で違っているという見方をしている。例えば、同じ「ヒューマニズム」という概念もヨーロッパと日本では違うというのである。

言いかえれば、普遍的概念なるものは、各民族のおかれた自然環境や歴史的事情からなる相違を軽視しがちであり、真の普遍性は、そうした差異を勘案したものでなければならないという。

このことは、裏から言えば、真に普遍的概念や理念は、ヨーロッパを越えていることを意味している。横光が欧州を旅行した時代、欧州自体が、左翼思想と右翼思想の対立、伝統と近代の対立の時代を体験しており、そうした欧州の「分裂」が、横光の欧州観に大きく影響した面があると考えられる。

遠藤も横光にやや似て、普遍的原理（キリスト教の愛の原理なども含む）が、民族、国境の壁を越えて受け入れられるためには、高度に発達した独自の文明が存在しない場所であればともかく、そうしたところ以外の、文化的伝統の発達したところでは文化の違いを乗り越えなければならず、「普遍的」原理の受容には困難があるという。

しかし、遠藤が特に問題としたのは、普遍性を説く側の独善性と普遍性を受け入れる側の偽善である。自分の理念や価値観の普遍性を説く側は、とかく相手が自分とは違った風習や見方をすることを改めさせようとし、そこに独善性が生ずるという。また、受容する側では、本来の意思にそぐわなくとも、相手の理念を受け入れているようなふりをするという偽善が生まれることに、遠藤は敏感であった。

横光と藤村

横光はまた、滞在した場所が近かったこともあって、同じようにモンパルナスに滞在した藤村に想いを馳せた。

千鶴子には日のよくあたる部屋をと思って、矢代はルクサンブールの公園の端にあるホテルを選んでおいたが、それが千鶴子にはひどく気に入った。

千鶴子の部屋は壁一面に薔薇の模様のある六階の一室だった。窓を開けると、公園から続いて来ているマロニエの並木が、若葉の海のように眼下いっぱいに拡って見えた。その向うにパンテオンの塔と気象台の塔とが霞んでいる。

「この木の並木は藤村が毎日楽しんで来たという有名なあの並木ですよ。あれからもう二十年もたっていますから、そのときから見れば、随分この木は大きくなっている筈ですよ。」

と矢代は説明して、

「このすぐ横にリラというカフェーがありますよ。ここへも藤村が毎日行ったということですから、ひょっとすると、このホテルは藤村のいたホテルかもしれませんよ。」

（『旅愁』）


もとより、ここで矢代が、このホテルは藤村のいたホテルかも云々と言っていることは全く事実に反し、藤村は近くのマダム・シモネのところに下宿していた訳であるが、『旅愁』の主人公に、藤村のことを持ち出させている横光の心には、パリの土地を踏んだ古今東西の作家たちの心境をふと思いやる心理がうずいていたと言える。そして、横光はリュクサンブール公園の中に立ち並ぶ、フランスの文人の石像や銅像に目を向けるのだった。

文学者の彫像の多いのはルクサンブールの公園である。ここにはベルレーヌの他に、スタンダール、フローベル、ジョルジ・サンドがゐる。しかし、私の好きだつたのは、公園を出て、ソルボンヌの前にあるモンテーニュの像だ。これは去年の三百年祭に出来たものだからまだ新しいが、この像を見て初めてモンテーニュの精神に触れた思ひがした。彼の寛容、彼の自由さ、底を割つた老獪の徳、他人のいかなる策謀も功を奏せぬ不思議な微笑。たしかに男性の底知れぬ柔らかな寛仁大度の風姿がよくこの像に現れてゐると思つた。（『欧洲紀行』）

フローベール、スタンダール、ジョルジュ・サンド、ヴェルレーヌ――横光は、リュクサンブール公園内で、多くの日本の文人と同じように、石像を眺めて感慨にふけった。しかし、横光の描写には、一つ大きな特徴がある。

フローベールは「とぼけた顔」をし、スタンダールは「猪首」であり、ヴェルレーヌは「炯炯とした眼光」をしている。

石像は、横光の目に生きた人物のように見えたのだ。フランスの文人は、過去の遺物、過去の栄光の残影ではなく、現実のヨーロッパ、現在のヨーロッパの文学に息づいている、生きた人間として横光に観念されていたのだった。

横光は、リュクサンブール公園ばかりでなく、モンパルナス墓地へ行き、モーパッサンとボードレールの墓を訪ねているが、ここでも横光は、ボードレールのあごのつき出ている様子にけちをつけ、あたかもボードレールその人の姿をそこに見出したかのような紀行文を残している。

『椿姫』のパリ

しかし、過去の文人の姿を生きた者の様に現実のパリに投影し、ヨーロッパの文学から生きた体験をひき出そうとでもするかのようだった横光は、また、ヨーロッパの小説の著名なシーンを現実のパリの上に投影し、そこから二重、三重の虚構の世界を作り上げることもやってのけた。

シャンゼリゼーの商店やカフェが終り公園風の緑地帯が始まる、まさにその境目にあるロン・ポアン（Rond Point du Champs-Elysees）。そこを横光は、最も危険な場所だという。この場所で、横光は『旅愁』の主人公たちに、『椿姫』の物語、アルマンとマルグリットの恋の物語の情景を語らせている。

「あ、そうだ。このあたりのベンチでアルマンが椿姫を待ったんですよ。ロンパンの大きな樹のある前のベンチと書いてあったようだから、たしかにこのあたりに違いないのだ。あるいはこのベンチかもしれないぞ。」

矢代はおどけた風にそう云いつつ頭上の二かかえもあろうマロニエの大木の葉を仰いだ。

「ここだったら面白いわね。でも、これは鉄のベンチだから、そのころと変っちゃいないわけよ。」

千鶴子も好奇心に満ちた笑顔でベンチの背を撫でてみたり組み合った八ッ手のようなマロニエの厚い繁みを仰いだりした。

「何んでも馬車で椿姫がブロウニュの森の方へ、ここを通って毎日行くんですよよ。それが日課だったんですね。それを聞きつけたアルマンが、友人とここで待ち伏せしてるんです。椿姫はイタリアの麦藁帽子に、レースの飾りのついた黒い服を着ていて、乾葡萄を入れた手下げ袋を持ってたというんですがね。」

椿姫の細い優雅な姿を想い描いている二人の顔へ、風の方向に揺れ靡いていた噴水の霧がゆるやかに廻って来た。姿を揃えた樹の幹の間へ落ちている日光の縞の中でひそかに虹が立っていた。

（『旅愁』）

小説『椿姫』において、アルマンとマルグリットがシャンゼリゼーの並木を散歩するシーンは出てくるが、ロンポアンでアルマンが、マルグリットの馬車が通るのを秘かに待っていたのは、マルグリットの姿を一目見て、彼女が他の男と一緒ではないかを確かめるためであり、マルグリットとそこで出会い、デートするためではなかった。従って、ロンポアンのベンチでアルマンが待っていた云々は虚構の物語の上にさらに想像を重ねたものである。

また、マルグリットがイタリアの麦藁帽子をかぶっていたのはブルス（パリ証券取引所）の近くの店をマルグリットが訪ねた時の服装であり、また、乾ブドウ云々も、マルグリットがオペラ見物の際好んでブドウ菓子を食べたということであり、ロンポアンでの散歩に際してブドウ菓子を持っていたという記述はなく、これらも全て、『椿姫』の物語の題材を想像の世界で作り変えた二重虚構である。

因みに、文芸評論家の菅野昭正は、矢代と千鶴子のこうしたパリでの恋のなりゆきの描写について、オペラ座での二人の（手を重ねあう）動作を例にひきながら、横光の小説の真髄にふれるものとして、次のように論じている。

通俗小説的といえばなるほど通俗小説的だが、感情を制御してもどかしい接近をくりかえしてきた二人の、たがいに愛を確かめあうことになる瞬間が、ヨーロッパの恋愛風俗の習慣をほとんど型通りになぞって書かれているあたりに、『旅愁』をどういう小説として動かしてゆくかという意匠はほとんど透けて見えている。

（菅野昭正『横光利一』福武書店）

パリの孤独

他方、こうした『旅愁』の描写を良く読むと、そこには恋物語の投影という要素の奥にある冷たさ、どこか分析的な観察の目が光っているのが感じられる。逆にいえば、横光は、どこかでパリに心酔している者を冷笑しているような調子を出している。

一丈余りの高い鉄柵に沿つて、黒黒としたマロニエの太い幹が立ち並び、鬱蒼とした樹木の下をこつこつと稀に歩く人影が猷りこくつてゐる。古い瓦斯燈が青く輝き、片側の建物は尽く窓を閉ざしてゐる中を自分も黙黙として歩く寂寥は物凄く身慄ひのするほど美しい。ふと御影石の滑かな石垣に手を触れると、甘酸つぱい花弁の腐りかけたのが指先きに喰つついて来る。

人は死ぬ前には恐らくこの通りの寂寞たる光景と似てゐることだらう。

（『欧洲紀行』）

そして横光は、華やかなパリのムードにあえて冷たい目を向けようとすればするほど寂しさを感じ、寂寞とした感情に襲われるのだった。

こうした横光の孤独感がにじみ出ているせいでもあろうか、歓楽と人の群れの賑やかさで有名なモンマルトルへ行っても、サクレクール寺院に立ち寄っても、またモンマルトルのキャバレーへ行っても、どこか『旅愁』の登場人物はさめており、ロマンがない。

こうした横光の孤独感や寂寞感は、横光がパリを観察することを通じて、実は自分自身を見つめていたからであるといえる。それは、「ヨーロッパの現実を抉《えぐ》りながら、逆に日本の就くべき位相を捉えようとする」（山崎国紀『横光利一論』和泉書院）努力であった。その努力は、さらにいえば、「すべての日本人がヨーロッパを真似し切れぬ」という認識の下に立って、ヨーロッパ文明とは全く違う日本固有のものを日本人が大切にすることによって、真似しきれぬヨーロッパを超えようとする努力であった。そこに横光の深い寂寞感と焦りと、そして隠された情熱があった。

もっとも横光の孤独感や寂寞感は、こうした横光の個人的理由のせいだけではなかった。それは一つには、一九三〇年代のヨーロッパ自体が混乱と彷徨の中にあり、日本の知識人に明確な方向性を与えるものではなかったからであった。

事実、全フランスが混乱の中にあった。横光がパリに滞在した一九三六年の上半期は、パリ、そしてフランス全土がデモとテロ行為に荒れていた。レオン・ブルム首相が右翼に襲撃されたのは一九三六年二月一二日、横光がパリに入る数週間前のでき事であった。ヒットラーの抬頭と圧力の前に、右翼のアクション・フランセーズが旗をふってナショナリズムを鼓舞すれば、フランスのソヴィエト化を唱える共産党がデモをかけた。パリの町は、右と左、双方のデモとこれを警戒する警官隊の列に充ちていた。群衆の決起や集会は、シャンゼリゼーからナシオン広場、左岸のサンミシェル通り、さらには右岸のバスティーユ広場、そしてサクレクールの東を走るクリュアンクール通りにまで及んでいた。パリは緊張し、いら立っていた。

そして、横光も実は緊張しはりつめていた。

横光がどんなに緊張してパリを観察していたか――それを荷風の、あのゆったりと、実にパリの風物にとけこんでいるムードと比較して、「荷風が描くパリの娼婦は玉の井の女に大きな麦藁帽を被せたものに過ぎない」と批評して、横光の真剣さ（ヨーロッパと対決している真剣さ）を説明する評論もあるほどである。（吉田健一『先駆者横光利一――横光外遊の意義』）

こうしたパリの騒々しさが尋常でなかっただけに、横光は、ことさら静かな場所を想いの場として愛した。第一は、何といっても、宿の近くのリュクサンブール公園であった。

『旅愁』の中で、主人公たちは頻々リュクサンブール公園を散歩し、またベンチに座って休んでいるが、それは思索や会話のためであると同時に、騒然たるパリの町からの逃避でもあった。

公園の中ばかりではない。横光は、公園の端の静かな通りを愛した。例えばオーギュスト・コント通り（Rue Auguste-Comte）である。

私にも好きな通りがある。それはルクサンブール公園の外郭に沿つた、オーグスト・コント通りだ。人は殆ど通らないが、夜のこの通りの美しさは、神気寒倹たるものがある。

（『欧洲紀行』）

オーギュスト・コント通りは、リュクサンブール公園の南端につき出ているオプセルヴァトワール通りの西側の道と公園とを区切っている通りで、国立行政学院（ＥＮＡ）及びリセ・モンテーニュがあることで著名である。今日ではリュクサンブール公園の門前でサッカーボールを追いかける少年もおり、静かな通りとは言い難い。因みにリセ・モンテーニュの建物は、第一次大戦末期には米軍兵士の病院として使われ、第二次大戦中はドイツ兵の病院として接収された歴史がある。

彷徨

都会の中に静けさを求めても十分それを得られなかったせいであろうか。横光は、数ヶ月の滞在の間に、東はヴァンサンヌの森、西はブーローニュ、サン・クルー、サンジェルマン、北はモンモランシー、南はフォンテーヌブローと、パリ近郊の森という森は全てめぐり歩いている。

ただ、横光も、また『旅愁』の主人公たちも、ほとんどいつも誰かと連立ってこうした森に出かけている。

そして時には大人の遠足のような、ある種の子供じみたはしゃぎを感じさせる。横光にとっても、これらの森は、単に静けさを求めての逃避であるばかりでなく、自然の中でこそ、人と真のコミュニケーションができるという、ある種の東洋的安らぎの場所であったのかもしれない。

こうして都会から逃避し、安息を求めてはみたものの、基本的には、横光は騒々しい混乱したヨーロッパに幻滅した。あるいは少なくとも幻滅したようなポーズを作り上げた。

峠を乗り越えると、更に次の峠が現れ幾つ峠を越して良いのか見極め難い。

(『欧洲紀行』)

と、横光は言い、また、

私は何の未練もも早やヨーロツパには感じない。私はヨーロツパを知つたか知らぬか反問さへもしないのだ。

(『欧洲紀行』)

と、断言する。

横光は、最後までパリで、ヨーロッパでさまよっていたのだった。

この横光の彷徨《さまよい》を象徴するかのように『旅愁』は、内容が非常に観念的な小説であるにもかかわらず、あたかも紀行文であるかの如く、パリの観光各所という名所全てが書き記され、主人公たちの訪問先となっている。

エッフェル塔、テュルリー宮、アンヴァリッド、オペラ座、ノートルダム寺院、さらにはオートゥイユの競馬場まで描かれているのである。

東洋への回帰

横光は、こうしてヨーロッパをいわば精神的にさまよい歩き、その過程で、自分が考えていたようなヨーロッパと現実の格差に、あるいはひそかに感嘆し、あるいは失望し、あるいは当惑した。しかし、新しいもの、違ったもの、認識の違い——そうした「発見」を基礎にして、ヨーロッパから真剣に何かを学び、自己を改革し、新しい道をみつけるには既に遅すぎた。横光は若き文学者ではなく、日本の文壇を背負う流行作家であった。そして、学ぶべき相手のヨーロッパ自体、伝統と変化の間をさまよっていた。

こうした横光の、ある意味ではやりきれぬ気持、ある意味では開き直った気持は、次の文章にあますところなく吐露されている。

人はそれぞれ心に聾を持つてゐる。日本にゐると自分の聾の部分には、滅多に気附くものではない。しかし、一たびここへ踏み込むと、ひどい聾の部分が逆毛立つて、刺さり込んで来るのである。

さア、耳は聞え出したが、もう世は遅い。日が暮れかかつてゐる。今から走つても追ひつかぬ。そこで聾の楽しさを忘れかね、無我夢中に東洋的なものにしがみつく、救ひはこれだ。歌舞伎と能の美しさほど、人を小馬鹿にしたものは、恐らくあるまい。

（『欧洲紀行』）

こうして「さまよう魂」となった横光の心は、何かのきっかけで、日本ないし東洋へ回帰し、そこに精神的安堵を憶える方向に傾いてゆく。

レモンを割ると強い匂ひに日本の青葉のころが身にしんで来る。

（『欧洲紀行』）

こうした、東洋への回帰を象徴するかのように、『旅愁』の中で主人公たちがカフェに行く時は、ほとんど複数の日本人と連れ立って、あたかも故郷の団らんでもするかの如き感じがにじみ出ている。

オペラ座の前のカフェ、カフェ・ド・ラ・ペに一同はなだれこんだかと思うや、次は左岸のクローズリ・ド・リラで、久慈と矢代と千鶴子は、日中戦争勃発のニュースに驚き、またカフェ・ドームではややもすると、日本人とフランス人、あるいは日本人と黒人との大きな違いについて急に意識を高められ、それがまた逆に日本人同士の奇妙な結束と東洋への回帰を深めてゆくのだった。

ある日、ドームで千鶴子と矢代がショコラを飲んでいると、ちょうど二人の前で、黒人の女と白人の男がしきりに何事か睦まじそうに話し込んでいたことがあった。

矢代は見ているうちに、どうしても一致することの出来ない人種の見本を眼のあたり見ている思いに突き落とされ、その二人の間の明白な隙間に、絶望に似た空しい断層を感じて涙がにじみ上って来た。

（『旅愁』）

カフェ・ドームは、横光が言っているように藤田嗣治もよく出入りしたカフェであるが、第一次大戦までは、むしろドイツや北欧系の人々のたまり場となっていたのが、第一次大戦後、ヘミングウェイやスコット・フィッツジェラルドなど「失われた世代」の作家たちで賑うようになった。今日でも、ドームを訪ねると、その壁のあちこちに、藤田はじめ画家や文人のかつての常連の写真が飾られている。ロシアの革命家たち、すなわち、レーニンやトロッキーも出入りし、一昔前まではこのテーブルにレーニンが座ったなどとよく給仕のギャルソンが言っていたものであるが、今日では、近くのレーニン記念館も閉鎖され、レーニンの名を口にするものはいない。

カフェと言えば、『旅愁』の中でしばしば登場するカフェに「トゥリオンフ」という凱旋門近くのカフェがある。横光の描写では凱旋門からシャンゼリゼーを下った左岸にあるカフェと言うことになっているが、今日、同じ名前のカフェはそのあたりには見あたらない。ただ、シャンゼリゼー九二番地にトゥリオンフという同じ名前の映画館が存在する。

シヤンゼリゼ驢馬鈴沈む花曇　（『欧洲紀行』）

カフェ・トゥリオンフからシャンゼリゼーを眺めて作ったように響く横光の俳句である。

旅愁

東洋への回帰――そうはいってもパリに住む横光の魂は、やはりパリをさまよっていた。ただ、そこで逃げ回り、さまよってばかりおらず、必死に東と西との格差の問題に立ち向って、西洋での体験の総括としての東洋への回帰の軌跡を（そしてさまよっている魂そのものの彷徨の軌跡を）、偽らずに書き記したものこそが、横光の最後の大作『旅愁』ではなかったか。

『旅愁』は、実は旅の途次に感じる感情としてよりも、旅を終えて、旅行中の複雑な感情の流れを憶いおこす時に一層深く心にしみる。その意味で『旅愁』は、洋行の思い出話の形をとってはいるが、実は、東洋へ回帰したあとの想いの物語と言えるかもしれない。

けれども、さらに深く考えて見ると、あの華麗なパリの憶い出が（いかに横光がそこで東と西との衝突に苦しんだとは言っても）、東洋への回帰という想いに収斂したと言うのはいささか表面的にすぎるように思える。

横光の真の想いは、自分が回帰してきた東洋が、あのパリの世界のような国際的、世界的普遍性を持ち得ないことへの憂いではなかったか。日本を東洋へ拡大してみても、その東洋は、西欧のくびきにあえいでいる東洋であった。

要するに横光利一がヨーロッパ旅行で確認したのは、ヨーロッパ文化の限界と同時、日本の伝統文化の限界ということであった。

（神谷忠孝『横光利一論』双文社出版）

伝統と現代の交錯するパリ――横光利一の描いたパリの特徴と横光の心理

横光利一の描いたパリの特徴の一つは、横光が、セーヌ河の左岸も右岸も、均衡のとれた形で散策していることである。左岸はカルチエ・ラタン、モンパルナス、アンヴァリッド、ケードルセー、エッフェル塔、そして右岸は一六区、オートゥイユ、シャンゼリゼー、コンコルド、モンマルトル、それにセーヌの中の島のシテ島と、横光はパリの主要な名所、主要な地区を全て自身の『欧洲紀行』や小説『旅愁』の中に記録している。

これは、横光の心のどこかにパリのすべてを知りたい、というある種の執念があったためでもあり、また逆にいえば、どこか特定の地区の雰囲気を愛し、そこにのめりこむことがなかったことを意味している。

また、横光は、いかにも新感覚派の旗頭らしく、ヨーロッパのきらきらした近代性（モデルニテ）と、その均整のとれた近代の姿に目を向けた。そうした横光の視線は、噴水からきれいに上る水やガス燈の青い照明、均整のとれたマロニエの並木道などに注がれ、またそこにある種の感慨を感じるのだった。

「伝統は美しいがどこかばかに見える」という横光の言葉は、こうしたモデルニテへの関心を裏書きしている。

このように横光は、伝統に対してやや斜めに構える姿勢をとっていたが、それは横光が、パリの歴史に輝く華麗さをそのまま認めないことに通じていた。壮大な建物や華やかな装飾、あるいは美しい衣裳など、通常の人々が感じるパリの華麗さを横光は脇へおしやった。むしろ横光の目は、噴水とか並木道とか花壇、石像、さらにはセーヌ河の白い石壁といった、ある種の都会的きれいさに向うのだった。それは一つには、横光の目と心がパリの文化的伝統の色や形よりも、そうしたものの奥に潜む西洋の「精神」に向っていたからだった。

だからこそ、横光はこうした「精神」の体現たるノートルダム寺院では、その壁面の彫刻を克明に観察し、伝統の中に潜む「精神」を理解しようとした。

こうした横光の態度は、例えばリュクサンブール公園の文人の石像の見方にも反映している。横光は、ヴェルレーヌやスタンダール、ジョルジュ・サンドなど多くの文人の石像にはさして興味をもたず、むしろヨーロッパ精神の体現者たるモンテーニュの像に見入るのだった。

そして、横光はパリの中の伝統と近代の交錯を感じた。横光は、リュクサンブール公園の脇を散策して、石垣に手を触れて何事かを感じとろうとしたが、おそらく彼は、そこで近代に生きる伝統の重さをなんとなく測ってみる気持をおこしたのではなかろうか。

こうした伝統と近代の交錯という視点は、東洋の文化と西洋の文明の交錯というもう一つの横光の視点と重なっていた。

横光はパリに西洋文明の成果を見ながら、どこかでそれと東洋の文化とを比較し、この二つを結びつけようとしていた。

横光は、コンコルドの石像やリュクサンブールの石像、そしていくつかの彫刻に興味を示しているが、これらの石像への横光の関心は、芸術という糸によって、フランス文化の世界を、日本美の世界に重ね合そうとする無意識の心の動きの一環であった。横光は、また、藤村の散歩した道や藤村が訪れたカフェ・クローズリ・ド・リラを、藤村をひきあいに出しながら『旅愁』の主人公たちに訪れさせているが、これも、ヨーロッパという異質の世界を、藤村を触媒として日本に結びつけようとする努力であったといえる。

横光が、このように、伝統と近代、東と西との交錯を、パリの風景の中にことさら意識したのは、もとより基本的には、横光の作家としてのあるいは文芸家としての気質のせいであったが、もう一つの要因は、横光の訪れた時期のパリが、もはやかつてのような、統一され、均整のとれたイメージを与える都ではなく、やや分裂しかかっている都であったことも影響している。

事実、横光がパリに来た当時のヨーロッパは、既に政治的、思想的に分裂しつつあるヨーロッパであった。デモ隊が街をうずめ、ストの波がおしよせる状況の下で統一され、整合性のあるベル・エポックのヨーロッパは色あせつつあった。そしてそのことが、横光の「東洋への回帰」にどれほど影響を与えたかは、微妙な問題と言えよう。

いずれにしても、横光の小説にも紀行にも、ヨーロッパとの心の交流の軌跡は全くあらわれていない。『旅愁』に登場するアンリエットも、小説の中では人格や感情の欠如したフランス人形のようにしか感じられない。横光にとってヨーロッパは、あくまで一つの精神であり、観念であり続けたのだ。

与謝野晶子の詠ったパリを追って

燃える心燃えるパリ

一九一二年（明治四五年）五月五日、与謝野晶子はシベリア鉄道に乗ってパリへ行くために東京を発った。

晶子や物に狂ふらん、
燃ゆる我が火を抱《だ》きながら、
天がけりゆく、西へ行く、
巴里の君へ逢ひに行く。

情熱的な詩を残し、燃える心を抱いて、狂った様にパリへ赴いた晶子。時に晶子は、三四歳。四女を一年余り前に出産したばかりで、四人の娘、二人の息子を持つ母親であった。それに、晶子は決して裕福ではなかった。前年の一一月に夫寛（鉄幹）が渡仏する際、晶子はその資金のためにと、自分の歌をかき散らした金屏風をいくつも作製して売りに出したほどだった。

六人の子持ち。少しは家賃も安かろうと、麹町の小ぢんまりとした家に転居して数ヶ月。そして苦しい家計の日々であった。

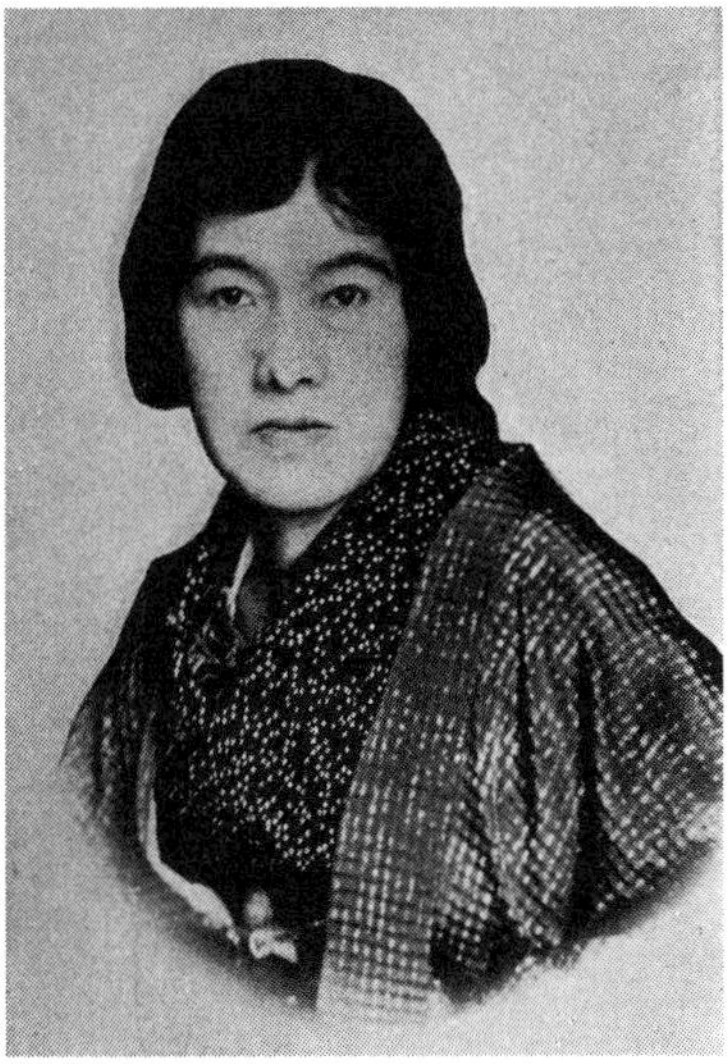

与謝野晶子（1878-1942）

因みに、この頃晶子が住んでいた「小ぢんまりした家」は、自分がフランスに赴任する前住んでいた麹町のマンションから数十メートルのところにあり、今そこに立つ小ぶりのマンションの入り口には、ここが与謝野夫婦の住家であったことを示す標識がたてられており、この通りは、近くに菊池寛や泉鏡花なども住んでいたことから、文人通りと名付けられている。

そして、これまた運命の偶然にも似て、晶子の息子の秀は一九五〇年代に駐スペイン大使を勤めた後、一九六四年東京五輪大会準備組織の事務局長を務め、その頃一、二度だけだが言葉を交わしたことがあり、またその息子で政治家となった馨氏とは度々面談する間柄であった。

こんなことから、与謝野晶子は自分にとってどこか近い存在であり、それが、パリで彼女の足跡をたどる一因となったのかもしれない。

ともあれ、夫をフランスに送り出した晶子の必死の思いの裏には、実は夫婦関係の危機があった。寛の生活は張りを失っていた。詩作活動の中心であった『明星』は廃刊となり、寛は原稿を「びりびりと両手で破って机の下の反古篭《ほごかご》へ」ほうり投げたかと思うと、庭の片隅で何時間も蟻をみつめている。晶子が『源氏物語』を講義し、華々しく活動している一方で、寛は「遊んで」いた。ダリヤの根元の穴から出て来る蟻を、錆びた包丁でつつき回している夫の姿は、晶子の心を刺した。鉄幹は事実苦しんでいた。一時、一世を風靡した『明星』の廃刊は、鉄幹の率いた文芸運動が、自然主義文学の潮流におされて、今や歴史的使命を終えつつあることを暗示していた。

その一方で、晶子の歌人としての名声は高まり、かつての師鉄幹と弟子晶子の立場は、完全に逆転していた。

グゥタラ、グゥタラ。
グゥタラ、起キナ、蚊帳ゴシニ
細帯姿、地モ露ラワ

ガサツニ呼ブハ、襟白キ
女剣舞ノ座頭ヨ
（原文のローマ字を仮名化）

こういって始まる、グゥタラ男と女剣舞の座頭とを謡ったローマ字の詩は、鉄幹という名も捨てて今は寛と名のるようになった詩人の、自己卑下と憐憫の情を余すところなく表現していた。しかし、寛の心の憂鬱は、詩作のゆきづまりや妻との地位の逆転のせいばかりではなかった。寛は、長年の恋人であり、自分を崇拝してくれていた山川登美子を失っていた。鉄幹に傾倒していた登美子が、山川駐七郎と結婚し、その後夫に死別して一人身となってから、登美子と寛は、お互いの恋情を再び確かめあう仲になっていた。

古歌のきよき調《しらべ》を次《つ》ぐごとく昔の恋にまた逢へるかな

と、鉄幹が歌えば、

狂ふ子に狂へる馬の綱あたへ狂へる人に鞭とらしめむ

と、登美子は歌う。

妻もあり子もある鉄幹と恋愛関係におちいり、恋一筋に生きて結婚した晶子は、同じように恋一筋に生きようとしているのかもしれないかつての親友登美子と、夫寛との「狂へる恋」に苦しまねばならなかった。

しかしその登美子は、数年前（一九〇九年四月）肺結核で二九歳の短い生涯を終えていた。寛には、もはや詩作もなく、恋もなく、未来への展望もなかった。しかし、そうした寛の心境は、単に文学あるいは詩作上のゆきづまりのせいばかりとは言い切れない。

時あたかも大逆事件がおこり、寛の親しかった石川啄木は裁判の成行きを憂慮して寛に会いに来たりしており、寛も自分のおかれた精神状況を、監房の中に身をおくものと表現したりしていた。時代はある暗い底流を生じており、寛は本能的にそれを感じていた。

寛と晶子の亀裂は、晶子の世間での名が高まり、晶子が妻としても母としても懸命になればなるほど深まっていった。離婚という想いが、二人の脳裡をかすめる状況になっていた。

晶子は、夫に人生の転機、大きな転機の糸口を与えねばならないと考えた。とかく夫が学歴コンプレックスに悩みがちなことを考えると、ヨーロッパへの洋行こそが、夫にとって何にもまして良薬であるように思われた。

しかも、晶子の心の奥底にはもう一つの隠された願望があった。遠いヨーロッパへ夫をおし出すことによって、夫の心の中にしめている過去の女の影、とりわけ先妻林滝野の影や、愛人山川登美子の憶い出を夫の心から完全に消し去ってしまいたいという願望であった。

この時の寛と晶子の微妙な心のゆれを、女性思想史研究家の山本千恵は、晶子の評伝の中で、みごとに描き出している。

一〇年間を「愛の計量計」を内心にもち、嫉妬に揺れうごいた晶子に、寛はようやく断言した。涙をうかべて、寛は晶子をみて言った。

「そんな女を僕が思っているなんか、なぜそんな惨酷《(ママ)》なことを母さんは言うの。」

（山本千恵『山の動く日きたる』大月書店）

寛にしてみれば、もともと欧州行きにはできれば晶子も連れてゆきたいと念じていただけに、金策のこともあって自分しか行けそうもないことに、ある種の罪悪感を感じていた。

それら全ては、逆説的に、寛をヨーロッパへおしやる波となった。

こうして与謝野寛は、明治四四年（一九一一年一一月）神戸からフランスへ向った。

しかし、いざ夫を送り出して一人神戸から東京へ帰ってみると、晶子はある種の心の寂寞さを感じないわけにはいかなかった。それは、夫がいないことの淋しさとか、夫恋しさの寂寞感ではなかった。晶子は、夫の洋行に、実は知らずしらずのうちに自らを重ねていたのだった。寛が洋行という契機を必要としている以上に、晶子も心の解放、体の解放を望んでいた。いらいらし、不機嫌になってゆく夫、子育ての気苦労、経済的問題、女流作家としての気負いと風当り――それら全てのものからの解放を望んでいたのは、実は晶子自身であった。

夫がパリへ行ってしまえば、それなりに自分も解放されるはずだ――そういう思いが晶子の心のどこかにうずいていた。

ところが、現実に夫が洋行して一人になってみると、自分の心は依然として解放されていない。夫はパリで何をし、何を感じているのか、日本とフランスで二人離れ離れになったままで、果して寛は本当に得るべきものを洋行から得て帰ってくるのであろうか――晶子の心は千々に乱れた。それは、夫恋しさといった単純な感情をはるかにこえたものだった。

遠い彼方で、パリは輝き、燃えていた。

そして、晶子の心も燃えた。

花のパリ、花咲く心

こうして与謝野晶子は、一九一二年五月一九日午後、シベリア鉄道を経て、パリ北駅（ガール・ド・ノール）に着いた。

北駅はリヨン駅と並んでパリの終着駅としては最も人の往来の激しい駅だが、今日では、英仏海峡トンネルを通過してロンドンへ向うユーロスターの発着駅になっているだけに、古い建物の中にモダンなムードが漂っている。それだけにロマンを感じさせる雰囲気はなく、駅の周辺もいささか薄汚れた感じがみなぎっている。

三千里わが恋人のかたはらへ柳の綿のちる日に来《きた》る

晶子は、北駅から比較的近いモンマルトルの一角、ヴィクトル・マッセ通り二六番地の下宿で寛と共にパリ生活を始めた。

こうしてパリに着いてすぐ翌日あたりの晶子の心境を、佐藤春夫は、いかにもロマン派の詩人らしく、次のように表現している。

ぐつすり眠つて夜の白むころ、牡鶏と鶩との間のやうな暗き方をする鳥の音に再びまどろみ、ピアノの音に目覚めて起き出でた。

夜明け方の鳥はメメルと云ひ、ピアノは階下のスペイン娘が毎朝はやくからの猛練習だといふ。晶子の気分はパリの一夜にすつかり落ち着いた。メメルの話もスペイン娘の噂もみな楽しい。

（佐藤春夫『晶子曼陀羅』講談社）

ヴィクトル・マッセ通り

ところで、ヴィクトル・マッセ通りは、今日モンマルトルの歓楽街の中心であるピガール広場を通るクリシィ大通りの裏を走っている短い通りで、偶数の番地は二六番地で終っている。

二六番地は、クリシィ大通りの方へ伸びるフロシエ通りとヴィトル・マッセ通りが交叉する角にあたっているが、今日、この二六番地には、二階建てのどこか薄っぺらな感じがする小さな住宅が立っている。ところが、この建物も含め、クレシィ通りは袋小路になっており、しかも通りの入口には大きな鉄の門が据えられ、ここから内部は私有地であって、立入り禁止であるという赤い掲示板がかかげられている。袋小路の内は、つたのからまった由緒ありげな白壁の建物がいくつか並んでおり、目と鼻の先のクリシィ大通りの雑踏が嘘のように静まりかえっている。

今や、ヴィクトル・マッセ通りは、観光客用の安ホテルや薄よごれた安アパートの並ぶ裏街になっているが、かつては、文芸家や画家の住む文化的香りのある通りであった。アレクサンドル・デュマも一時ここに住んでいたことがあり、トゥールルーズ・ロートレックが晩年アトリエを持っていたのもこの通りであった。

一六番地にはマダム・サバテエのサロンといわれた文芸家の集まる家があり、テォフィル・ゴーティエやフローベールが出入りしていたという。そんな歴史を偲ぶかのように、今日、ヴィクトル・

マッセ通り二六番地の住居の壁には、映画監督で作者であったジャン・ルノワールがかつてここに住んでいたという石板が掲げられている。

この通りには、また、与謝野夫妻がパリに滞在していたちょうどその頃、当時二〇歳台の梅原龍三郎が、ルノアールに師事して画業に励んでいたアトリエがあった。晶子は、六階のこのアトリエにあえぎながら上って、梅原の絵を夫と共に観賞し、同時に、窓の外の夕陽に輝くノートルダムやパリの光景を眺めた。晶子の絵心と画家の夢と夢のパリは、こうしてヴィクトル・マッセ通りのアトリエで、晶子たち人物をその中に入れた、生きた一幅の絵を作りあげていたのだった。ヴィクトル・マッセ通りの住居について晶子自身は、あたりの静けさや、住居の趣きを好きになったようで、次のように書き記している。

〽ギクトル・マッセ町の下宿住居が、東京にも見られない程静かな清清した処だとは自分も来る迄は想像しなかつたのである。通りに大きな鉄の門があつて、一直線に広い石の路次がある。夜はその片側に灯が一つ点る。路次の上には何階建てかの表の家があることは云ふ迄もない。突当りは奥の家の門で横に薄青く塗つた木製の低い四角な戸のあるのが自分達の下宿の入口である。同じ青色を塗つた金網が花壇に廻らされて居る。横が石の道で、左手の窓際にも木や草花が植つて居る。欄干《てすり》の附いた石段が二つある。此二つの上り口の間が半円形に突き出て居て、右と左の曲り目に二つの窓が一階毎に附けられてある。自分の居るのはこの半円の間の三層目に当るのである。内方からは左になる窓の向うには庭のアカシヤが枝を伸して居る。

（『巴里より』）

与謝野晶子の住んだヴィクトル・マッセ通りの辺りを、OECD日本政府代表部勤務時代も含めて数度訪ね、梅原龍三郎のアトリエを覗いた晶子の心境を思いやるうち、いつしか自分は、パリに在住した日本人画家たちが、パリで何を思い、何を感じていたかに興味を持った。

そして、黒田清輝から始まって、岡田三郎、浅井忠、平賀亀助、斎藤豊、石井柏亭、土田麦穂、五姓田義松、久米桂一郎、鹿子木孟四郎、藤島武二、荻須高徳、山下新太郎、海老原喜之助、野口弥太郎、栗津則雄、向井潤吉、三岸節子、安井曾太郎、須田国太郎、林武、坂本繁二郎、児玉虎次郎、梅原龍三郎、里見勝蔵、佐伯祐三、浜口陽三、山本芳翠、百武兼行、満谷国四郎、和田英作など、多くの日本人画家で、パリに滞在した人々の作品集や美術評論などを通じて、画風やパリへの目線を感じ取ろうとした。

そうすると、パリが多くの画家にとって、一種の憧憬の地であり、何気ないパリの風景を描いた画にも詩情を感じている気配が感じられるものが少なくなかった。また、本人の意識や美術的評価とは別に、画家たちは、西洋近代の姿を日本に伝えるという歴史的役割を果たしてきたのではないかとも思われた。さらにいくつかの作品では、とかく「タイプ」の描写に力が入りがちに見える日本の伝統的人物画に比べて著しく個性化された人物像がみられるようにも思えた。さらに佐伯祐三の画のように、油絵で黒色の魅力を鮮烈に打ち出すのは、どこかパリ的な気がした。

パリ的といえば、自分もパリで、日本ではなかなか出来なかった絵筆をとって絵を描くこともしてきた。一九八〇年代にパリに在勤した時には、ブローニュの森から市中に伸びる大通りのアンリ・マルタン通り（Avenue Henri-Martin）にある建物に、住み込みお手伝いさん用の四畳半ほどの地下室を借り受け、そこにキャンバスやイーゼルを置いて、アトリエとして洒落込んだこともあった。そんなにたくさん絵を描いたわけでもなかったが、パリの街角でスケッチをして油絵を描いてみると、気が付くことがいくつかあった。一つは、パリの建物の壁、窓、門構えなどが、石造りのせいかどこか重厚で、油絵の題材に向いているように思われたことだった。

もう一つは明かりである。パリでは、冬場になると四時頃に薄暗くなるほどで、窓からの光では絵を描き難い。とりわけ、電灯の光では風景は描けない。なるほど、ルノワール、セザンヌなど画家が南仏を愛したのは、光のせいもあったのではないかと思った。

また、絵を描くには絵の具やキャンバスが必要であり、モンマルトルにある日本人女性店員のいる画材店を探し出して仲良くなった。典子も絵を描いていたので、一緒に出掛けたりしていたうちに、典子は先方からサロン・ドトンに応募して出展したらどうかと言われ、とにかく応募したことでも話のタネになるからと、サクレクール寺院とセーヌ川を背景とした裸婦の絵を提出したところ入選し、オートゥイユのサロンに飾られ、一生の思い出となった。しかし、世間は怖いもので、自分は応募しなかったため、「夫人の絵は入選したが、夫の小倉さんは落選したそうだ」という噂が日本人仲間に広まって苦笑いしたことを、今更ながらに思い出す。

ともあれヴィクトル・マッセ通りは、与謝野晶子のお陰で、小生のパリ滞在に思わぬ文化的刺激を与えてくれた。

こうしてパリの住居に落着いた晶子であったが、晶子をまず魅了したのは、やはり花のパリの風物だった。花のパリに魅了された晶子の心の中には、なんといってもヨーロッパへの憧れや日本の因襲から解き放された女性の自由な感情がうずまいていた。だからこそ、晶子は、著名な文学者というより、一人の純心な少女のような眼でパリを観察した。

巴里に着いた三日目に
大きな真赤な芍薬《しゃくやく》を帽の飾りに附けました。
こんな事して身の末が
どうなるやうと言ひながら

こんな詩を書いた晶子の心は、まさに少女のように踊っていた。晶子は洋装をし、とりわけ帽子をかぶるのを好んだ。そこには、若さと女らしさへの「変身」のうずきがこもっていた。

四辻《よつつじ》の薔薇を積みたる車よりよき香ちるなり初夏《はつなつ》の雨

寺住《てらず》みの清《きよ》き少女《をとめ》が十人《とたり》ほどわが前を行くマロニエの花

晶子は、パリの風物の中に自らの夢を投影した。パリは、現実の都であるとともに夢の都だった。この夢の都の「夢」を最もよく体現しているのは、何といってもシャンゼリゼーの大通りであった。晶子は、この華麗な通りを歌に詠った。

かへりみぬシャンゼリゼエのうづだかき並木《なみき》の持《も》てる葡萄色《えびいろ》の秋《あき》

物売《ものうり》にわれもならまし初夏《はつなつ》のシャンゼリゼエの青《あ》き木《こ》のもと

あかつきのシャンゼリゼエの夏あかり沓《くつ》すりて行く思ふことなし

翅《はね》ある子日曜の日はあまた居ぬリュクサンブルの花の小みちに

凱旋門

そして、シャンゼリゼーの彼方にそびえる凱旋門。
晶子は、遠くから見た凱旋門の壮大さよりも、エトワール広場（今日のシャルルドゴール広場）の雑踏に目を見張った。

秋風は凱旋門をわらひにか泣きにか来たる八つの辻より

と、晶子は詠っているが、八つの辻から来る「風」は、自然の風ばかりでなく、車の雑踏と人の流れであった。
そして、その雑踏の巷に突然とびこんだ蛾に自分をなぞらえて、晶子は詩を作った。

エトワアルの広場

土から俄かに
孵化して出た蛾のやうに、

わたしは突然、
地下電車《メトロ》から地上へ匐《は》ひ上がる。
大きな凱旋門がまんなかに立つてゐる。
それを繞《めぐ》つて
マロニエの並木が明るい緑を盛上げ、
そして人間と、自動車と、乗合馬車と、
乗合自動車との点と塊《マツス》が
命ある物の
整然とした混乱と、
自主独立の進行とを、
断間《たえま》無しに
八方の街から繰出し、
此処を縦横《じゆうおう》に縫つて、
断間無しに
八方の街へ繰込んでゐる。

（中略）

この時、わたしに、突然、
何んとも言ひやうのない
叡智と威力とが内から湧いて、
わたしの全身を生きた鋼鉄の人にした。
そして日傘《パラソル》と嚢《サック》とを提げたわたしは
決然として馬車、自動車、
乗合馬車、乗合自動車の渦の中を真直に横ぎり、
あわて、走らず、
逡巡せずに進んだ。

因みに、この同じ凱旋門を見て、林芙美子は、次のように詠っていることはよく知られている。

　凱旋門から

やつとこゝまで来ました。
火の燃えてゐる

凱旋門の下に立って
誰にともなく合掌するのだ

追ひ追ふ心の侘しさ
誰も「お出で」とは云はないのに
白い巴里の夕暮れ
凱旋門の下に立って
わたしは子供のやうに
「君ケ代」がうたひたくなった。

(『巴里日記』)

コンコルド広場とレピュブリック広場

シャンゼリゼーの一方が凱旋門であるとすれば、もう一方の端はコンコルド広場である。コンコルド広場は、フランスの八つの都市(すなわち、ブレスト、ルーアン、リール、ストラスブール、リヨン、マルセーユ、ボルドー、ナント)を象徴する八人の女性の石像が、回りをかこんだ形となっているが、このうち、東北の隅にあるストラスブールの女性像は、ヴィクトル・ユゴーの愛人、ジョリエット・ドルエをモデルにしたものと言われている。

このストラスブールの女性像は、ストラスブールの属するアルザス・ロレーヌ地方がドイツ領としてドイツに編入されていた時期には愛国者が集まる場所となっていたが、二〇世紀初頭のこの像の様子を、晶子は次の通り書き記している。

自分等は電車から降りてルウヴル宮に沿うたセエヌの河岸のマロニエの樹下道を歩いてトユイルリイ公園へ入つた。上野の動物園前の様な林の中の出茶屋《でぢゃや》で休んで居ると、傍で鬼ごつこを一家族寄つてする人たちも居た。コンコルドの広場へ出ると各州を代表した沢山の彫像の立つて居る中に、普仏戦争の結果、独逸領になつたアルサス、ロオレン二州の代表像には喪章が附けられ、うづだかく花輪が捧げられてあるのを見て、外国人の自分さへもうら悲しい気がした。花を手向けたい様な気もした。けれど其廻りを取巻いた人達は何も皆悄然として居るのではない。未来に燃える様な希望を持つ人らしい面持が多いのであつた。

『巴里より』

晶子は、またコンコルド広場とは目と鼻の先のルーブル美術館も訪ねた。

晶子の詩情は、ルーブル宮殿の中の美術品よりも、夕暮れのルーブルの建物の、微妙な色合いにむかった。もっとも、こうしたパリ見物に晶子は一人で出かけた訳ではない。大概は、夫寛と一緒であった。それだけに、晶子は巴里の夕暮れにノートルダムを散歩し、自分の恋を投影したかと思うと、また、どこか鋭敏な観察者となって、レピュブリック広場を徘徊するのだった。

レピュブリック広場は、元々噴水を中心にした比較的小さな広場であったものを、一九世紀半ばに、都市計画で有名なオスマンが、パリの大改造の一環として大きな広場に作りかえたものである。今日、ここはしゃれた洋装店や食品店が立ち並ぶ、高級な散策場所となっているが、晶子が訪ねた頃は、この広場は、むしろ庶民的雰囲気のあるところだったようだ。この広場の中央の記念碑の台座には、フランスの歴史上名高い、いくつかの（共和制への）革命のシーンが描かれているが、これは、この広場が一八世紀から一九世紀にかけて、革命の際に群衆が集まる広場となっていたことを象徴している。

ところで、パリの華麗さ、パリの夢といえば、シャンゼリゼーから凱旋門、また、いわゆるグランブルヴァール（大通り）やコンコルド広場などもさることながら、やはりオペラ座や、そのほかの大劇場であろう。

晶子は、オペラ座やパリの劇場についても歌を詠い、詩を書いた。

巴里《パリ》なるオペラの前《まへ》の大海《おおうみ》にわれもただよふ夏《なつ》の夕《ゆふ》ぐれ

また晶子は「テアトル・フランセーズ」に行った時のことを詩にしているが、パリにテアトル・フランセーズという劇場はなく（そもそも、フランス語のテアトルは男性名詞であるから、女性形のフランセーズと一緒にはならない）、ここで晶子が行った劇場は、その記述から推して、コメディ・フランセーズであろう。晶子はここで「望遠鏡をもって」盛装した婦人たちのことを描いている。

フランスの古典劇を上演することで名高いコメディ・フランセーズは、モリエールがかつてモリエール劇団を率いて自作劇を上演していた建物（パリ・ロワイヤルに存在する今日の憲法院「コンセーユ・デ・タ」の建物）に隣接した古典的な劇場であるが、今日、「望遠鏡をもって盛装した」婦人を見ることは稀である。

椿姫の墓

ところで、明治四五年の日本人にとって、華麗なパリを詠ったこれらの晶子の歌は、遠いおとぎ話の世界からの夢語りでしかなかった。

だからこそ、晶子の歌には、今日から見れば女子高校生が憧れのパリにやってきて目を見張っているような、単純な、清新な、驚きとセンチメンタリズムが感じられる。そんな晶子のセンチメンタリズムを象徴するかのように、晶子は、モンマルトル墓地にアレクサンドル・デュマ・フィスの小説『椿姫』のモデルとなった遊女マリ・デュプレシス（小説の中ではマルグリット・ゴーチェ）の墓を訪ねている。


薔薇咲く恋物語かなしきを残せる人の灰色の墓

小説『椿姫』では、椿姫の恋人アルマンは墓をあばいて今は空しい骸となったマルグリットの姿を凝視し、それによって自らの執念を断ち切るが、死んだ後も、自らのみにくさを恋人の前にさらけ出されるという屈辱を味わねばならなかった遊女の運命と、そうした運命をも毅然として甘受した恋の熱さと強さを晶子がどう感じていたかは、このセンチメンタルな歌からうかがえない。ただ確かなことは、晶子はパリに自分の夢を投影し、また、それだけに、パリの町に夢を投影した人々の物語に自らを投影したのだった。

マリ・デュプレシスの墓は、パリのモンマルトル墓地の第一五区画、ラシェル通りの入口から入ると左手の半ばにあり、小さな花の形のかざりのついた墓には、今日でも花束を捧げる人を時折みかけるほどその名がしられている。もっともこれは、アレクサンドル・デュマ・フィスの小説のせいというより、ヴェルディのオペラ、「ラ・トラヴィアータ」のためであろう。人も知る通り、「ラ・トラヴィアータ」の主人公はヴィオレッタ・ヴァレリィであり、椿姫は結局デュプレシス、ゴーティエ、ヴァレリィの三つの名前を持っているといえる。

椿姫といえば、荷風、横光、与謝野晶子などが、いずれも椿姫の物語をパリで追想していることから、小生自身もこの小説の主人公の足跡をパリの街に辿ってみた。とりわけ、椿姫が住んでいたとされるダンタン通り（Rue d'Antin）九番地を探したが、この通りはパリのオペラ座の近くにあったが、都市改造で通りが切断され、現在九番地は存在しない。

しかし椿姫のモデルとなったマリー・デュプレシスは、晩年パリ中心部のマドレーヌ大通り(Boulevard a la Madeleine)に住んでいたと言われる。一八四七年、彼女の死と共に、その家財、持ち物が競売にかけられたが、偶然その情景をたまたまパリ訪問中のチャールズ・ディケンズが目撃し、遊女だった女性の使っていた祈禱書を買っていく物好きもいるものだと苦笑していたという。

美の心、美の都

パリは何といっても美の、芸術の都であった。

何よりも詩人である晶子は、六月のある日、東洋美術の展示で名高いギメ美術館の側、ボアッシェール通り(Rue Boissière)二四番地に、当時フランスの詩壇の大御所的存在だったアンリ・ド・レニエを訪ねた。

あな、あはれ、きのふゆえ　夕暮悲し
あな、あはれ、あすゆえに　夕暮苦し
あな、あはれ、身のゆえに　夕暮重し

上田敏の訳詩集『銘文』の最後を飾る名訳こそ、アンリ・ド・レニエの詩であったことは、よく知られている。アンリ・ド・レニエは、晶子と会った当時四八歳。前年にアカデミー・フランセーズの会員になったばかりで、まさに円熟期にあった。

レニエは、元来ロマンティックな詩風でボードレールやマラルメに近かったが、次第に、いわゆる象徴主義的詩風になり、好んで秋の庭園の哀感や、古代に連想を得た詩作に入りこんでいた。古典的でありながら新しい風潮を作り出していたレニエは、ある意味では晶子の訪問先としては意味のある相手だった。レニエは元来東洋への関心が高く、渡日を希望していた。加えて森鷗外や上田敏がレニエの小説や詩を紹介し、日本でも知られた存在だった。

その意味で、詩人晶子のレニエ訪問は、詩の世界でフランスの代表的詩人と日本の女流詩人を結びつけ、日本とフランスを結びつける象徴的できごとであった。

今日、このボアッシェール通り二四番地の大きなアパルトマンの建物の入口の上には、アンリ・ド・レニエがここに住んでいたことを示す石板がはめこまれている。

ロダンとの出会い

ある日の午後、晶子は廃兵院（レ・ザンヴァリッド）から汽車に乗り、着物姿のままパリ郊外ムードンにあるロダンの家を訪ねた。コクリコや矢車草の咲く野原の景色を見ながらムードンに着くと、

「ジャポネーズ、ジャポネーズ」と言いながら人々が窓に寄ってきて晶子を眺めるのであった。晶子のいでたちは、秋草を染めた絽の着物に、薄青磁色の絽の帯というコンビネーションであった。

真赤な土がほろほろと……
だらだら坂の二側《ふたかは》に
アカシヤの樹のつづく路。
(中略)
「ロダン先生の別荘は。」
問ふ二人より側に立つ
キモノ姿のわたしをば
不思議と見入る野良男。

「ロダン先生の別荘は
ただ真直に行きなさい。
木の間からその庭の
風見車が見えませう。」

巴里から来た三人の
胸は俄にときめいた。
アカシヤの樹のつづく路。

『巴里より』

粉ひき小屋の職人や通りがかりの人たちに道を聞きながら、漸くロダンの家の前まで来る。

マロニエの木が隙間もなく青青と両側に立つて居た。然し人の通ふ道の上には草が多く生えて居る。右の掛りに鼠色のペンキで塗つた五坪位の平屋がある。硝子窓が広く開けられて入口に石膏の白い粉が散ばつて居るので、一見製作室《アトリエ》である事を自分達は知つた。けれど之は弟子達のそれであらう、床も天井も低い、テレビン油で汚れた黒い切の沢山落ちて居るこの狭い室が世界の帝王さへも神の様に思つて居るロダン先生の製作室だとは入つて暫くの間自分には思はれなかつた。

『巴里より』

晶子の旅行から一〇〇年以上経た今日、ムードンの町は歴史を秘めた郊外の町らしく、大きな城跡と緑の森に恵まれた場所であることは変りがないが、かつてアカシアの樹で一杯だったロダンのアトリエの近辺は郊外の住宅地と化し、小さな二階建ての家があい接して建っている。ロダンの旧居もそうした住宅街の真中に埋没し、のどかな田園風景はもはや見られない。ただ晶子が感嘆した大きなマロニエの二列の並木道が、今日も門から建物への広い砂利道の両側を飾っている。

ここムードンで晶子たちは、「ロダンはこのアトリエにはいない」と言われ帰ろうとしたが、居合わせた弟子たちがロダン夫人にとりついでくれたため、夫人と面会し赤いバラの花を貰った上、パリのヴィヨンのアトリエにいるロダンを訪ねることとなった。

晶子は、もとより、バラの花をくれた人がロダン夫人であることを疑わなかったが、実は、晶子が出会ったのはロダンの「事実上の妻」、いわば内妻のローズ・ブリュレであった。

ローズは、一八六四年以来最後までロダンに連れ添った女性であったが、ロダンをとりまいたきらびやかな「愛人」たちと違って、生れも性格も地味な女であった。シャンパーニュ地方の農夫と洗濯女の娘として生れ、ひかえめで、やや臆病で、しかし農家に育った娘らしくねばり強く、頑固なところがあったという。

このローズが、ムードンで、パリのロダンのアトリエへ行くよう晶子を促したのは、あながち親切心からだけではなかった。それは、ローズがロダンの「妻」として、遠来の客とロダンを結びつけることによって「妻」の座を確かにし、また、ある種の心のつながりを晶子という人物を通じて、パリのロダンとの間にうちたてたいという気持があったからであろう。

一九一二年。

当時ロダンは、長い間の弟子であり恋人であったカミーユ・クローデルと別れたあとであり、また、パトロンであり愛人でもあったショワユル夫人とも別れようとしていた。健康にもかげりが出てきていたロダンは、こうして再びローズの胸に戻りつつあった。しかし、それはローズにとって、まだ完全に確かなものではなかった。ローズが晶子にあげた赤いバラには、ローズのそうした万感の思いがこもっていたのだった。

晶子は、パリでロダン本人と感激の対面を果たし、その感激から、翌年生れた子供にオーギュストという名をつけたことはよく知られているが、晶子は、ロダン夫人から貰ったバラを大切に新聞紙にはさんでおし花とし、その日の記念にしたという。

澄める水《みづ》ほのほ浮《う》けたりこれや何《なに》ロダンの作《つく》る男《をとこ》と女《をんな》

晶子は、彫刻を見ても男女の関係に目を向けていた。

因みに、今日、パリの左岸、廃兵院（レ・ザンヴァリッド）の横、ヴアレンヌ通り七七番地にあるロダン美術館の一階に陳列されているローズ・ブリュレの胸像を見ると、農家の娘らしい、どこか、がっしりとした雰囲気の中に、ある種の思いつめた表情がうかがえる。このローズの胸像は、「ローズ・ブリュレ」と名づけられ、「ロダン夫人の寄贈」になるとの説明がつけられている。それは、あたかもローズがロダンと正式に結婚したのは、ローズの死の二週間前であったことを象徴しているように見える。

しかし、晶子が、ロダンと会ったこと自体に大きく感激した以上に、ロダンの彫刻にこめられた、激しい自由への叫びとある種の反逆精神に心をうたれたかどうかは定かではない。ロダンが当時、政府と意見の衝突をおこしていたことを晶子は果して知っていたのであろうか。

情熱の詩人らしく、晶子のロダンとの出会いも詩的であり、また感性的であった。

「ロダン先生に逢った事の嬉しさを今比旅先で匇匇と書いてしまうのは惜しい気がする。暫く一人で喜んで居よう」――こう旅行記に書く晶子であった。

自分もムードンのロダンの住居を訪れ、またパリのロダン美術館も何度か見学したが、パリの街を散策するうち、ロダンの彫刻は、パリの街中でも結構見られることにいささか驚いた。しかし、考えて見れば、フランスは街に石像やブロンズ像が多く、これも当たり前のことかと思うようになった。そして、パリの街にロダンの彫刻を探し回ってみた。すると美術館などの内部にあるものは別として、町中に少なくとも五、六ヶ所ロダンの作品があることが分かった。すなわち、リュクサンブール公園のスタンダールの肖像、モンパルナス墓地のセザール・フランクのブロンズ像、パリ一六区ロダン広場（Place Rodin）にある著名な男性像「青銅時代」、一七区のプロスペル・グボー広場（Place Prosper-Goubaux）の人物像（石像）、モンマルトル墓地にある政治家カタニャリ（Catanyary）の銅像などである。しかし、今日パリの街頭で見られるロダンの作品で最も知られているのは、バルザック像かもしれない。元来、ロダンは一八九一年、フランス文芸協会からバルザックの記念像の制作を依頼され、バルザックと直接会ったことのなかったロダンは、バルザックが注文していた洋服屋に接触するなど熱心に情報を集めて彫刻を作った。ところが、この人物像は、部屋着というか寝間着姿のような衣服で全身が包まれたユニークなもので、物議をかもし、結局依頼主に拒否され、長く世に出ることはなかった。ようやく一九三九年になり、モンパルナスのラスパイユ大通り（Boulevard Raspail）に安置されたのだった。

今日、ロダンに代わってバルザック像を作り上げた彫刻家ファルギエール（Falguière）のバルザック像は、凱旋門からほど近いフリードランド大通り（Avenue de Friedland）にある。この二つの作品を比べると、ロダンの作品の圧倒的力強さが目立ち、ファルギエール自身、晩年には、ロダンの作品の素晴らしさを認めていたというが、美術作品としてではなく、往時の作家をしのんで一般の人々の目に訴えるものとして、またパリの「歴史を語るもの」の一つとして何が適当かは、今日でも議論のあり得るところであろう（因みに、有名な作品「青銅時代」についても、あまりに写実的に人体を描きすぎているとの批判があって物議をかもした経緯があると言う）。

フランス女性について

ところで、これまでの晶子のパリ遍歴を見ると、晶子はパリの名所に感激しやすい女性であったかのように見えるが、少女趣味にも似た感傷的側面の一方で、実は晶子は一流の文芸人として通俗的なものへの反撥も心に秘めていた。そうした反撥がほとばしり出た場所の一つは、サクレクール寺院だった。

モンマルトルの岡の上に白い姿を天に浮かべて立つサクレクールは、晶子にとっていたく不愉快な観光名所としか映らなかった。

セーヌ川左岸の学生街カルチエ・ラタンの中心で、人のにぎわうサン・ミシェル大通りについても、晶子は不平をもらしている。

七時半頃になつて街へ出たが、まだ飾瓦斯も飾提灯の灯もちらほらよりついて居ない。サン・ミツセルの通に竝んだ露店が皆ぶん廻し風の賭物遊びの店であるのに自分は少し情けない気がした。

(『巴里より』)

通俗的なパリの名所に嫌気を感じる一方で、晶子は女として、フランスの女性の美しさにうたれた。

睡蓮の精とも云いたい様な、細りとした肉付の豊かな、肌に光があつて、物ごしの生生とした、気韻の高い美人を沢山見る……

(『巴里より』)

こう観察した晶子は、フランスの婦人の美しさの源を考える。

ギリシャやローマから続く美術の伝統が影響していると考える一方で、晶子は、ある一つの重要な事柄に気づいた。それは、女性一人一人の個性であった。

自分が仏蘭西の婦人の姿に感服する一つは、流行を追ひながら而も流行の中から自分の趣味を標準にして、自分の容色に調和した色彩や形を選んで用ひ、一概に盲従して居ない事である。

『巴里より』

個性の発揮というところにフランス女性の美しさの源泉を求めた晶子の心の中では、女の美しさと女の個性と女の自由と女の解放とは、一体となっている炎であった。

化粧や衣服のみならず、現実の生活の上で個性豊かに生き生きとしているフランスの女性たちを見るにつけ、晶子は、漸く歌や詩で女性が自由な表現をなし得るようになりつつあるにすぎない日本の現実を淋しく思った。

日本の女が何が巴里の女に及び難いかと云へば、内心が依頼主義であつて、自ら進んで生活し、其生活を富まし且つ楽まうとする心掛を欠いて居る所から、作り花の様に生気を失つて居る……

『巴里より』

夫を追って三千里の道を遥々パリまで来た晶子。自分一人の才覚で、巨額の旅費を捻出した晶子。

恋するに何むつかしき事あらん千里さへ一人にて来し

そう言い放った晶子は、自らの心の解放感と、女性としての自由をパリの空気とともに胸一杯に吸った。着物姿でパリを歩きまわり、下宿のベッドのかたわらで煙草を吸う晶子は、日本の女の解放と自由の象徴であった。

女性の解放——美の追求や恋の炎とともに晶子の心に燃えつづけていた思いは、しかしながら、晶子にとって個人の内面の啓発の問題だった。啓発である限りにおいて晶子は、社会的にも女性の解放に努力し、運動した。しかし、女性の解放問題を、内面の啓発をこえて社会運動化してゆくことには、晶子は慎重であった。だからこそ晶子は、婦人参政権運動に参加するようすすめられた時、主唱者はおろか協賛者となることすら断ったのであった。

晶子はあくまで文学者であり詩人であった。因みに晶子の目に、あれほど自由で個性的に見えたフランスの女性が参政権を得たのは、晶子のフランス旅行から三〇年以上経った、一九四四年のことである。

このことが暗示しているようにフランス社会における女性の地位や女性の扱いは、表と裏があるように思える。表面的には、日本に比べて女性は遥かに「大事に」される。テーブルにつく時は男性が椅子を動かしてあげたり、車に乗る時はドアを開けてあげるといったことから始まって、女性への男性の「心遣い」が目立つ。そして男性は、女性の気を引くために遠慮なく「競争」するし、また女性もそれを期待する。従って、女性側でも男性の気を引く競争が激しい。

だからこそ、晶子が言うように、フランスの女性は自分の個性的魅力を出そうとする。ヨーロッパを見回すと、肉体的「美人」は北欧などに多く、また日本人好みの女性らしい魅力はイタリアなど南欧に見いだされることがしばしばだが、フランス女性は、概して、いわゆる美人でなくともどこか魅力のある人が多いように思われるのは、「個性美」を競う「競争」のせいではあるまいか。しかもこうした「競争」は個人個人の性癖を越えて、フランス社会一般に社会的風習として「制度化」されている。たとえば、カフェやレストランなどでも、一流ないしそれに近い所では、サービスをするのはギャルソン（男性）であり、ウェイトレスは稀である。航空会社のエールフランスでは、ファーストクラスでの客室乗務員は長らくすべて男性だった。

魅力ある女性を作り上げることが社会の慣習になっているからこそ、フランスは、女性の衣裳、装身具、化粧品などで世界をリードしてきたのだ。

しかしその一方で、フランスは個人主義が強い社会であり、不倫又はそれに近い男女関係はいたるところに見られる。女性は、従って簡単に捨てられたり、乗り替えられたりする。現に、大使夫人と知りながら典子に言い寄ってくるフランス人もいれば、ＯＥＣＤ代表部に勤務した頃の出来事だが、典子を「あなたは正式の配偶者ではなく、愛人ではないか」とまともに尋ねるフランス人の保険会社社員もいたほどである。

こういった社会で、日本の男性がフランス人のお相手をすることは、易しいことではない。とりわけ、自分のようにフランスで学生あるいは青年時代を長く過ごしていない者は、フランス女性との距離の取り方に戸惑うことも少なくない。

パリの心、日本の心

さて、パリ生活の最初の興奮が去ってみると、晶子は遠く離れた子供たちのことを偲ぶようになった。

ひんがしのはなれた小島《をじま》に子をおきて泣く女ゆえさむき船かな

六月下旬、フランスからイギリスへ渡る船の中で晶子はこう歌った。

また、モンソー公園を散歩し、そこで遊ぶ子供たちを見て、晶子は故郷においてきた自分の子供を偲んだ。それは元より、当時の晶子の心境が「故郷恋しさ」に傾きつつあったからではあるが、もう一つには、モンソー公園は左岸のリュクサンブール公園とならんで、若い母親たちが子供を遊ばせに来る公園として名高く、そうした子供たちの光景が晶子の心を打ったからと思われる。

モンソー公園は、一八世紀末、オルレアン公が一種の夢ないしおとぎの国の公園として造園させたもので、ピラミッド、スイスの農家、仏塔、ローマの遺跡、風車などをあしらった公園であったが、その後、英国風の庭園に作りかえられている。唯、今日でも昔の思影をとどめるギリシャ・ローマ風建築の遺跡を形どった場所や、石灯籠、小さな滝などが残されている。

この公園は、モーパッサンの小説『ベラミ』など、いくつかのフランスの文学作品にも登場するが、公園の北東にある池のほとりには、モーパッサン自身の石像が、やや厳しい表情で空をにらんで立っている。

また、近くに高等音楽院があることもあって、ショパンやグノーなど音楽家の石像が公園のところどころに見られ、左岸の代表的公園であるリュクサンブール公園が、主として文人の石像でうめられているのと好対照をなしている。

モンソー公園は、パリの公園の中でも自分に最も「近い」存在だ。それというのも、モンソー公園は大使館の事務所に近く、よく散歩したからだ。それに、いくつもの石の柱を楕円形につらねたローマの遺跡のような作りと、その周りの小ぶりの池と、その池の真ん中に沖ノ島のような作りがあって、樹木が植えられている風情が、どこか東洋的雰囲気を思わせて、心が和む。側のモーパッサンの石像が、睨むようにエッフェル塔の方角を向いているところにも面白さを感じる。

そんなこともあって、リトグラフを多く扱っている画廊で、ふとしたことから、モンソー公園のこの池の辺りの風景を描いた版画を手に入れた。一八六〇年頃のものと記された版画に見入っているうちに、ふと同じ場所の現在の姿を写真に収め、同じくらいの大きさに引き伸ばし、版画と並べて飾ろうと思い立ち、現場で何枚か写真を撮った。

そうして両者を並べてみると、リトグラフは、池の真ん中の樹木を実際より大きく描き、また池も大きめに描いているため、実際より石柱が遠方に見えるようになっていることに気が付いた。一見写実風の絵画も、実はずいぶんと手が入っているものだとあらためて感じたものだ。

ところで、晶子はよくセーヌ川を歌に詠んだが、そこでも、晶子の漠とした孤独感が滲み出てくるのだった。

楼《ろう》に見《み》る　セエヌの底《そこ》の秋《あき》の空《そら》　わがうれひより冷《つめ》たかりけれ

また、モンマルトルの晶子の家から、空を飛ぶ飛行機を見て詠った次の歌にも、ある種の寂寞感と、またそれ故に自分に課そうとする気丈な気持の双方がにじみ出ている。

飛行機

空をかき裂く羽の音……
今日も飛行機が漕いで来る。

巴里《パリイ》の上を一すぢに、
モンマルトルへ漕いで来る。

ちよいと望遠鏡をわたしにも……
一人は女です……笑つてる……
アカシアの枝が邪麗になる……

何処へ行くのか知らねども、
毎日飛べば大空の
青い眺めも寂しかろ。

かき消えて行く飛行機の
夏の日中《ひなか》の羽の音……

それに晶子は体調が万全ではなかった。晶子は、ヨーロッパで日本人の医師にかかって妊娠していることを知らされる。

九月二一日、晶子はマルセーユから船に乗って帰国するのである。

子をすてて君に来りしその日より物狂ほしくなりにけるかな

たしかに晶子は、妊娠ということもあって、女から母へ、妻から親へと意識を転換しつつあった。しかし、晶子が今や夫を一人パリにおいて慌ただしく帰国する理由は、子供への愛着や妊娠のせいだけだったであろうか。

晶子が神戸に着いて言い放った第一声が、「日本の女性は余りにも男から押えられている」という発言だったことは、実は晶子の心の中の葛藤を暗示していた。晶子は、ヨーロッパの女性の生き方を眼のあたりに見て、自らの生き方の中にひそむ矛盾に気が付き、自らをより冷酷にながめる機会を得たのだった。

晶子は一方で自由恋愛を唱え、三千里を飛んで来る情熱を持ちながら、夫の朝食の給仕に心から気を回す女であった。否、三千里を飛んで来たことも、元はといえば夫に対する妻としての義務感が大きく左右していた。

「……あなたも御存じのやうに、以前からわたしは随分気まぐれな事が好きでした。けれども今日になつてあなたに伺ふのですが、どうでせう、新しい気まぐれ許りで通す方が真実《ほんとう》に人間の命が生きて居るのではないでせうか。……何うやら私の命は「気まぐれ」と云ふ自由な世界へ羽が生えて飛び揚《あ》がるらしいのです。……私も永らく頼りにして居た良人から離れて、久し振りに十余年の昔の娘ごころに還った気持で、つくづく自分を反省する時が来たやうです。……」

（『明るみへ』）

晶子は、帰国後に書いた小説『明るみへ』の中で、晶子の分身をと思われる主人公の京子にこう言わしめている。

そもそも自分と夫との生活や感情のゆき違いを、初めて、冷静に、第三者的立場から小説にして公表したこと自体、晶子が自らを冷酷にみつめ、自らの中の矛盾にはっきり気がついてきていることを意味していた。

自らの情熱のままに生き、女の自由を求め、そのように行動していたはずの自分が、実は、明治の社会と日本の伝統という大きな桎梏の中で、あがいている存在であることを晶子は、パリでの体験を通じていやというほど思いしらされた。

こうして、パリで一時の美しい夢を見た晶子は、日本の現実の前に幻滅した。帰国した晶子は、自由と芸術の花咲くヨーロッパに比べて、祖国日本の実情を嘆き、次のような詩を作った。

堅苦しく、うはべの律義を喜ぶ国、
しかも、かるはづみなる移り気の国、

支那人などの根気なくて、浅く利己主義なる国、
阿米利加の富なくて阿米利加化する国、
疑惑と戦慄とを感ぜざる国、
男みな背を屈《かが》めて宿命論者となり行く国、
めでたく、うら安く万万歳の国。

晶子の観察は、もとより正しかった。

しかし、明治から大正にかけての日本は、ちょうど晶子と同じように、未来への夢を追いながらも、過去にしばられ続けている「普請中」の日本であった。晶子の苦しみは、大なり小なり当時の日本自身の苦しみであった。

ちょうど、晶子の帰国に先立つこと約二ヶ月前、一九一二年七月三一日、明治天皇が崩御し明治の時代は終った。晶子は、鉄幹と共に喪に服する意味で、以後フランスで劇場へ通うことを慎んだという。夢をもってやってきたパリの夢は「明治」と共に消え去ろうとしていた。

晶子が帰国後数年して、『新訳紫式部日記』、『新訳和泉式部日記』を発刊し、平安時代の女流文学者の日記の中に自らの姿を投影したのは、晶子のヨーロッパ体験と、現実の日本との溝をうめることは不可能であった時代に、自らの一つの架空空間を作り出そうとする晶子の試みの一つであったのではなかろうか。

晶子のロマンの旅は、パリから平安期の都へと飛んだのである。

自分もいずれ日本に帰国することとなろうが、その時、今の日本をどのように再評価するだろうか。与謝野晶子のように、日本を自分だけ平和でいれば良いとする「浅く利己主義な国」と思うであろうか。あるいは、マクドナルドハンバーガーとスターバックスコーヒーに溢れた「アメリカの富なくてアメリカ化する国」と見るだろうか。

案外そうかもしれない。必死に欧州連合の結束を唱え、同時に自らの文化を大事にしているフランスの地から見ると、日本は独りよがりであり、アメリカばかり向き、マンガ、コスプレ、ゆるキャラに熱中する「めでたく、うら安く万々歳の国」に思えてくるのである。

晶子の描いたパリの特徴

晶子の詠ったパリの街の詩を読むと、「詩」であり「歌」であるだけに、自らと周囲との関係が、当然のことながら詩的にとらえられていることに気付く。

その一つの徴候は、物や風景の擬人化である。セーヌ川は「泣き」、秋風は「笑い」、オペラ座は衣を脱ぎ、競馬場の建物は、盲目の少女と化すのであった。

もう一つの徴候は、自分自身を、物なり他人に変身させることである。晶子は、ある時は地下から突然現れる「城」となり、ある時はシャンゼリゼーの「物売り」となり、またある時は海を漂う漂流物になるのだった。

これらの現象は、パリの風景と自分自身とを一体化しようとする心理の動きであったが、同時に、その裏にはパリと自分自身とを隔てる距離感があり、その距離を埋めて、夢のパリに没入しようとする心の動きが働いていたものといえよう。

こうした現象にもまして、晶子のパリの歌を貫く特徴は明るさである。青い並木、明るい緑、パラソル——そうした自然の明るさだけでなく人の描写も明るかった。そしてこの明るさは、夫鉄幹と久々に異国の地で、二人だけの生活を営んだことから来る面も大きかった。

「君とわたしも石段に腰掛ながら」云々、あるいは「看棚の中に唯だ二人君と並べば」云々といった歌の中には、夫と二人でパリを散歩する楽しさがにじみ出ている。

加えて、明星派の流れをくむロマンチックな晶子は、パリの華麗さの中に身を投じてはばからなかった。

舵馬の羽のしろ扇、
胸に一りん白い薔薇、
しろいづくめの三人は
マネが描《か》くよな美人づれ

そう詠った晶子は、学生街のカルテラタンや、貧乏画家のたむろするモンパルナスなど、セーヌ左岸の「庶民的」場所をほとんど訪れることなく、セーヌ右岸のシャンゼリゼーからモンマルトルのあたりを徘徊した。そうした晶子の軌跡は、単にモンマルトルに下宿していたという地理的理由だけでなく、晶子の詩人としてのロマンに理由の一端があったと考えられよう。

明るさとロマンチックな気質——その二つが結びついて、晶子のパリ描写は極めて色彩豊かである。

白いばら、黄金の幕、緑の木々、赤いチョッキ、紫の木立、そして、薄桃色の夕暮——晶子のパリは色に充ちている。

この色どり豊かで明るいパリは、同時に、未来への希望を感じさせる都であった。

空を飛ぶ飛行機を見て晶子は、前へ、未来へまっしぐらに飛んでゆくと表現した。そこには、祖国日本の未来への栄光と、自らの文学歴の未来に対する、ある種の楽観さえ感じられるほどである。

他方、晶子は女らしい繊細さでパリを観察し、パリを体験した。

女性の晶子にとって、パリのある側面は恐ろしいものに映った。エトワール広場の雑踏やモンマルトルのキャバレーの入口は、晶子にとって、どこか恐ろしいものだった。

恐ろしくなくとも、どこか不愉快なものもあった。サクレクール寺院の色と建築は、先にもふれたように晶子にとっておぞましく、不愉快なものだった。

そしてまた、晶子は、取り澄ましたパリの冷たさも感じていた。パリの歓楽街で見るイタリーの美人の顔の冷たさ、そして、セーヌ河に移る秋の風情は、自分自身の粧いより冷たいと感じる晶子であった。

それは、晶子がパリを楽しみ、パリに酔い、パリに没入しようとすればするほど感じられる、ある種の空しさと連動していた。

夫鉄幹を慕い、自らの過去と夫の過去の束縛、そして家族と日本の束縛から自らを解き放ってやってきたパリで、晶子は、夫を見つめ直し、自らを見つめ直した。

「やっぱりそなたも泣いている、女ごころのセーヌ川」

という晶子の言葉は、晶子のフランス滞在の奥に秘んだ、晶子の孤独感と焦燥感をちらっと感じさせるものである。

詩人の魂は、古今東西、最後のところで常に孤独である。詩人晶子も、パリ滞在の最後に見つけたものは、孤独な自分自身の心であった。

岡本かの子のパリ体験をたどる

気楽な旅

岡本かの子は、一九三〇年一月一三日、夫の一平と息子の太郎との三人連れで、マルセーユからパリに着いた。

一週間ほどしてロンドンへ移ったかの子は、その年の一一月三〇日、息子太郎のいるパリへ戻り、翌年七月まで滞在した。

与謝野晶子が夫を慕ってシベリアをこえてパリまで旅をし、林芙美子がたった一人、あてもなく放浪の旅をしにフランスに渡ってきたのと違って、岡本かの子は夫を伴ない、息子を連れ、しかも岡本家全体としてかなり明確な目的を持ってパリへやってきたのだった。

事実、一家のパリ旅行は相当前から計画されていた。七、八年前に既に一平は世界漫遊旅行をしており、その頃から一家あげての渡欧が予定されていたが、関東大震災もあって計画が延期されていた。

一平は、かの子にヨーロッパを見せてやりたかった。そして、かの子は太郎の絵の勉強のためにも、息子をパリへ連れて来てやりたかった。そこへロンドン軍縮会議に際し、一平が朝日の特派員としてマンガを送稿するためにヨーロッパへ派遣されることとなった。まさに一家にとって絶好のチャンスの到来であった。

しかし、一見このように自然に見えるかの子の渡欧も、一皮むくとそこには微妙な衝動や隠れた意欲が潜んでいた。

それは夫、一平と関連していた。画家としてますます限界があきらかとなり、マンガに専念するようになっている夫の一平を横目に見て、かの子は芸術的な画家への夢を、息子の太郎に託しつつあった。かの子と太郎との間に、単なる母と子の関係以上の強い繋がりができつつあった。それは、かの子が、夫の夢を息子に託したからであった。

パリへの外遊は、まさにその夢——それは夫一平の夢であり、太郎の夢であり、またそれが故にかの子の夢でもある夢——を実現するための方途であった。ただし、かの子にとってパリという夢の地への旅は、必死に汗をかき苦労して実現すべき夢ではなく、むしろごく自然に、ついそこにある楽園への旅ででもあるかのように、気軽に行けるものと観念されていた。

「あーあ、今に二人で巴里に行きましょうね、シャンゼリゼーで馬車に乗りましょうねえ」

その時口癖《くちぐせ》のようにいった巴里という言葉は、必ずしも巴里を意味してはいなかった。極楽というほどの意味だった。

（『母子叙情』）

そして、この「極く自然に」気軽にパリへ来るというかの子の最初の気持が、実は、後に息子太郎がパリへのめりこんでゆく過程の中で、パリを逆に遠い存在に押し上げてしまうのであった。かの子にとってパリが遠い時、パリの夢は近かった。しかし、パリが身近になった時、パリの夢は次第に遠のいていったのである。

岡本かの子（1889-1939）

妻にとってのパリ

かの子のように、自分の場合もパリ生活は家族と共にある。妻はパリで同居、長女は隣国ベルギーで勤務、二女は英国に留学中であり、いわば、一家をあげてヨーロッパに来ている。

娘たちはそれぞれ独立して生活しており、やはりパリ生活の衝撃は妻典子に対して最も大きかったのではないか。大使夫人となると、自分の家庭のことは別として、いわば公務として、少なくとも三つの仕事をこなさなくてはならない。一つは、大使館員の配偶者間の円滑な連絡と連帯感、分業の推進、第二に、大使公邸という場所を、いわば館の女主人として管理すること、第三にフランスの要人、第三国の大使夫人との友好関係の維持などである。

これらは、どこの国に赴任した日本大使の配偶者も、多かれ少なかれ果たさねばならない役目だが、パリで特に注意しなければならないのは、第三の任務だ。この地では、いわゆる社交的付き合いの中心は婦人たちである。ここには厳然たる社交界が存在し、そこに参画するには、能力と魅力のある夫人の存在が不可欠である。典子はそれを理解し、かなり排他的で貴族的なフランス人のグループにも、語学の能力と、着物姿など日本の文化の香りを買われて参加することができた。

赴任してしばらく経つと、こうした婦人同士の社交から、フランス社会の階級制や文化的素養の重要性などを感じさせられた。同時に、レディ・ファーストなどという慣習をはるかに越えた、男性側の女性尊重、ないし婦人への洗練された対応が、いかに大切かを改めて思い知らされた。

かの子の場合、言葉や風習の関係上、社交界ではなくとも、どこまでフランス人コミュニティに受け入れられたかは明白ではない。

自分の場合も、完全にバイリンガルで、日本語よりむしろ英語の方が得意とも言え、またフランス語も流暢に話す妻と二人の娘を前にして、自分だけが「日本」に縛られているような気分になることも稀ではない。

踊り場に立っていたかの子

かの子に話を戻すと、かの子の洋行は時期的に言って、ちょうどかの子自身が歌人として、芸術家として、一つの踊り場、あるいは転換点に立ちつつあった頃だった。

他方、かの子を巴里へおし出した力は、単に夢の魔力だけではなかった。かの子は既に歌人として、また仏教の思想家として一つの地位を築いてはいたが、かの子の望んだ小説家の道はまだ十分開かれたとはいえなかった。かの子は、洋行直前の歌集に『わが最終歌集』と言う名をつけたが、そこには、歌人から小説家へと変身してゆこうとするかの子の思いがこめられていた。

言いかえれば、外遊の直前の段階で、かの子は一つの成功者の型にはまっていた。歌人、思想家としてのかの子、一平の妻としてのかの子、太郎の母としてのかの子――そうした複数の「かの子」はそれぞれ衝突し、それぞれ和合しながら一つの「かの子」に収斂し、「かの子」ができ上りつつあった。しかし、そこから小説家として、また一段階深く鋭い芸術家として自己を完成させてゆくには、何かの激しい衝撃が必要であった。

飛躍への衝撃――それこそがヨーロッパ旅行であった。

流動するかの子

このように、かの子自身にとってのパリ訪問の意味が、漠然としたものでありながらその実エネルギーを内に秘めたものであっただけに、かの子は一九三〇年一一月、ロンドンからパリへ戻って腰を落ち着けると、ホテルをさっさと引き払ってパリ西部の住宅区パッシィに家具付アパルトマンを借り、女中を雇って住みつくと、積極的にパリ見物にのり出した。

ここでかの子がパリ一六区の高級住宅街とされるパッシィに居を構えたことは、かの子のパリ滞在の意味を考える上で極めて重要である。下町情緒のモンマルトルに住んだ与謝野晶子や、放浪の旅なみに居を何度もかえながら主として、絵かきたちの集まるモンパルナスに住んだ芙美子、さらには左岸学生街に下宿した荷風、あるいはモンパルナスに近い、比較的閑静とはいっても高級住宅街とはいえぬ所に居を構えた藤村——これらの人々と違って、かの子はブルジョワ趣味の住宅街に女中まで雇って住んだ。これは、かの子が息子の太郎や夫の一平とともに、芸術の都であり文明の中心であるパリで、地元のブルジョワ階級の意識にひたりながら芸能の世界をのぞき、そこから吸収しうるものを吸収しようとしたことを裏書きしている。

しかし、パリのパッシィ地区という地域に居を構えたかの子の心理には、また別の違った要素も存在したはずである。何故なら、パッシィは同じブルジョワ階級の居住地といっても、パリ中心部のサントノレ付近、あるいは左岸のやや貴族的なグルネル通り近辺と違って、その地区自体には歴史も特徴もない、いわば便利で安全で静かな所に過ぎないからである。

かの子には、パリ在住の日本人、あるいは近所のフランス人たちとのある種の慣れ慣れしい付き合いを逃れ、自分たちだけで自由きままにパリを思いきり歩き回りたいという隠れた欲求があった。セーヌ左岸にたむろする画家や文人との付き合いを「うるさく思う」気分が心のどこかにあった。そんな気持を、かの子は『巴里祭』の主人公に託して次のように表現している。

淀嶋《よどしま》新吉は滞在邦人の中でも追放人《エキスパトリエ》の方である。だが自分でそう呼ぶことすらもう月並の嫌味を感じるくらい巴里の水になずんでしまった。いわゆる「川向う」の流行の繁華区域は、皮膚にさえもうるさく感じるようになって、僅かばかりの家財を自動車で自分で運び、グルネルの橋を渡り、妾町《めかけ》と言われているパッシー区のモッツアルト街に引移った。（『巴里祭』）

「モッツアルト」（フランス語風に発音すればモザール）街あるいは大通り（Avenue Mozart）は、パッシィ地区の中心にある静かな通りで、かつて、この通りあるいはその近辺は、詩人、アンドレ・シェニエや政治家のジョルジュ・マンデルなどが住んでいたところであるが、近年は引退した老夫婦などが住む住宅街となっている。

かの子は、この通りの近辺の様子を『巴里祭』で描いているが、そこで近所の人々が、かの子たちに（小説の中では主人公の夫妻に）目礼したと書いている。その描写の中には、近所の人々と一定の距離を保っていた岡本夫妻の生活ぶりがそれとなくうかがえるように思える。

モツアルトの横町からパッシイの大通りへ突当ると、もうそこのキャフェのある角に音楽隊の屋台が出来ていて、道には七組か八組の踊りの連中が車馬の往来を止めていた。日頃不愛想だという評判のキャフェの煙草売場の小娘が客の一人に抱えられていた。まだ昼前なので遠くの街から集まって来た人達より踊り手には近所の見知り越しの人が多かった。それ等の中には革のエプロンの仕事着のままで買物包みを下げた女中と踊っている者もあった。彼等は踊りながら新吉と夫人に目礼した。

（『巴里祭』）

こうしたかの子の態度の裏にあったものは何なのであろうか。

それは、かの子が息子太郎を、実はブルジョワ階級のある種の傘の下においておきたかったということである。いいかえれば、太郎がいかに画家修業とはいえ、モンパルナスやモンマルトルの酒場やカフェに入り浸り、モデルや画家くずれの群れの中に没入してしまうことを避け、ある種の「家」の紐をどこまでも息子太郎の首につけておきたかった——そういう理由が潜んでいたからである。

パッシィ地区の丘からセーヌ河の右岸に降り、エッフェル塔の彼方の左岸のモンパルナスを眺めて息子を思いやるかの子の心情を、単に母と子の間のセンチメンタルな感情と理解してはならないであろう。そこには、息子をつなぎとめたい気持と、また息子に自由な天地で芸術の道に従事してもらいたいという気持の双方が複雑にからみあっていたのである。

だからこそ、かの子はブルジョワ的雰囲気のパッシィに住む一方で、逆に、カフェを歩き回り、キャバレーに出入りし、パリの官能の巷を訪ね、そうすることによって息子との一体感を保とうとしたのであった。

こうしてかの子は、一方でパリのブルジョワ社会の雰囲気を意識し、またその生活を実践しながら同時に、旅人の心、画家の心になって歓楽の都にとけこんでいった。

ところで、かの子の小説の主人公が住んでいたとされるモッアルト街だが、フランス語の正式な発音は、先に言及した通りモザール街である。このように、フランス人は外国人の名前や地名をよくフランス風に発音する。たとえば、ベートーヴェンをベトーヴと言う。このようなフランス人のやり方に慣れていないと、意外なところで誤解が起こる。ある時、ポール・クローデルの日本滞在中の行動についてフランス人と話していると、その人は「クローデルは『シュゼンジ』が大変好きだったようだ」と言う。修善寺は有名な温泉であるから、クローデルも旅行したかもしれないが、彼が修善寺を特に好きだったという話は初耳なので、「修善寺の何が特に好きだったのか」と尋ねると、相手は不思議そうな顔をし、「何せ、きれいな湖だからね」と言う。そこでハッとした。相手の言わんとした場所は修善寺ではなく、中禅寺湖のことだったのだ。フランス人は中善寺をシュゼンジと発音するからだ。考えて見れば在日フランス大使館は、日光中禅寺湖畔に別荘を持っていたので、クローデル大使もお気に入りだったのであろう。

官能の街で

かの子のパリへの入れ込みは、いい加減な入れ込み方ではなかった。むしろある種の耽溺であり、夢の中への没入であった。パリのあらゆる魅力を体験することによって、かの子は自らの芸術家としての気質に、さらなる刺激を与えようとした。それだけに、かの子のパリ探訪は、芸術家気どりの官能的臭いに満ちていた。

例えばかの子は、モンパルナスの有名なカフェ、クポールに出入する。クポール (La Coupole, 102 boulevard du Montparnasse) は、真向いのドームと並んで、モンパルナスに住む画家や文人の集まるカフェとして著名であるが、その歴史は比較的新しく、一九二五年に開店したもので、内装もキュービズムを思わせるような幾何学的なものが多く、特に、キュービズムの画家たちに内装をたのみ、ひきうけた画家には、生涯飲代をただにすると宣伝したカフェとして著名であった。ドームに比べると、クポールは位置からしても内装からしても、より明るく開放的な感じがするところは、かの子好みのカフェといえるかもしれない。

こうして、かの子はパリのカフェを徘徊した。

その背景には、パリには歴史的にカフェ文化ともいうべき伝統があり、かの子のパリ滞在時代には、その残り火ともいえるものが街に生きていたからである。

自分も、事実、OECD代表部勤務時代が主であるが、今回大使として赴任後も、幾度かカフェ文化の香りを味わおうと、歴史的に著名なカフェを訪ねた。

そうしてみると、パリのカフェは大まかにいって地域により三つのグループに分かれているように思われた。一つはモンマルトルの周辺である。そこは、ユトリロやロートレックの絵画によっても著名な、小さな、いかにも下町風の小キャバレーともいえるラパンアジールなどがある。もう一つはモンパルナス周辺で、藤村、横光なども出入りしていたクロズリ・ド・リラやクポールなど文人カフェともいえるものがある。第三はオペラ座周辺のカフェで、かの子の好きだったカフェ・ド・ラペなどに代表される（もっとも、外国人から見ると、シャンゼリゼー通りのカフェの方が目につきやすいが、いわゆるカフェ文化としてフランスの文人、画家のたまり場となっていたところは、シャンゼリゼーにはあまり存在しないといえる）。

自分がこうした場所のカフェ巡りを時折試みたのは、主として自分の読んだ文学作品に出てくるカフェ、たとえばモーパッサンの小説『ベラミ』に出てくるカフェ・アングレ、カフェ・リッシュ、カフェ・アメリカンなど、もはやなくなった著名なカフェがあった場所などを探して、往時の姿を想像するためだった。

パリは、そうした試みが不自然でないほど、昔の街並みが少なくとも表通りには残っている都市であることがつくづく感じられた。

かの子が出入りしたカフェの一つはモンパルナスのクポール（La Coupole）であったが、かの子が最も気に入ったカフェはカフェ・ド・ラ・ぺだった。

カフェ・ド・ラ・ぺは、人も知る如く、オペラ座の正面左手に位置している（12 Boulevard des Capucines）。いわゆるグラン・ブルヴァール（大通り）のカフェの代表格で、一八六二年の創業以来、モーパッサン、ジイド、ゾラ、オスカー・ワイルド、それに「失われた世代」の作家たちなど、多くの文人のたまり場となってきた。

そしてこのカフェ・ド・ラ・ぺは、フランソワ・モーリヤックの小説『テレーズ・デスケルウ』の最後の場面で、夫を毒殺しようとしたテレーズが夫によって強いられた半監禁状態から漸く解放され、自由になるという印象的シーンの場として使われている。また、このカフェの二階以上をしめるグランド・ホテルは、ゾラの小説『ナナ』で、ナナが天然痘にかかって無残に死んでゆく所である。

ところで、カフェといえば、かの子がシャンゼリゼー九九番地に今も赤い幕を張って営業しているカフェ「フウケ」（Le Fouquet's）や、これまた今も昔と変らぬ伝統的佇まいを誇っているマキシム（料理店）などを「陰気である」といって嫌い、カフェ・ド・ラ・ぺを好んでいた裏には、かの子独特のある種の感性がよみとれる。

例えば、カフェ・フウケとカフェ・ド・ラ・ぺを比べてみよう。カフェ・フウケは、シャンゼリゼー大通りに面しているとはいっても（また夏場には店先の通りに席を並べることもない訳ではないが）、その作りや伝統からいって、カフェの内部から、町行く人やカフェの中の客を観察する雰囲気になっている。だからこそ、有名なレマルクの小説を基にした、イングリッド・バーグマン主演の映画「凱旋門」においても、彼女の恋人のドイツ人の医師が、フウケの窓辺の席に座って人々を眺めている時に、ナチの警察官でかつて自分に拷問を加えた人物に出くわすシーンが登場するのである。

しかも、フウケはシャンゼリゼー大通りの南側にあるため、建物にさえぎられて日あたりがよくない。

ところが、カフェ・ド・ラ・ペはオペラ座の横にあり、その造りやテラスの様子がいかにも開放的であり、同時に、そこに座っていると、町を通る人々はカフェに座っている人を眺め、カフェにいる人々は町の群象を眺めるという状況に酔う気持になり、そこに一種の融合があり、相乗作用がある。「カクテル」というかの子の表現は、まさにこのカフェのムードにぴったりである。

しかも、カフェ・ド・ラ・ペはカプシーヌ大通りの北側に位置しているため、南からの陽ざしが比較的入りやすく、この点からも明るい感じがする。

こうしたムードの違いに敏感であり、それだけに薄暗く華美でブルジョワ的なフウケやマキシムより、明るく開放的なカフェ・ド・ラ・ペを好んだかの子は、カフェやレストランに関する限り、息子太郎と共にのびのびとした空気でパリを共に楽しもうという心理になっていたからではないであろうか。

食道楽

そして、かの子の官能の旅は何よりも食道楽に向った。今もなお凱旋門の近くに船室のようなデコールをほどこして営業している〈プルニエ〉、鴨料理で有名な〈トゥール・ダルジャン〉、パリの証券取引所の近くをモンマルトルの方へ上ったあたりにあった〈金のかたつむり〉(Rue montouguei 38, Restaurant L'Escargot Montorgueil)、あるいはセーヌの左岸、リュクサンブール公園の近くにあった著名なレストラン〈フォアイヨ〉(Rue de Tournon 33, Restaurant Foyot) などに出入りし、料理の味ばかりでなく、店の雰囲気やパリの御客の様子を鑑賞した。

昼の食事の時刻も移ったと見えて店内の客はぽつぽつ立上って行く。男女二人ずつ立って行く姿が壁鏡に背中を見せる。給仕《ギャルソン》がブリオーシュ(パン菓子)を籠に積み直してテーブルに腹匍《はらば》いになって拭く。往来の人影も一層濃くなって酒に寛《くつろ》げられた笑い声が午後の日射しのなかに爆発する。

(『巴里祭』)

かの子がパリで食道楽を満喫できたのは、まさにパリがフランスの食文化の都だったからだが、多くの日本人は同じように、かの子もパリの食文化の広さと深さに魅せられた。

昭和天皇も行かれたことで著名な鴨料理が得意のトゥール・ダルジャン（Tour d'Argent）やワインのストックの豊富さで国際的にも著名なタイユヴァン（Le Taillevent）などに加え、ブローニュの森の中にあり、ゆったりとした雰囲気を楽しめるプレ・カトラン（Le Pré Catelan）、凝った内装と植え込みで著名なラセール（Lasserre）、一時日本資本が買い取ったとも言われたほど日本人にも人気のあったリュカ・カルトン（Lucas Carton）、セーヌ川を見下ろすギ・サヴォア（Guy Savoy）など枚挙に暇がない程だが、駐仏大使であっても、こうした一流のレストランで食事することは稀であることに改めて気づかされた。それというのも、日本人客にせよ、フランスの要人にせよ、大使として人様を接待するとなると、料理そのものもさることながら、交通の便、接待の仕方、日本風の情緒の出し方など、レストランでは十分に配慮できない面が多く、どうしても大使公邸で接待することになるからである。また、同僚の他国の大使に招待されても、決まって場所は大使公邸であり、またフランスの要人、友人に招待される先は、殆ど自宅である。

週末に自分でレストランに行くとなると、出費の問題は別としても、週末は休みの店が多くままならない。加えて、この頃は九・一一テロ騒ぎの直後であることもあって、盛り場へ出かけることがためらわれることもしばしばである。また、フランスで不便なことは、ホテルに名のあるシェフを擁する一流のレストランがあまりないことである（大使公邸の近くのホテル・ブリストルなどはかなり高級のレストランを館内に持っているが……）。

こうした事情が重なって、かの子のように食道楽を堪能するわけにはいかないのが実情だ。しかし、それだけに、せめて書物の上でもと、バルザックの食卓とかプルーストの食卓といった書物を読んで、せめて想像の世界で遊ぶことにした。

因みに、小説『チボー家の人々』の中で、主人公アントワーヌが友人に食事に招待されるが、毒ガスに侵されたアントワーヌはミルクくらいしか飲めないという悲惨な場面が登場するのは、有名なレストラン、マキシムだが、この歴史に名高い料理店は、最近グルメガイドのミシュランで三ツ星から格下げされたことに抗議して、ミシュランへの掲載を拒否して話題となった。このようにパリの食文化には、料理人の誇りと維持が込められていると言えよう。そのあたりを芸術餓鬼であるかの子がどう思っていたか、知りたいところだ。

さめていたかの子

パリで官能の旅をする一方で、かの子は同時にどこかさめていた。

それは、一つには、かの子がパリの人々の生活の中にある種の軽薄さを読みとり、それによって自己の観察の客観性を保持しようとする、作家の衿持があったからであった。

流石に巴里の中心地もどことなくアメリカ人の好みに佞《おもね》ってアメリカ化されている

（『巴里祭』）

不均衡な感情は無暗《むやみ》に巴里の軽薄を憎み度くなってじれじれして来た。

（『巴里祭』）

パリの軽薄さの象徴は、パリの群衆であった。

かの子は、パリを観察したいかなる日本人作家にも増して、パリの群衆のもみあっている姿にパリらしさを感じとった。イタリア大通り（Boulevard des Italiens）でも、バスティーユ広場でも、シャンゼリゼーでもかの子の目は群衆に向っていた。

にわかに弾《はじ》いたように見ひらいた彼の瞳孔には生気の盛り上るイタリー街の男女の群の揉み合う光景が華々しく映った。太陽の熱に脹《ふく》れ上る金髪。汗に溶ける白粉《おしろい》の匂い、かんばかりで受け答えしている話声。女達の晴着の絹の袖をよじって捲《ま》きつけている男の強い腕。――だが結局新吉の遠い記憶と眼前の実感は一致しなかった。

（『巴里祭』）

こうして群衆に目を向けたかの子は、また同時に「巴里の軽薄さを憎み度くなってじれじれとしてきた」（前掲）と言い、また、北駅で息子が女友達との別れに泣いている姿を見て「怒りを覚え」、シャンゼリゼーを歩いては何かに復讐したい気持にとらわれて、「そうだ、復讐をしたのだ。」と叫んでマロニエの木の枝を仰ぐのだった。こうした「憎み」とか「怒り」とか、「復讐」という言葉は、かの子がパリをさめた目で見ていた第二の理由を暗示している。

それは息子、太郎との関係である。

太郎がパリの町にとけこみ、パリ生活を愛するのを見聞するにつれ、かの子も太郎と同じようにパリにとけこもうとした。それが、かの子のパリ生活に張りとダイナミズムを与えていた。しかし、長くパリに住み、若さにあふれる太郎のパリへの没入は、かの子に比べれば遥かに深く広かった。そのパリ、女性の魅力と官能の香りにあふれるパリに対して、かの子はある種の嫉妬と憎しみを感じるのだった。

私の子に対する情痴はいつもおびえていた。

事実巴里は一日一日と子どもに染み込んで行った。巴里をかりに悪くいえば子どもは真赤になって怒った。巴里はもはや完全に子どもの恋人だった。

（『オペラの辻』）

だからこそかの子は、パリの町の軽薄さのみならず、ある種の汚なさを強調した。

彼女は新吉の腕を引き立てて人を掻き分けながらルュ・ド・ラップの横町へ入って行った。ただ燻《くす》ぼれて、口をいびつに結んで黙りこくってしまったような小さい暗い家が並んでいた。漆喰壁《しっくいかべ》には蜘蛛《くも》の巣形に汚点《しみ》が錆《さ》びついていた。どこの露地からも、ちょろちょろ流れ出る汚水が道の割栗石の窪みを伝って勝手に溝を作って居る。

（『巴里祭』）

ルュ・ド・ラップ（Rue de Lappe）はバスティーユ広場の北を走る道で、一九世紀半ば頃は、ルイ・フィリップが貧民街を視察するのにここを選んだほど貧しい人々の住む場所として象徴的存在であり、その後、かの子がパリを訪れた頃は、薄汚れた、それでいて脈手な遊興の街と化していたようだ。今日も、新しいオペラ劇場（オペラ・バスティーユ）に近いせいか歓楽街の名残がある。

バスティーユ広場を散策すると、歩道の上に奇妙な線が引かれているのを見出す。調べてみると、その線はかつてここにバスティーユ牢獄があった時の城壁の外郭線だと言う。しかし、この広場の中央に立つ記念碑は、いわゆるフランス革命とは関係なく、一八三〇年と一八四八年の「革命」運動の犠牲者たちの記念碑である。

そんなことも契機になって、パリに一体フランス革命や革命家の記念碑があるかを調べてみた。革命そのものの記念碑はない。また革命家の彫像については、カルチエ・ラタンのオデオン広場（Carrefour de l'Odéon）の近く、かつてダントンが住んでいたと言われる場所に、彼の記念碑として騒乱の中の群衆を描いたブロンズ像がある。また、かつて（二〇世紀末頃まで）はロベスピエールが住んでいた住居跡（サントノレ通り三九八番地）にロベスピエールというレストランがあり、かつて自分も入ってみたことがあったが、この度再訪してみるとレストランは廃業して無くなっていた。

その他、カルチエ・ラタンのサント・アンドレ・デザール通りには、ギロチンを発明したギロチンが仕事をしていた場所に「ギロチン」というレストラン・バーがあると聞いたことがあるが、現場を確かめたことはない。
いずれにしても、フランス革命を「記念」するような記念碑はパリには存在しない。ただ、パンテオンの近くの街角の建物に彫られた通りの名前で、聖人の名前をとったもので、最初の「サント（聖）」が掘り取られてなくなっているのを見たことがあり、フランス革命時代に聖人や王族の名前を付した通りや広場の名前が一斉に変えられた名残かもしれないと思った。

本当のパリ

官能の旅で巡り合う美しい夢のカクテルの町パリ、その一方で軽薄な、汚い町パリ、この二つのパリの彼方に何があるのだろうか。
小説『巴里祭』の中で、フランス人女性リサの口を借りて語っている次の言葉は、かの子の心でもあった。

――いままでのあなたの経験しなさったのはやっぱり追放者《エキスパトリエ》の巴里ね。誰でもすこし永く居る外国人が、感化される巴里よ。でも本当の巴里は其の先にあるのよ。

本当のパリはその先にあるというかの子の言葉は、単に見栄や気どりがさせた、洒落た表現ではない。かの子は、パリの中の矛盾、パリの多面性と複雑さに打たれ、また、その矛盾を楽しんだ。かの子は、彼女の愛した歌手、ダミアを評する言葉の中で次のように言っている。

所詮は矛盾の多い性格の持主で彼女はあるのだろう。(矛盾は巴里それ自身の性格でもあるやうに)何か内へ腐り込まれた毒素があって、たとひそれが肉体的なものにしろ精神的なものにしろそれに抵抗する女のいのちのうめきが彼女の唄になるのであろう。

(『世界に摘む花』)

かの子は、自分の体験が所詮浅いものであり、太郎の深さには及ばないというあきらめを持ち、「本当の巴里」を体験できぬ自分と太郎との間の溝を感じていた。しかし、同時に、「本当の巴里は其の先にあるのよ」という言葉は、太郎に向って発せられたものでもあった。太郎の体験しているパリも、実は自分の体験と五十歩百歩ではないか。本当の巴里は、その先にある——かの子はそうつぶやくことによって、自らと太郎とを同じ次元におき、二人の間の溝を埋めようとしたのだった。

そして、そのようにしてもなお埋めきれぬ溝の存在をおぼろげに悟った時、かの子は、「此の都の魅力に対する憎しみを語って語り抜く」より仕方がなかったのであった。

いつか自分を馴致《じゅんち》して奴隷《どれい》のようにして仕舞った巴里に対する憎《にく》しみを語りたい。自分を今のようなニヒリストにしたのは今更、酒とか女とか言うより、むしろ此の都全体なのだ。

此の都の魅力に対する憎みを語って語って語り抜いて彼女から一雫《ひとしずく》でも自分の為めに涙を流して貰ったら、それこそ自分の骨の髄《ずい》にまで喰い込んでいる此の廃頽《はいたい》は綺麗《きれい》に拭《ぬぐ》い去られるような気がする。

（『巴里祭』）

ヨーロッパで得たもの

かの子がヨーロッパで得たものは、官能の昇華であった。即ち、官能的享楽やぜい沢を、単に耽りきる対象として見聞し体験するのではなく、官能の世界にひたる自分自身の心を、内部から客観的に観察するという視点を、かの子はしっかりと身につけたのであった。

年老いた芸妓が、若いエンジニアを「飼いならし」ながら才能の開華のために援助する姿を描いた作品『老妓抄』。かの子が後に日本へ帰国後に書いたこの物語は、まさに、官能の昇華の先にきらめく、新しい別の官能の世界を描いたものだった。

このことは、同時に、今までは漠としていた官能的喜びを知的な次元におきかえることと平行していた。例えば食道楽である。かの子がパリで著名な料理店の美味を賞味した過程を通じて、食道楽は単なる美味の観賞をこえて、そこにある種の知的な感性を育ててゆく楽しみがあることを感じとったのであった。

現に、フランス人は美食を舌で味わい、見て楽しむばかりでなく、頭でも食するというか、知的にも鑑賞する。

たとえば、有名なブリア・サヴァランの著書『美味礼賛』を読むと、料理の食材や料理法の解説でもなく、また通人の味めぐり紀行でもなく、論理的、哲学的に「美食」を知的に分析しており驚愕する。また美食王とも呼ばれたキュルノンスキーの『美食の歓び』を手にすると、「演劇と美食術」という件まである。そこでは、アレクサンドル・デュマの劇作『フランシオン』で「日本風サラダ」という料理が登場し、詳しいレシピまで紹介されていることが解説されている。また、本当の食通は、手の込んだ料理よりも、田舎の主婦が程よく調理した料理を称賛するのだといった趣旨の皮肉たっぷりのコメントも盛り込まれている。

それだけに、フランス人と食事を共にする時、テーブルに出される料理や飲み物について、いかに知的会話を楽しむかという観点を忘れてはならないことを、かの子の作品を手にパリを巡りながらあらためて感じるのであった。

事実、食欲、性欲、そして美しい景色や美術品を楽しむ気持――そうした全ての官能的享楽は、単に享楽でもなく、また美的あるいは官能的な体験の次元にとどまらなかった。そうした官能的、あるいは美的体験をどのように知的なコミュニケーションに転化してゆくか――その点においてフランス文化は優れた特性を発揮していた。その特性を、かの子は心と体の双方で十二分にパリ生活の間に吸いとっていたのだった。

美的体験と知的体験の交錯と変換は、かの子の場合、通俗的現象や体験をより深い次元のものへと意味の転換を図る言動となってあらわれた。

パリの都に夢を投影しながらも、近代技術と産業革命の力強さの象徴であるエッフェル塔に、素直な男性的魅力を感じたところはいかにもかの子らしい。

このエッフェル塔も、周知の通り、建設途上にはアレクサンドル・デュマ、モーパッサン、ルコント・ド・リール、シャルル・グノーなど多くの文人、芸術家の非難と抗議をうけた建物であった。そのせいか、フランス文学史上、エッフェル塔を物語の中で象徴的な意味を与えて重視した作品はほとんど見られない。僅かに目をひくのは、ジャン・ジロドゥが、その著『男たちの国でのジュリエット』の中で、エッフェル塔を巨大な古い船にたとえ、「自分もエッフェル塔が誕生した月に生れたのだ」と主人公に言わしめている所くらいである。

変身の舞台

こうした全てをこえて、何よりもパリはかの子にとって変身の舞台であった。そうした変身の過程の重要な側面の一つこそかの子の母としての変身であった。

もともとパリは、かの子と息子太郎双方にとって大きな夢であった。

「あーあ今に二人で巴里《パリ》に行きませうね。シャンゼリゼーで馬車に乗りませうね」そう息子にかの子がよびかけた時、まさにパリは、かの子の一家にとって共通の夢であった。

それが、現実にパリの生活を始めて見ると（先にも言及した通り）太郎は急速にパリへのめりこんで行った。そして「母」たるかの子は、息子太郎をパリに奪われてしまったような気になった。

二度目に自分等が巴里へ入ったとき（…）こどもが最初に私達を誘ったのはこのカフェ・ド・ユ・ラ・ペイユだった。

「なるほど美感の贅沢なこの子が巴里を好きで好きでたまらなかった筈だ」

と私はその時思った。

「やっぱり巴里にこどもを取られる――仕方がないかしら」

と私は私自身陶然として来る心のなかでうやむやにもがいた。

（『オペラの辻』）

しかし、時が経つにつれて、かの子の中の母性はより昇華されて太郎を客観視し、その成長を自らと全く切り離して見ることができるようになった。

それは、また自らの子供時代を、あたかも他人事のように語ることができることにつながっていった。そうした心理は、小説『巴里祭』の中でベッシェール夫人の言葉で表現されている。

気分というものは不思議に遇合することがあるものだ。ベッシェール夫人もこどもの時代のことを想い出した。

――あたしね。九つの歳の巴里祭に母に連れられてルュ・ラ・ボエシイを通るとね。ベレを冠《かぶ》った鬚《ひげ》の剃りあとの青い男に無理に摑《つか》まって踊らされてね。その怖ろしさから恋を覚え始めたのよ。

（『巴里祭』）

ルュ・ラ・ボエシイ（Rue La Boétie）は、シャンゼリゼーからサント・オーギュタン広場へ伸びる長い道であるが、サン・フィリップ・ド・ルール教会のところでフォブール・サントノレ通りとぶつかるその先の部分は、一九世紀の後半（一八六八年）までは、ラ・ペピニエール通り（Rue de la Pépinière）の一部をなしていた。まさにそのあたりこそ、アレクサンドル・デュマの小説『モンテ・クリスト伯』の登場人物ヴィルフォール検事総長の親族サン・メラン侯爵の葬儀に列席する人々の馬車が長い列を作っていた、と書かれている場所である。

今日、ラ・ボエシイ通りは、料理店やオフィス、各種の商店が立ち並ぶ繁華な通りとなっているが、一九世紀には、この通りの四一番地には『パリの神秘』（Les Mystères de Paris）を書いたことで著名なウージェーヌ・シューが住んでいたところであった。ベッシェール夫人が『巴里祭』の中で子供時代のことを追想しながらこの通りに言及しているのは、この通りが、一九世紀から二〇世紀にかけて大きく変化した通りの一つであることを暗示しているといえる。

ともあれ、フランス滞在を通じて、かの子は歌人から小説家へと変身した。同時に、子供と夫に対し、母として、あるいは妻としてのゆれ動く感情を一応清算して、息子太郎を男として認め、また夫一平を完全な「伴侶」として認めるようになっていった。小説家、芸術家としてのかの子、「芸術餓鬼」かの子は、いわばパリから生れたのだった。

だからこそ、後年、かの子の夫一平は、かの子をイタリアの伝説で男性が霊感を求める対象の女性エゲリアと擬した上で、次のように書いている（岡本一平「エゲリアとしてのかの子」）。

エゲリアは一時、眠と覚と俄然を異にすとも、導いて徐々に思想を進化させる。僕はこの頃、かの女が去年妹に向って話したといふ「私はもう実家の父母から生れたかの子ではなくて、私と岡本との間から生れたかの子よ」といったといふのを聞いて、一生懸命考へてゐる。かの子はいまも徐々に自己を創造しつつあるのだ。

言いかえれば、パリはかの子の中における盲目的な（あるいは、男性への恋愛感情に似た変則的な）息子への愛情をより高い次元の母性愛へ変質させる役を演じたのだった。

それと同時に、パリはかの子にとって、快楽に浸った瞬間のあとに襲ってくる「自省」と自己観察のための鏡でもあった。

だからこそかの子の傑作『巴里祭』は、祭りそのもののにぎわいを描いたものではなく、祭りのあとの寂漠感と透徹した観察眼とを描いているのではあるまいか。

——まったく七月に入って巴里にいると蒼空までが間が抜けたような気がしますね」

彼女は漠然とした明るく寂しい巴里の空を一寸《ちょっと》見上げて深い息をした。新吉は菓子フォークで頭を押えるとリキュール酒が銀紙へ甘い匂いを立てて浸み出るサワラを弄《もてあそ》びながら言った。

——一つは競馬が終ってしまったせいでしょうか」

ロンシャンの大懸賞《グランプリ》も、オートイユの障害物競馬も先週で打ちどめになった。（『巴里祭』）

かの子がパリから持って帰ったものは、パリの祭りではなく、祭りのあとのパリであった。

林芙美子と「放浪する」パリ

夢と荒み

一九三一年一二月二三日、朝六時二〇分、林芙美子はシベリア鉄道経由の汽車旅行の疲れを引きずりながら、パリの北駅ガール・ド・ノールに着いた。

芙美子の書いた『巴里日記』によれば、パリ北駅に着いて何となくヴェルレーヌの詩の一節、

巷に雨のふるごとく
涙ながるゝわがこゝろ

が、心に浮んだという。

しかし、クリスマス直前の暗い早朝の北駅に着いた瞬間に、果して芙美子の心にこんな感傷的詩句がわき上ったかどうか。むしろ、それはパリに落着いてしばらく経ってから数日前のことを想起した時にしみこんできた感傷にすぎなかったのではなかろうか。

モンパルナスのエドガー・キネ大通り（Boulevard Edgar-Quinet）の安ホテルに投宿した芙美子は、小雨まじりの陰気なパリの冬景色を眺めながら、自分自身がまるで小説の主人公になったか、詩の世界の住人の一人であるかのように思った。

エドガー・キネ大通りは、藤田嗣治が描いた絵にも出てくるモンパルナス墓地前の大通りで、一九世紀半ばまでは、パリの場末であった歴史を反映して、今でもどこか牧歌的なムードがかすかに漂う並木道である。

さまよいくれば秋くさの
一つのこりて咲きにけり

佐藤春夫の詩を口ずさみながら、パリの灰色の空をながめる芙美子の心には、パリにかけた夢と、過去の荒んだ生活の傷あとと、そしてそれら全ての底にある一種のなげやり的な明るさと放浪心とがうずまいていた。

芙美子は、このエドガー・キネ大通りのカフェを愛した。

エガール・キネエ街のカフェーまで行き、半日、そこで原稿を書く。

(『巴里日記』)

ここで芙美子が、通りの名前をエガール・キネと呼んでいるのは、いかにも芙美子らしい。この通りの名前のフランス語の発音は「ド」の音がほとんど聞えず、エドガーよりエガールに近く響く。芙美子は目からより耳でこの通りの名前を憶えたのだった。

林芙美子(1903-51)

ところで、芙美子は、一体何を求め、何をしにパリに来たのか。

芙美子は、荒んだ過去を持つ女だった。つい五、六年前まで、芙美子は一七、八歳も年長の新劇の俳優、田辺若男と同棲するかと思えば、別の女にひかれて金をためている田辺に愛想をつかして別れると、すぐ今度は、年頃の詩人野村吉哉と同棲。肺病と生活苦から、荒々しく芙美子を扱う野村をかかえながら、女給をして生活をたてていた。

男に何かを求めながら、男にいつもあきられ捨てられ、社会の底辺の生活を送っていた芙美子は、二三歳の時、画家の手塚緑敏と知りあい結婚した。芙美子をいたわり、寛容な心を持った緑敏との生活が軌道にのるにつれて、芙美子は漸く文筆活動にも精を出せるようになり、一九三〇年、改造社から『放浪記』を出版。これが空前のベストセラーとなって、生活も安定し、その印税を元手にフランス旅行に出かけてきたのであった。

放浪の旅路

従って、芙美子のパリ旅行は新しい何かを求め、何かを得るための放浪の旅であり、同時に、今までの自分と決別するための区切りの旅でもあった。

『放浪記』の成功によって多額の印税を手にする前、そして、欧州旅行に先立つこと約三年前、芙美子が書いた次の詩は、欧州旅行に旅立つ頃の芙美子の心の底に生き続き、沈殿していた思いではなかったか。

（前略）
二十五の女心は
一切を捨て走りたき思ひなり

片瞳をつむり
片瞳を開らき
あゝ術もなし
男も欲しや旅もなつかし。

あゝもしよう
かうもしよう
をだまきの糸つれづれに
二十五の呆然と生き果てし女は
黍畑のあぜくろに寝ころび
いつそ深く眠りたき思ひなり

あゝかくばかり
せんもなき
二十五の女心の迷ひかな。

（『蒼馬を見たり』自序）

やがて芙美子は、エドガー・キネ大通りの宿屋からすぐ目と鼻の先の安下宿に移った。場所は、ブラール通り（Rue Boulard）一〇番地。

……帰り長駆してブウラアドの通りまでゆき、住み心地のよささうなホテルをみつける。リオンと云ふ宿屋。夕方すぐ引越しをする。部屋代一ヶ月二百八十法にきめる。**10 Rue de Boulbard, Hotel Lion.** シャロットより見晴しは貧しいけれども、電話室のやうな小さい台所もついてゐるし、二階なので床も乾いてゐる。――息子も主人も非常に親切だ。

（『巴里日記』）

ブラール通りは、モンパルナス墓地の裏にあたり、墓地の前を走るエドガー・キネ大通りから歩いても二、三分の距離にあたる。一九二〇年代から三〇年代にかけて、このあたりは芸術家の卵や芸術家気どりの人たちが住んでいたところで、今でもどこか安下宿のようなムードの漂う建物がちらほら見える。

今日、ブラール通り一〇番地には四階建ての白い建物が立ち、ゼラニウムの鉢が二階と三階の窓辺を飾っているが、通りの向う側から眺めると、下着や洗濯物のかかっている部屋が見え、どことなく下宿屋風の風情が漂っている。

芙美子が住んだ時代のこの近辺は、今よりもずっとのどかな風情があったに違いないが、そうはいっても芙美子の描いた華麗な夢のようなパリとは程遠い、ややうらぶれた街であった。

しかし、それだけに、貧しさや男女の愛欲の根底にある、自然なあけっぴろげな気持の人一倍強い芙美子にはふさわしい場所であった。

夢の中に自らを没入させてしまうことに対する、本能的恐怖を感じながら放浪の旅を続けてきた芙美子は、パリで何かを得ようとしていた。そのパリ自体も夢の世界と荒んだ世界の混在した世界だった。定着に反逆し、夫の理解に甘えながらそれに寄りかからず、自らの放浪癖をそのままパリ旅行へぶつけた芙美子。

欧州へ片道切符しか持たず、「パリで皿洗いしてもよいという気持ちで行った」というのはあながち誇張とは言いきれない。芙美子の心は、パリに来てもさまよっていたのだ。

こうして放浪する林芙美子の足跡を辿ってパリを徘徊する時、自分は、荷風、藤村、横光などの男性作家のパリでの足跡を辿る時とも、また、与謝野晶子、岡本かの子のパリ体験を思いながらパリの街を歩く時とも全く違った感覚にとらわれた。それは、如何なる意味でも、芙美子と自分を同一視できなかったからである。他の作家たちと違い、芙美子と自分とは、あまりにも人生の生き方が異なり、境遇が異なりメンタリティが異なっていた。

そこで自分は、芙美子と自分を重ねるのではなく、およそ、日本ではできないような事をパリで試みた。それは、フランスの貧しい庶民の女性を主人公にした小説の中に没入して、その女主人公の目でパリを見ることだった。そうすることによって、芙美子の立場に少しでも近づけるような気がしたからである。

それには、と、ユージン・ダビの『北ホテル』に出てくるホテルの部屋係の女性を想起しながら、

『北ホテル』のモデルになったホテルを訪ねたり、その周辺を散歩したりした。また、ゾラの『居酒屋』の女主人公洗濯女のジェルヴェーズの生涯をモンマルトルに辿ってみたりした。

そうしてみると、ゾラがこの小説の題名を『居酒屋（L'Assommoir）』としたことは、このフランス語の原語が、実は「打ちのめす」という俗語から発生したものであり、男に溺れ、アルコールに溺れて破滅していくジェルヴェーズの運命を暗示していることがひしひしと感じられた。それだけに、芙美子がいつも「放浪」を身上としていたことは、そこに彼女の運命が象徴されていたのではないかと思うようになった。

そして、パリだからこそ、大使である自分を、貧しく男に騙されていく洗濯女やメイドの姿に重ね合わせて街を徘徊することにより、せめて芙美子に近い思いを体験できるのだと思い、またそれを可能にしたきっかけが、林芙美子であることに気が付くのだった。

パリの放浪

冬のパリで最初に感じたある種の寂しさに、芙美子はいつまでもとらわれてはいなかった。あるいは、むしろ寂しさや淋しさをまぎらわすためもあって、積極的な活動にのり出した。それは、芙美子特有の放浪癖を、パリという異質の文明の中で発揮したものだった。パリをさまようことは、芙美子にとって知的な、そして感情的な放浪だった。

なによりもまず、芙美子はパリ中を歩き回った。美術館、音楽会、映画館、それにカフェや安キャバレー、男娼の酒場まで体験した。
芙美子が良く行ったキャバレーの一つにイロンデル通り（Rue de l'Hirondelle 訳せば燕通り）の酒場がある。

サンミツシエルの地下鉄を上るとすぐ、燕と云ふ街りがある。名前は「燕通り」でも古風な匂ひがあつて夜になると、空家のやうな家の前にアパツシユが立つてゐる。そのアパツシユに頼むと、大きな門を這入って、石段を降り、トランプの描いてある扉を押してくれる。入口が酒場で、まるで空家に腰掛けを並べた感じだ。その酒場の片隅の歪んだ様子をぐるぐる廻つて降りると、石の壁で囲んだ、天井の高い小さい部屋がある。その石の壁には、ボオドレールなんかの、署名が刻んであるのだが、本当か嘘か、名前はたしかにそうであった。

（『三等旅行記』）

パリの歴史を調べてみると、イロンデル通り二五番地には、かつて「黒いヴィーナス」とよばれるキャバレーがあり、ボードレールとその愛人ジャンヌ・デュヴァルが頻々訪れていたという歴史があり、芙美子の行った店はおそらくこのキャバレーだと思われる。
芙美子は、自分の住んでいた左岸のキャバレーばかりではない、時には、全く方角違いのモンマルトルのムーラン・ルージュにまで出かけて行った。

その外南京豆の唄とか、皆知ってるなぞを私は淋しくなるとよく聞きに行く。此「皆知ってる」と云ふのは目下パリーに流行ってゐる唄だ。私が初めて此唄を聞いたのは、ムーランルージュの踊り場だ。何しろ芋を洗ふやうなあの大ホールの上には、硝子板に唄を書いたのが下がつてゐて、四方から読めるやうに明るいので、皆踊りながらそれを見て唄つてゐる。

（『三等旅行記』）

キャバレー巡りと同じく、芙美子の訪れたカフェも学生相手の名もないカフェから、伝統のあるドーム、さらには当時出来たばかりの前衛的なクポール、そして藤村始め多くの日本の文人も出入りしたクローズリ・ド・リラまで、色々な種類に及んでいる。しかも、芙美子の記述には、カフェの内部（例えば著名なクポールの柱）についての印象や批評、あるいは中にいる人物についての描写はなく、ただコーヒーを飲んだ、誰々と会った、という記述ばかりであることに気づく。芙美子にとってカフェは、ゆっくりと観察し、フランス文化のムードにひたる場所ではなく、むしろ放浪の旅の一瞬の息抜きであり、他人と会う約束の場所にすぎなかった。

最初見付けたのが、モンパルナスのクウポウルと云ふカフヱの並びだ。いの一番に聞いたのが、「妾淋しい」と云ふ唄であった。その次はモンマルトルの盛り場で、ジョセフイン唄ふ「妾にや二ツの恋がある」と云ふ唄だ。——どうもパリーの街そのものが甘いのか、妙にこんなものに惹かされる。

（『三等旅行記』）

芙美子は、またオペラを見、劇場にも通ったが、とりわけサンシュルピス教会の西、ヴィユ・コロンビエ通り二一番地（Rue du Vieux-Colombier）のヴィユ・コロンビエ劇場に深い印象をうけた。

夜、ビユ・コロンビエ座でコクトオの映画があるのを新聞でみて行ってみる。『或る詩人の生涯』と云ふ題、ビユ・コロンビエ座は小さい小舎で、入場券に鶏のマークがついてゐた。黒白の美しい映画なり。帰り、興奮した気持ちだつた。

（『巴里日記』）

ヴィユ・コロンビエ劇場は今日でも存在し、今は主としてモリエールやラシーヌなどの古典劇を上演しているが、一九一三年に正式に開場したこの劇場も一九三四年に内部を大改造しているので、芙美子の見た劇場の内部と今日の姿とは相当異なっている。ただ芙美子の言う通りこの劇場は座席数も少なく、いわば「通」の行く劇場で、切符のとりにくい劇場の一つである。

芙美子は、さかんに美術館めぐりもした。一つはロダン美術館である。

三時頃、ヒルダと二人、ミュゼ・ロダンを参観に行く。

バルザックの立像に暫くみとれてしまふ。一人の人間が、生涯のうちに、これだけ多数の仕事が残せるものなのかと不思議に思へた。オーギュスト・ロダンの作品はアトリエの処狭きまでに並べてあった。「接吻」も「手」も、「お花さん」の胸像もよかった。

（『巴里日記』）

芙美子に先立つこと約二〇年前、まだロダンが生存中、同じ場所でロダンとロダンの彫刻に出会った与謝野晶子は、ロダンとの人間的出会いに感激したせいか、ロダンの彫刻の力強さや、その肉体の特徴に特に感銘をうけた様子はない。芙美子はそれに対して、人間の肉体に本能的に関心を持っていたように見える。

そしてルーブル美術館。

ルーヴルに一人行きて、絵を見て愉しむ。ドランと藤田の画集をルーヴルで買つた。

（『巴里日記』）

芙美子のルーブル見学は、半分は美術の鑑賞の名を借りて、あの広いルーブルの中を「歩く」ことにあったようだ。「心が落ちつかないのでルーブルへ行く」という芙美子の心理には、町から一応隔絶されていながら、縦横に歩き回ることのできる美術館の中をぶらぶらすることが、ポーズをとりながら町を放浪していることの中にひそむ、ある種の緊張感からの解放を意味していたという事情が秘んでいたのであろう。

もっとも、芙美子の美術への関心や音楽鑑賞は、劇場や美術館訪問だけでなく、もっと「放浪者」的であった。カフェで似顔絵をかかせてお金を払ったり、モンマルトルで自分自身絵筆をとったり、レコード屋でじっと音楽に耳を傾けるのだった。

……トロカデロのレコード屋でカザルスのモタメント・ミュジカルを聴く。セロの音色は心に沁みるばかりなり。（『巴里日記』）

それに芙美子は、単に「放浪」や「見学」にだけ時間を過ごしていた訳ではない。夜学に通ってフランス語を学び、「一キロの人参を下さい」だとか「トイレはどこですか」などといった会話から始めて、片言のフランス語を話すようになった。

私は此頃アリヤンセの夜学にはいりました。私のクラスは十人足らずですが呑気ですよ。一ヶ月百フランの月謝で、大変安いと思ひます。初めから一寸した短篇で、今は婦人が手袋を買ひに行く物語りまでやつてゐます。（『三等旅行記』）

アリアンス・フランセーズは、フランス語の学校として今日でもラスパーユ大通り一〇一番地にあるが、アリアンス・フランセーズの夜学に通った日本の著名な文人は芙美子くらいであろう。芙美子の語学の勉強に触れた時、そしてアリアンス・フランセーズの建物の側を通る度に、自分は自分自身のフランス語学習の「歴史」を思い出す。

そもそも、フランス語の勉強を始めたのは、東大の入学試験に合格してから学期が始まるまでの一ヶ月ほどの間、高田馬場の語学学校のフランス語講座に通ったことから始まった。そして、東大の第三語学（第二語学はドイツ語）としての学習。その後は、英国留学時代、夏季休暇を活用して、ノルマンディーのカンの大学の夏期講習に一月ほど出たり、あるいは、ツールの語学学校に入って数週間勉強したり、あるいは、また冬休みを利用してディジョンの大学の外国人用クラスに入れてもらったりしたものだ。

しかし、何といってもフランス語を実用的に使いこなせるようになったのは、一九八〇年代、OECD（経済協力開発機構）代表部に勤務した頃、ベルギー人の婦人に個人教授してもらったことと、会議で思い切ってフランス語で発言するなど実践を通じて会得したと言える。

しかし、そうした経験は、振り返ってみると、語学の勉強に役立った以上に、いろいろな国籍の人々のフランス語に対する感情の違いや、フランスにおける言語教育の哲学を知ることに意味があったように思われる。おそらく、芙美子の場合も、アリアンスの体験は、語学の上達よりも、そこに通う人間を通じて感じ取ったものの方が貴重であったように思われてならない。

転々とする下宿

パリにおける芙美子の物理的放浪について言えば、この放浪癖は芙美子の日記やパリ印象記の至るところに、「歩いた」、「散歩した」、といった記述が非常に多いことに最も良く表れている。地下鉄に乗ってすら、芙美子は行先を間違い、あちこち歩き回って路線を覚えたりしている。

そして芙美子の放浪の心理を最も良く象徴しているのは、パリにおける彼女の下宿の移転先である。

最初はエドガー・キネ大通り、そして次はブラール通りにいた芙美子は、やがてダンフェル・ロシュロー広場（Place Denfert-Rochereau）二八番地のオテル・フロリドールに移り、最後はダゲール通り（Rue Daguerre）二二番地に移転した。

オテル・フロリドールについて芙美子はどこか郷愁を帯びた記述をしている。

片言ながら私の言葉も通じ、十四区のダンフェル・ロシロ街の、心覚えのホテル・フロリドルに自動車を走らせる。

このホテルの階下はカフェーになつてゐて、カフェーの横には私がよく買ひに行った焼栗屋もあるはずだつた。

（『巴里日記』）

この芙美子が泊っていたオテル・フロリドールは、今日でもダンフェル・ロシュロー広場にあり、一泊四〇〇〇円から五〇〇〇〇円程度でシャワー付きの部屋に宿泊できる安ホテルとして営業している。

また、ダゲール通りの宿については、芙美子は次のように言う。

朝早く起きて運送屋とH女史とを頼んでダンフェルの裏のダゲエル二二番地のアパルトへ引越しをした。部屋の中は暗いけれども、二階で広い部屋である。

一ヶ月四百フランなり。

（『巴里日記』）

現在、ダゲール通り二二番地には小さなリオンソー（Lionceau）と称するホテルが建っているが、一種の長期滞在型ホテルで、予約その他は数十メートル離れたブラールド通り二二番地の別のホテルで手続きをすることになっている。

またダゲール通りは、土産品屋、食料品店、カフェなどの並ぶにぎやかな商店街であるが、そうしたムードは今に始まったことではなく、昔からこの通りは都会的なモンパルナスの中で、どこか村の雰囲気を残した商店街として付近の人々に愛されていた。

いずれにせよ、芙美子が転々とした下宿は、いずれも庶民的な安ホテルである。しかも、安ホテルといっても、セーヌ河右岸のオペラ座附近の小さな安ホテルなどと違って静かな場所ではなく、どちらかといえば騒々しい商店街の一角に建っているようなホテルばかりである。

そうした雰囲気を、芙美子は「ダンフェルの街」のムードとしてとらえて描く。

さて、私のなつかしいダンフヱルの街だ。こゝは六分までも悪く云つて貧民階級だ。野菜も肉も魚もパンも安い。一番びつくりして安いものに、キャフヱーがある。私は朝口を磨いて顔を洗ふと、新聞買ひに出かけたつひでにキャフヱーに寄る。私の肩とすれすれなスタンドに凭たれて、キャフヱーの立ち呑みだ。

(『三等旅行記』)

ところが、芙美子の下宿は単に安ホテルであったことだけに特徴があるわけではない。芙美子の宿泊したホテルは、これをパリの地図の上でたどってみると、何とお互いに数百メートルしかはなれておらず、ダンフェル・ロシュロー広場から歩いて、全て二、三分のところにある。

これは、何を意味するのであろうか。

そんなに近いところならば、(例えばロンドンへの旅行のあとに) わざわざ宿をかえなくとも、元の慣れたところへ帰ってくればよいはずである。それをしないで、そのくせ住み慣れた地区の同じような所に宿をとったのは、宿をかえること自体に、ある種の精神的放浪のシンボルを無意識のうちに見出していたからではなかったのか。

芙美子は下宿をかえて精神的放浪に身を任せ、その下宿からでかけて、歩き回って物理的放浪の旅をパリにくりひろげたのだった。

「場所」への執着

芙美子のこうしたパリ放浪の旅の記述の中で一つの特徴は、通りの名前、それも華やかな通りや大通りではなく、人にほとんど知られていないような通りの名前が、きちんと記されていることである。

オデオン座の裏のデュピュイトラン通り（Rue Dupuytren）、モンパルナス駅の裏のシャトウ通り（Rue de Chateau）、さらにはサンジェルマン教会の横手の二〇メートルほどの短い道、ギヨーム・アポリネール通りの名前などが、何か特別の感情をよびおこす通りであるかのように『巴里日記』に登場する。

たとえばアポリネール通り。

> 日本では軽蔑されてゐる芸術家も、巴里へ来てみれば、不遇なりと云へども毅然としたものを感じる。ラテン区の街裏にアポリネール通りと云ふのがあった。（『巴里日記』）

（パリには正式名としてアポリネール通りという通りはなく、Rue Guillaume-Apollinaire という通りがサンジェルマン教会の横にあり、芙美子の言うアポリネール通りとはこれをさすと思われる。）

加えて、芙美子の『巴里日記』には、「雑誌を買った」「天火を買った」「花を買った」「焼栗を買った」と、小さなこまごまとした買物の記述が豊富である。しかも、そのほとんどに、何を何のために買ったこと以外に、どこで買ったか――それはモンパルナスの広場であったり、ダンフェル・ロシュロー広場であったりであるが――が、さも重要なことのように語られているのである。

モンパルナスへ出て地下鉄の出口でパリ・ソアルと云ふ新聞と、プウル・プウと云ふ映画雑誌を買った。昼のモンパルナスは淋しいところだ。（『巴里日記』）

夕方、モンパルナスの広場近い通りで魚焼の天火を買つて来て、鰊を塩焼にしてたべた。部屋じゅうが臭くなつて困る。（『巴里日記』）

モンパルナスの本屋に行き、マチユの新らしい小画集を買ふなり。三十二フランだった。（『巴里日記』）

そして、芙美子のパリ放浪の一つの特徴としての「場所への執着」は、「駅」に表象される。

芙美子にとって駅は、単に汽車に乗り込んだり降りたりするための「点」ではない。むしろ駅にいること、駅に行くこと自体の中に、ある感慨、ある想いがこびりついている。

駅の大時計の下には、「サン・ラザール」と出てゐます。おやおやマドレーヌのお寺に近い駅ぢやないか、で、私は北の停車場に行くのだと云ひますと、此汽車は北の停車場には廻らないでリオンの駅へ行くと云ふのです。周章た私はスーツケースを赤帽に頼むと、淋しいサン・ラザールの駅に降りました。昼間ですと、まるで新宿駅のやうに賑やかな停車場です。

(『三等旅行記』)

また、芙美子の表現には「行く」「歩く」という言葉がやたらに多い感じがする。パンテオンの殿堂に言及しても、それを見上げ、その偉容に感心したりする訳ではない。芙美子は、周りをただ「歩く」のである。

夜、M氏とポーランド料理で食事、食事のあとパンテオンの寺のそばでコーヒイをのんで北の停車場に行く。

(『巴里日記』)

夜、アリアンセに行き、帰りパンテオンの寺のそばを一人で歩く。無茶苦茶に歩きたくて仕方がない。

（『巴里日記』）

同じように、芙美子はソルボンヌ大学の近辺に出かけても、大学の偉容や歴史や偉人に思いをはせる訳ではない。大学のそばの安料理屋で何を食べたかが、芙美子の頭に残るのだった。

そして芙美子がソルボンヌ大学のそばのカフェ、スフロで学生たちと安い夕食をとった時、そのカフェは永井荷風が泊ったオテル・スフローの目と鼻の先であることまでは全く心の中に浮んでこないのであった。

そして、多くの日本人の外遊者が目を見張った、セーヌ右岸のいわゆるグランブルヴァールの代表の一つであるマドレーヌ大通り（Boulevard de la Madelaine）を通っても、芙美子はそこに華麗なパリの面影を重ねるよりは、むしろ貧しい自分の姿を投影し、同時に買物のこまごまとした内味をかき連ねてみるのであった。

昼から、地図をたよりに地下鉄でマドレーヌ街へ出て日仏銀行まで歩いて行く。途中、立派な日本人に逢つた。銀行をたづねると、そのひとはすぐ教へてくれた。京都の大学の先生の由。銀行では、生まれて初めてサインと云ふものを書いた。

（『巴里日記』）

マドレーヌ裏の伊太利店にて、果物菓子と昆布と醤油を買つて帰る。醤油十フラン、無花果の砂糖漬六フラン。昆布八フラン。

（『巴里日記』）

夢

放浪しながらもその一方で芙美子は、それでも芙美子なりにパリに自分の夢を投影した。パリの北にある森にかこまれた町、モンモランシィへの旅行中、窓から見える景色にみとれて、

白と、エメラルドグリンと、黒の色調を持ったラブラードの絵のやうな……

（『三等旅行記』）

と、思うのだった。

また、モンモランシィの丘の上のホテルに泊ると、

雨のザンザン鳴る音を聞きながら、ランプで食事を執ると云ふ事は、何か物語りめいてバルザックの小説の中にでもありそうな風趣です。

（『三等旅行記』）

と、感慨にふけるのであった。

現実のフランスの風景を、かつて見た泰西の名画のシーンに重ね合せ、また、自己の渡仏体験の

中で自らをフランスの小説の主人公に擬する心情は、芙美子にとって、ヨーロッパが夢の世界であったことを表している。

現実のヨーロッパが夢に見たヨーロッパの像と重なり、夢は現実性をおび、現実は一層美しく、切なく見えた。

しかし、こうした夢の投影の軌跡の上には、芙美子の場合、一つの特異な要因によって哀感が漂いがちであった。それは、芙美子がほとんどの場合、郊外の森や町の公園の散歩をひとりで行ったからである。たとえば、西南のモンスリ公園の散歩がそうであった。

モンスリ公園

モンスリー公園を歩いて、大学食堂で二フラン七十文の昼食をたべる。公園のベンチに凭れて子供の無邪気な遊びを見てゐる。木の芽も崩えだした。あたりは柔かい毛布のやうに何も彼も春になりふつくらとしてゐる。池の白鳥も爽やかな緑のかげをくゞつてゆく。（『巴里日記』）

ところで、パリ市の公園の中では最も南に位置するモンスリ公園についての芙美子の記述は、学生たちとの昼食や散策といった気さくな側面を持つ一方、他方では、自然にひたり、ロマンチックな気分を想起させる側面がある。この二面性は、実は、モンスリ公園近辺のムードの二面性を反映している。この近辺は、かつてスーチン、ブラック、（ドアニエ）ルソー、ヘンリー・ミラーなどが居住したところで、芸術家好みの細い道と美しい自然が、微妙に調和しているところであるが、その一方で近くに大学町があることから、若々しいムードにあふれた大学生の散策の場ともなっていたからである（もっとも芙美子は、このモンスリ公園を男性の友人と二人で逍遥もしている）。

モンスリ公園に実際に足を運んでみると、この公園が、いかにパリの他の有名な公園と違っているのかを実感する。この公園は、広々としていてどこか開放的であり、また起伏も多く、花壇の豊富さと相まって、フランス的というよりどこか英国の庭園を思わせるところがある。もっとも、それは、一九九九年の暴風でかなりの樹木、それも大木まで倒れ、その後遺症が未だ残っているせいかもしれない。

また、この公園には、隣にシテ・アンテルナシオナル・ユニヴェルシテール（国際大学村）があるせいか、若い男女の姿が目立つ。

この公園を散歩した時だけは、どうしてかここを散歩している芙美子の気持に溶け込むことができるような気がした。この公園には、モンソー公園やリュクサンブール公園あるいはまたチュイルリー庭園のように、どこか王室や貴族や著名な歴史上の人物を彷彿とさせる雰囲気がないからなのかも知れないと思った。

パリ郊外の散策

パリの街中で、芙美子が感じた寂寞感を一層自らの心の中でかみしめることを秘かに念じるかのように、芙美子はパリ西方の丘陵地で、かつてはブドウ畑のあったアルジャントゥーユ、パリ北方の森で、ジャン＝ジャック・ルソーが近くに滞在したことで著名なモンモランシィの森、さては南のフォンテーヌブローからバルビゾンまで、一人旅の行脚をくりひろげるのだった。

（モンモランシィ）

アンギャンの、洋燈《ランプ》をとぼしてゐる小さい駅に降りて、それよりモンモランシイまで自動車で行つた。十五分位で、丘の町のモンモランシイに着く。城址のある淋しい素朴な田舎だつた。運転手は、丘の上のホテル・パピヨン・ド・フロールへ私を連れて行つてくれた。

このホテルも洋燈《ランプ》である。

暮れてから小雨になり、暗い森では鳥が鳴きたててゐた。私の部屋は森に向つた古風な部屋で、卓子の上には台洋燈《ランプ》が置いてある。何故ともなく、私はこんな処で死にたいと思つた。古風な風呂にはいつた。

（『巴里日記』）

（バルビゾン）

六時頃、明るいフォンテンブローを去つて、バルビゾンに向ふ。緑樹の海の中を、古い自動車でドライヴ。空をみてゐると、萌たつやうな爽やかな新緑が、さわさわと風にゆれて、夢のやうに愉しい眺め。憂愁もしばらく霧散してしまふなり。

七時、バルビゾンのシャルメッテと云ふ小さい宿屋に着いた。大きいホテルは怖い感じ故、小さいホテルを選ぶ。此の宿の筋向うにミレーのアトリエがある由。私の部屋は村道に面したバス附きの二階の部屋。着物を着てゐるせゐか、宿の人達は大変私をいたはつてくれる。

（『巴里日記』）

ここで芙美子が泊まったホテル・シャルメッテであるが、バルビゾンのミレーのかつてのアトリエの前あたりに、今日でも「レ・シャルメット」という木製の大きな看板をつるしたレストラン兼宿屋があり、往時を偲ばせてくれる。ここはかつて「エリザベス女王が滞在したことがある」という記念の石板がかかっているが、今日かなり古ぼけ、外から見ると安宿的雰囲気が漂っている。レストランの中に入ってみると、古い木造の作りが今でも重々しさを与え、芙美子が旅情をかきたてられたのもさぞやと思わせる風情が残っている。

因みに、芙美子はバルビゾンでテオドル・ルソーとミレーのアトリエを見学し、その印象記を比較的詳細に記しているが、ルソーを紳士的といって厭い、ミレーの土臭さを好んでいるのはいかにも芙美子らしいが、それが真に彼女の好みであったのか、それともそれが（後に述べるような意味での）彼女の一つのポーズのせいであったかは、何とも言えない。

ミレーの住居は、自分もかつて青春時代に一人で、また近年家族連れで訪れたが、土産品がたくさん並べられていたこともあって、アトリエよりもミレーの日常生活を想像させるものに興味がわいた記憶がある。また、ミレーの絵画歴に関連しては、取り立てて興味をそそる風景もないバルビゾンになぜミレーは長く留まったのか、他の画家仲間との交流はどうしていたのか、などの疑問がわいた。

調べてみると、ミレーはノルマンディーの農家の出身と分かり、故郷の風景と似たものがバルビゾンにあったのではないかと思ったりした。

「落ち穂拾い」はじめ、ミレーの描いた農村風景は、農民のひたむきな農事への思い入れと苦労を偲ばせるものだという見方が強いが、ミレーの絵画には写実性もさることながら、どこか叙情性があり、農民の抵抗とか独立心といった抗議めいたメッセージは感じられず、そこが多くの日本人の共感を引いた理由なのかもしれないと思ったりした。

他方、自分の父武一がバルビゾンを訪ねた時の印象を随筆風に書いたものを見て、やや驚いた。父は、「落ち穂拾い」の印象として、そこに描かれている三人の農婦は同じような年齢で、衣装その他からも同じ家族の姉妹や親子には見えない、おそらく、近隣の知人同士であろう、それが、こうやって一緒になって落ち穂拾いをしているのは、落ち穂拾いの権利を持つ農家があり、その人たちが寄り合って農作業をしているのだろう、といった趣旨を書いている。いかにも農政に一生をささげた父らしいコメントだと思った。

そして、父の書斎には、芙美子の『放浪記』があったことを思い出し、芙美子がまわりまわって、自分と父とを同じ創造空間の上で結び付ける役を演じたことに不思議な気持を抱いた。

ポーズ

ヨーロッパに夢を投影した芙美子ではあったが、芙美子は同時に、今や作家として確固たる地位を文壇にしめ、また理解ある夫と落ち着いた家庭生活を送ることのできるような女性として、パリである種の気負い、ある種のポーズを自分自身に課していた。それは自分が依然として貧しく、放浪癖のある、庶民生活のしみ込んだ作家であると言うポーズである。ポーズというより、それは一種の習慣であり、芙美子の「地」であったが、その「地」を、パリという華やかな夢の世界においても、必要以上に露出してやまなかった芙美子であった。

芙美子の服装も、芙美子のある種のポーズを表していた。赤塗りの下駄をはいて着物姿でパリを歩き回る芙美子は、宿の女中から床が走っているとからかわれ、そうしてからかわれている自分を半ば楽しんでいた。

そして芙美子は、いかがわしい映画を上演しているシネマに入り、売春婦と寝食を共にし、安キャバレーに出入りし、夜のカフェで自分自身が夜の女と間違われる体験をし、そうした体験をあけっぴろげに世間に書いて知らせ、そこに自分自身の変わらぬ放浪癖と「何でも見てやろう」精神の強さを再認識し、そうすることによって、片方ではとかくヨーロッパの夢にはまり込みがちになりそうな自分、そして片方では日本へのホームシックにかかりがちな孤独な自分自身を、何とか衝動の波から守ろうとしていた。

このように、いわば分裂しながらも精力的であり、淋しがりやでありながら孤独な散歩を好むという気質は、物の散らかった部屋のように思える。

カルチエ・ラタンの中心の大通り、サンミシェル大通りを歩いたり見たりしている芙美子の叙述を並べてみると、乱雑な部屋のようであり、一方でどこか生き生きとした街路の雰囲気が伝わってくるのと同時に、他方ではどこかひとりぼっちな芙美子の姿が鮮明に浮び上ってくる。

今日はサン・ミッシェルへ写真を写しに行った。帰り、街角の滝のところで、ぼんやり水の中の彫刻を眺めてゐると、隣室の医科大学生に呼びとめられる。あまり言葉が通じないのでそのまゝ別れた。

サン・ミッシェルの本屋で、フランシス・カルコの『ラ・リウ』と云ふ本を一冊買ってみた。コローの画集を店頭で眺めた。一冊五十円近くもするので、こんな立派な画集は仲々買へない。

だけど、こんな古典もいゝものだと思ひ、コローの美しい風景にはしばらくみとれてしまふ。

（『巴里日記』）

そしてモンマルトルについても（もとより芙美子が毎日のように通っていたサンミシェル大通りほどではないが）おもちゃ箱をひっくり返したような様子を生き生きと描き、それでいて自分は常にそこにある種の断絶感を持ち続けている心境がにじみ出ているのである。

インチキなことにかけては浅草よりもモンマルトルの方が垢抜けて、その方面は発達してゐるかもしれない。町は全くインターナショナルで、玩具箱をひつくりかへしたやうな繁華さだ。

キャバレーなんぞも、日本のカフヱなぞのやうに軒並みで、シヤノアールなんてところへ、何も知らずに這入って行かうものなら、舞台の女達から、ノッケに悪口云はれて、田舎者は夕ジタジとなつて戸外へ逃げ出してしまはなければならない。

（『三等旅行記』）

ところで、これらの描写の中には、しばしば音の世界、すなわち音楽界、寄席、レコード、風琴弾きなどが登場する。芙美子はパリの音、パリの音楽に意外と敏感であり、音の世界にそれなりに没入した。それは一つには、詩人である芙美子の詩情のリズム感覚が自然に音への関心、音楽への関心を高めたせいもあろうが、視覚に訴える美術と違って、音と歌と寄席の世界は、その音の空間を他人と共有しているという意識をより強く感じることができるが故に、芙美子の孤独感をなぐさめるものでもあったのではあるまいか。

音といえば、世界の都市それぞれには、かなり特有の「音」がある。たとえば、ベトナムのハノイでは、朝早くから走り回るオートバイの音と、天秤棒を担いで物を売り歩く人の独特の掛け声があった。パリ独特の音というと、最初は教会の鐘の音かとも思ったが、パキスタンのカラチで回教寺院の祈りの声を聞いたような、胸打つ音はあまり聞かない。むしろ、朝まわって来る大型のごみ収集車がごみをトラックの中に自動的に放り込むときの音や、ガラス瓶の処理の音、さらには結構せっかちなフランス人の鳴らすクラクションの音などが耳につく。

わずかに郷愁をそそる音といえば、モンマルトルやリュクサンブール公園などで、取っ手をぐるぐる回しながら音を出す風琴の音くらいであろう。

解放と発見

ある種のポーズと気負いの一方で、芙美子は、芙美子特有の無邪気さと素直さで、パリの人々の生活や風俗を観察した。

巴里の住民が動物をよく飼うのに驚き、ネコは不気味だと感じたり、花屋のカーネションを眺め、百貨店の大売出しも見物する。

しかし、何といっても芙美子が一番関心を向けたのは、パリジェンヌたち個人個人の化粧や生活ぶりだった。芙美子は、年配の女性の濃い化粧に驚くとともに、働く女性のめだたない化粧に健康な美を感じた。

ところで女の化粧だが、こっちのお婆さんを一人日本へ連れて行って銀座を歩かせたら、皆おばけだといって笑うだろう。頬紅が猿のようで、口唇は朱色、瞳をかこむ青いドウランを引いて、何の事はない油絵の額中だ。たゞしどこの国も若い女は美しいのだが、お化粧のめだたない、働いている女はとても水々しい。

(『下駄で歩いた巴里』)

化粧だけではない。芙美子の視線は、パリの主婦たちの生活に向けられた。ゆとり――そして生活を楽しんでいる様子、それが芙美子の心を打った。放浪と仕事と家事、生きることと食べることと書くことにがむしゃらに生きて来た芙美子は、日本の主婦とフランスの主婦とを対比してため息をついた。

パリーで見た私の隣室の家族は、子供が三人、主婦と御主人と、五人暮らしで、土曜日曜以外は、食事はいつも家でするのであつたが、朝はキャフヱにパンのまゝで済まして、主婦は子供を三人連れて、すぐ近所の公園に出かけて編物か読書に過ごし、帰って来ると、アパルトの掃除人が掃除を済ませてゐるので、子供達をおいて訪問に出かける。訪問から帰つて来ると、着物を変へて、御主人の口笛を待つてゐる。

（「パリ――日本内」）

ゆとりは解放である。

芙美子は普通の町の人々に性的開放感がみなぎっているのに驚き、その自由な空気の中に自らを埋没させようとした。

電車が来てるのに、接吻してゐる長閑なのにも驚いたが、フランスの飯屋へ夕飯でも食べに行かうものなら、あっちでも、こっちでも一口食べてはチユウと接吻し、一皿註文すると云つては首に手を巻いて頭を愛撫したり……私はなるべく見ないでゐようと熱心に心がけてゐてもついうつとりと眺めてゐる。

（『三等旅行記』）

しかし、パリでの見聞は、同時に祖国日本の発見、ないし再発見でもあった。

パリへ来て徹夜してまで岡倉天心の『茶の本』を読んだ芙美子は、異国に来てもう一辺日本を考えてみた。またそれほどパリは刺激に富み、考えさせる材料にことかかなかった。

巴里へ来て日本が一寸健常見える。何故だろう……。各国から来たエトランゼ達もそういうかも知れない。
巴里は華やかに荒み過ぎている。

（『下駄で歩いた巴里』）

華やかなパリのシンボルは、やはり凱旋門だった。

五月五日。
私の誕生日なり。S氏より王冠のついた香水と粉白粉を贈物にいたゞく。嬉しくて呆然としてしまふ。S氏と凱旋門へ行く。

（『巴里日記』）

嬉しくて呆然とした時に凱旋門へ行っているのは、いかにも芙美子らしい。まさに凱旋門は、パリのシンボルのように見えたからなのであろう。
そしてコンコルド広場。

食後、シャンゼリゼーに出て、コンコルドの大きなホテルのロビーで茶を飲み音楽を聴く。華やかな処なり。

（『巴里日記』）

もっともこの「華やかな処なり」という突き放した表現には、こうした場所が自分には場違いなところであるといった、一種の反発ないし距離感が感じられる。「コンコルドの大きなホテル」と芙美子が言っているのは、コンコルド広場の一角をしめる「クリヨン」に違いないが、この著名なホテルの名前を書かずに単に大きなホテルとだけ表現しているところにも、芙美子の突き放した感覚があらわれている。

華やかさの極めつきはパリの最高級ホテル、リッツ。

……K氏来訪。チヨコレートのお土産を貰ふ。夕刻六時の汽車に来られる間にて、オペラ通りのリッツにて豪華なる食事を御馳走になる。

（『巴里日記』）

因みにリッツは、オペラ通りから目と鼻のさきのヴァンドーム広場にあり、正確にいえばオペラ通りにはない。ヴァンドームのリッツと言わずに、自分の通った道筋だけ覚えていてオペラ通りのリッツと言っているところに芙美子らしさがある。

オテル・クリヨンとオテル・リッツはパリを代表する有名なホテルで、日本の皇族や首相級の人々も利用する施設で、自分も、公邸に近いクリヨンには時おり食事に出かけたりしたが、どこか取っ付きにくい、格式を守ろうとするような固い雰囲気が感じられた。それに比べると。リッツは００７の映画にも顔を出していることが示すように軽快な華麗さがあり、アメリカ人の好みそうなバーもあって開放的に見える。

それだけに、芙美子がリッツでは食事に招かれ、クリヨンではロビーでお茶を飲んだだけなのは、両者の違いを図らずも表しているといえる。

夢の向うの現実

パリは、元々芙美子にとって一つの夢の世界であった。

その夢の世界の中に、芙美子は自分自身を放浪の文学者として泳がせた。

だから芙美子は、社会主義的傾向の小説家として当時フランス文壇で名高かったアンリ・プライユを訪ねたりもした。

現存の作家に会っただけではない。

芙美子は、多くの文人の眠るモンパルナスやペール・ラシェーズの墓地を訪れた。そこで必ずや芙美子は、何人かの著名な作家の墓石を見たはずである。しかし、奇妙なことに芙美子は、コメディ・フランセーズの女優であったサラ・ベルナールの墓を見たり、モンパルナス墓地を歩いたりしながら、誰一人過去の作家の墓石に言及していない。それどころか、サラ・ベルナールの墓のあるペール・ラシェーズについては、どこの墓地に行ったのかも分らないと書いている。また、モンパルナス墓地でも、芙美子のこうした墓地巡りは、彼女の心にまとわりついていた孤独感と淋しさのせいだったのかもしれない。いずれにしても、パリに夢を見た芙美子は、次第にホームシックに追いやられていった。

追ふ追ふ心の侘しさ
誰も「お出で」とは云はないのに
白い巴里の夕暮れ
凱旋門の下に立つて
わたしは子供のやうに
「君ケ代」がうたひたくなった

(『巴里日記』)

芙美子が、モンパルナスの東南にある教会を頻々訪ねるようになったのも、いつの間にか忍び込む、心の空洞を何かで充そうとしたためかもしれない。

私は買物袋をさげたまゝ地下鉄に乗った。ポルト・オルレアンの終点まで行き、それからまたアレジアに出て、アレジアの寺へお参りしてみる。此の辺は貧民窟みたいにごみごみした処だ。ドームの中には、お婆さんが二人、椅子の背に頭をつけてお祈りをしてゐた。入口の石の段の上に、クンシャウをさげた老人が寺を見上げてゐた。私は寺の椅子に腰をかけてしばらく暗い祭壇を見てゐた。このまゝ狂人になつてしまったらどうしたらいゝだらう。私は逃げ場のないやうな淋しい気持ちなり。アレジアの広い通りをダンフェルまで歩いて帰る。

（『巴里日記』）

因にここでいうアレジアとは、モンパルナス墓地のさらに南にあるサン・ピエール・ド・モンルージュ教会（Saint-Pierre de Montrouge）のことで、一八六〇年代末に完成し、時計台がそこにあることや、一八七〇年のパリ・コミューンの蜂起の舞台の一つとなったことで著名であり、また普仏戦争の際、プロシア軍の爆弾で建物が損なわれなかったことでもその名が知られている。

この教会を自分自身訪ねてみたが、その歴史を調べていったせいか、内部の雰囲気にはどこか粗野というか荒々しさが感じられ、装飾などにも華麗さはなく、なんとなく寒々とした空気だった。

芙美子がここで何を思い、何を祈る気持になったのだろうか、とあらためて自問しつつ外へ出ると、教会の脇には、物乞いをしているように見える中年の男がじっと立っていた。

ともあれ芙美子の心には、故郷日本の姿が、日に日に大きくなりつつあった。

一九三二年五月二一日、芙美子は、マルセーユから日本へゆく日本郵船の船切符を買った。夢は今や背後に退き、日本という現実だけが目の前にあった。

小さい町で生れた魚

この魚はあらゆる
冒険をおかして
……
生涯を激しい漂泊でおくる
だが、やがてこの小魚は
海近い町で一つの
缶詰になつてしまった。

（『巴里日記』）

芙美子がパリで書いた最後の詩には、もはや感傷もなく、夢の投影もなかった。自らの生活と人生を冷たく凝視する、冷徹な作家の観察眼だけが残っていた。

再発見

こうして、芙美子は、半年ほど滞在したパリを後にして日本へ帰国した。

ロマンと夢を持ってやってきたヨーロッパが芙美子の胸に焼きつけたものは、パリの華やかな巷の映像やロマンチックな恋の憶い出というよりも、むしろ、西欧の機械文明のおそろしさであり、文明と個人、個人と社会との間に横たわる溝と矛盾についての本格的な衝撃であった。

今まで、社会の底辺に生き、放浪の旅を続ける間に感じた個人的な、いわば感傷的な疎外感とは異なった疎外感を、芙美子はヨーロッパで感じとった。それは、都会を都会として客観視し、そうすることによってそれを自ら一層客観視してゆく過程であった。

こうした過程を通じて、芙美子の文学が私的体験の文学から、より客観性をおびた都会派的ともいえる文学に近づいてゆく萌芽が育っていったのだった。

そして、その萌芽こそが、芙美子の芸術的野心の高揚につながっていた。

『詩人の血』というジャン・コクトーの映画を見、作家フランシス・カルコに会い、アンリ・プウライユと語り合い、ロダン美術館を訪ねた芙美子は、西洋文明のエネルギーと力強さに感嘆し、自分に力を与えてほしいと神に祈るような気持になるのだった。

西洋文明の奥の深さと力強さは、また芸術への道の厳しさでもあった。その厳しさを身にしみて感じたことが芙美子を静かに脱皮させていった。それは同時に、今までの自己からの脱却であり、自己再発見の過程でもあった。

お前のみのうへばなしは
まだほんとうは私のものではない
お前の生活は
私のほんとうのものではないのよ

（『蒼馬を見たり』）

こう詩に書いた芙美子は、今までとは違って一層深く自己を客体化していた。

それは同時に、芙美子がパリ旅行の中で実はおちいりかねなかった、「成功の甘い蜜」からの逃避であり、それへの反抗であり、脱出でもあった。

文学者として成功しても、また、洋行帰りという勲章を胸につけることになっても、なお以って、自己を放浪と反逆の文学者として位置づけなければならない己れの文学者としての生き方、人間としての根本的な性格に対する自覚と目覚めがそこにあった。

林芙美子が、ヨーロッパで発見したもの——それは、林芙美子自身であった。

著者紹介

小倉和夫（おぐら・かずお）

1938年、東京都生まれ。東京大学法学部、英ケンブリッジ大学経済学部卒業。1962年、外務省入省。文化交流部長、経済局長、ベトナム大使、外務審議官（経済担当）、韓国大使、フランス大使などを歴任し、2002年11月に退任。2010年まで国際交流基金理事長、現在同顧問、青山学院大学特別招聘教授、日本財団パラリンピック研究会代表。

著書に『パリの周恩来——中国革命家の西欧体験』（1992年、中央公論新社、吉田茂賞受賞）『日米経済摩擦——表の事情ウラの事情』（改訂版1991年、朝日文庫）、『「西」の日本・「東」の日本——国際交渉のスタイルと日本の対応』（1995年、研究社出版）、『中国の威信　日本の矜持——東アジアの国際関係再構築に向けて』（2001年、中央公論新社）、『吉田茂の自問』（2003年）、『日本のアジア外交　二千年の系譜』（2013年）、『日本の「世界化」と世界の「中国化」——日本人の中国観二千年を鳥瞰する』（2018年、以上藤原書店）、『日本人の朝鮮観』（2016年、日本経済新聞出版社）など。

フランス大使《たいし》の眼《め》でみた　パリ万華鏡《まんげきょう》

2024年2月28日　初版第1刷発行©

著　者　小　倉　和　夫

発行者　藤　原　良　雄

発行所　株式会社　藤　原　書　店

〒162-0041　東京都新宿区早稲田鶴巻町523

電　話　03（5272）0301

ＦＡＸ　03（5272）0450

振　替　00160－4－17013

info@fujiwara-shoten.co.jp

印刷・製本　中央精版印刷

落丁本・乱丁本はお取替えいたします

定価はカバーに表示してあります

Printed in Japan

ISBN978-4-86578-414-5

真の「知識人」、初の本格評伝

沈黙と抵抗

〈ある知識人の生涯、評伝・住谷悦治〉

田中秀臣

戦前・戦中の言論弾圧下、アカデミズムから追放されながら『現代新聞批判』『夕刊京都』などのジャーナリズムに身を投じ、戦後は同志社大学の総長を三期にわたって務め、学問と社会参加の両立に生きた真の知識人の生涯。

四六上製　二九六頁　**二八〇〇円**
（二〇〇一年一一月刊）
◇978-4-89434-257-6

先駆的国際法学者の安全保障論の全貌

横田喜三郎 1896-1993

〈現実主義的平和論の軌跡〉

片桐庸夫

戦前において満洲事変を批判し、「戦争の違法化」と国際協調主義による平和追求を唱えた硬骨の論客、横田喜三郎。戦後、天皇制への態度の変化と、極東国際軍事裁判への評価をめぐり浴びせられた批判は正当だったのか？　戦前から戦後の発言を跡づけ、その根底に貫かれた思想を炙り出す！

四六上製　二七二頁　**三二〇〇円**
（二〇一八年八月刊）
◇978-4-86578-186-1

真の国際人、初の評伝

松本重治伝

〈最後のリベラリスト〉

開米　潤

「友人関係が私の情報網です」——一九三六年西安事件の世界的スクープ、日中和平運動の推進など、戦前・戦中の激動の時代、国内外にわたる信頼関係に基づいて活躍、戦後は、国際文化会館の創立・運営者として「日本人」の国際的な信頼回復のために身を捧げた真の国際人の初の評伝。

四六上製　四四八頁　**三八〇〇円**　**口絵四頁**
（二〇〇九年九月刊）
◇978-4-89434-704-5

「見事なる敗北者」の、初の評伝

満洲浪漫

〈長谷川濬《しゅん》が見た夢〉

大島幹雄

長谷川四兄弟（海太郎、潾二郎、濬、四郎）の三男に生まれ、大川周明の後ろ盾で満洲に渡り、戦前の大ベストセラー、バイコフ『偉大なる王』を邦訳、そして甘粕正彦の最期を看取った男、長谷川濬。一三〇冊もの自筆ノート「青鴉」に記された、誰一人知ることのなかったナイーブな魂を描く。

四六上製　三五二頁　**二八〇〇円**　**口絵四頁**
（二〇一二年九月刊）
◇978-4-89434-871-4